John Kotter

# Abschied vom Erbsenzähler

John Kotter

# Abschied vom Erbsenzähler

Leadership: A Force for Change

Deutsch von Angelika Bardeleben

ECON Verlag
Düsseldorf · Wien · New York · Moskau

Titel der amerikanischen Originalausgabe:
A Force for Change – How Leadership Differs from Management
Originalverlag: The Free Press, New York
Deutsch von Angelika Bardeleben


Die Deutsche Bibliothek – CIP-Einheitsaufnahme

*Kotter, John P.:*
Abschied vom Erbsenzähler: Leadership: A Force for Change/John Kotter. Dt. von Angelika Bardeleben. – 2. Aufl. – Düsseldorf; Wien; New York; Moskau: ECON Verl., 1991 Einheitssacht.: A Force for Change –
How Leadership Differs from Management ‹dt›
ISBN 3-430-15648-3

2. Auflage 1991

Lektorat: Dr. Wolfgang Stock
Gesetzt aus der Times, Linotype
Satz: Lichtsatz Heinrich Fanslau, Düsseldorf
Papier: Papierfabrik Schleipen GmbH, Bad Dürkheim
Druck und Bindearbeiten: Bercker Graphischer Betrieb GmbH, Kevelaer
Printed in Germany
ISBN 3-430-15648-3

# Inhaltsverzeichnis

# Vorwort

Grundlage dieses Buches war eine Untersuchung über das Verhalten von Managern und Führungskräften, und zwar in Zusammenhang mit meiner Dissertation über die Bürgermeister großer Städte.[1] Im Rahmen der Arbeit wurden die wesentlichen Faktoren herausgearbeitet, die das Verhalten von Managern[2] bestimmen. Es ging dabei um die besonderen Charakteristika der Karrieren[3] von Führungskräften, sowohl was die organisatorischen[4] Aspekte als auch was die Faktoren von Macht und Einfluß[5] in der Arbeit eines Managers anbetraf. Wichtig war dabei auch die Vorgeschichte und das Verhalten einer ausgewählten Gruppe erfolgreicher Geschäftsführer[6]. Schließlich sollten auch die Bemühungen, Führungskräfte in Aktiengesellschaften und Konzernen für Managerpositionen auszubilden, analysiert werden.[7]
Dieses eben genannte Projekt begann im August 1986 mit Fragen zum Thema Führung und ihre Beziehungen zum Management, die in meinem letzten Buch zwar ausgesprochen, aber nicht beantwortet worden sind. Die wesentliche Frage lautete: Unterscheidet sich Führung wirklich so sehr von Management? Wenn ja, in welcher Hinsicht? In zwei Phasen durchgeführte Umfragen beschäftigten sich mit diesem Thema; dabei wurde auf bestimmte Methoden zurückgegriffen, nämlich: persönliche Befragung, ergänzende Fragebogen, Dokumentation aus Archiven und, in allerdings geringerem Maß, persönliche Beobachtung.
In der Phase I wurde eine im Sommer 1986 konzipierte Erhebung durchgeführt, die vom Oktober 1986 bis zum Juni 1987 stattfand. Fast 200 Spitzenmanager einer durchaus nicht homogenen Gruppe von zwölf wohlbekannten und erfolgreichen Unternehmen füllten

entweder zehnseitige Fragebogen aus oder wurden sehr eingehend persönlich befragt. In beiden Fällen handelte es sich um eine systematische Befragung zu den Themen a) Führung und Management, b) persönlich bekannte Leute, die sich entweder im Führungs- oder im Managementbereich als besonders leistungsfähig erwiesen hatten, c) wie gut die übrigen Kollegen dieser Spitzenmanager in entsprechenden Positionen mit den Herausforderungen fertig würden und schließlich d) welche Erwartungen die Konzerne an ihr Management haben, damit der Erfolg für die nächsten fünf oder zehn Jahre als gesichert gelten kann.

Phase II der Untersuchungen begann im Juni 1987 und dauerte bis zum Oktober 1988. Im Rahmen dieser Arbeit wurde eine Reihe von Fällen betrachtet, die unter Fachleuten als Beispiele »hervorragender Geschäftsführung«[8] gelten. Jedes dieser Vorbilder wurde anschließend mit Hilfe von Informationen durch die betreffende Firma selbst näher untersucht: American Express, ARCO, Con Agra, Digital Equipment Corporation, Kentucky Fried Chicken, Eastman Kodak, Mary Kay Cosmetics, NCR, Pepsi-Cola, Procter & Gamble und SAS. In den Fallstudien ging es uns sowohl um die Tatsachen, nämlich darum, was zu welchem Zeitpunkt im einzelnen geschah, als auch um die Meinungen darüber, was eine besonders tüchtige Geschäftsführung ausmacht. Die Datenbeschaffung erwies sich als ziemlich aufwendig: Über 1000 Dokumente kamen zusammen, 137 Befragungen wurden durchgeführt, und die zur Debatte stehenden Personen wurden in ihrer jeweiligen Situation jeweils 40 Stunden lang systematisch unter die Lupe genommen. (Die Forschungsarbeit wird im Anhang detailliert beschrieben.)

Die Ergebnisse dieser beiden Studien wurden in der zweiten Hälfte des Jahres 1988 und während des ganzen Jahres 1989 ausgewertet. In dieser Zeit war mir James Leahey, mein Forschungsassistent, eine große Hilfe. Der analytische Aspekt des Vorhabens begann mit der Suche nach Themen, und zwar als Antwort auf zwei Fragen aus der Forschungsphase I, die wie folgt lauteten:

1. Denken Sie an jemanden, den Sie persönlich kennen und der im Dienst seiner Firma nach Ihrer Ansicht hervorragende Manage-

mentqualitäten gezeigt hat. Erklären Sie uns so detailliert wie nur möglich, was jene Person, gleich ob weiblich oder männlich, tatsächlich getan hat, das heißt, was die Bewertung »ausgezeichnetes Management« im Sinne von Verwaltung der ihm – oder ihr – anvertrauten Werte verdient.

2. Jetzt denken Sie an jemanden, den Sie persönlich kennen und der – wiederum nach Ihrer Meinung – Hervorragendes auf dem Gebiet der Menschenführung und der Initiierung bestimmter Aktivitäten in seinem Umfeld geleistet hat. Erläutern Sie uns auch in diesem Fall so detailliert wie nur möglich, welche Aktivitäten der betreffenden Person Sie als hervorragendes Führungsverhalten betrachten.

Nach der thematischen Analyse von rund 200 ausführlichen Antworten auf die erwähnten Fragen wurden darüber hinaus die übrigen Daten der Fragebogen ausgewertet. Diese Auswertung war die Grundlage für das Manuskript des vorliegenden Werkes.
Meine Recherchen haben mich davon überzeugt, daß Führung und Führungsqualität in komplexen Unternehmen ein zunehmend wichtiges, wenn auch häufig verwirrendes Thema ist. Dies wird vor allem deutlich, wenn man die Unterschiede zwischen »Führung« und »Management« untersucht, wobei ich Management als pures Verwalten des menschlichen und materiellen Potentials verstehe. Vergleiche zwischen beiden Phänomenen helfen, die Funktion, den Prozeß, die Struktur und den Ursprung von Führung und Führungsqualitäten zu erklären. Das erste Kapitel des vorliegenden Buches beginnt mit einem solchen Vergleich. Wir stellen drei Thesen auf:

a) Sowohl qualifizierte Führung als auch Management sind sehr wichtige Funktionen; es ist sicherlich falsch, Führung als etwas Gutes und Management als etwas Schlechtes zu betrachten.
b) Trotz der oftmals konfliktträchtigen Unterschiede zwischen beiden kann eine Integration außerordentliche Erfolge bewirken. Außerdem gibt es Menschen, die die Voraussetzungen für Führungs- und Managementqualitäten in gleichem Maße besitzen.

c) Heutzutage leiden viele Unternehmen – aus welchen Gründen auch immer – unter mangelhafter Führung. Das kostet viel Geld, ist aber korrigierbar.

Das zweite Kapitel befaßt sich mit dem Beispiel National Cash Register (NCR) und dessen ATM-Maschinen. Dieses klassische Beispiel für Effektivität im Geschäftsleben demonstriert einen wesentlichen Aspekt erfolgreicher Führung: Wandel zum Zweck der Anpassung oder der größeren Effektivität herbeizuführen. Der Fall liefert Beweise für viele der Thesen, die wir im ersten Kapitel aufstellen, und wirft einige Fragen auf, denen wir dann in den anderen Teilen des Buches nachgehen werden.
Ein ganz besonders wichtiger Punkt bei der Synthese von Führung und Verwaltung ist die Definition der Richtung oder des Weges, der eingeschlagen werden soll. Dies wird häufig mit kurz- und/oder langfristiger Planung verwechselt. Im dritten Kapitel behaupte ich, daß Planen ein verwaltungstechnischer Prozeß ist, der sich sehr wohl von der Richtungsvorgabe als ein Aspekt von Führung unterscheidet und ihn niemals ersetzen kann. Gute Führung schafft Visionen und Strategien, keine Pläne. Was Vision in der Praxis bedeutet und wie sie entsteht, das wird an Hand der Fallbeispiele NCR, American Express und SAS erklärt.
Ein zweiter zentraler Führungsaspekt ist die Motivation, das persönliche Engagement der Mitarbeiter, die das Projekt verstehen und unterstützen sollen. Diese Motivation, so behaupte ich im vierten Kapitel, bedeutet eine komplexe Herausforderung für die Fähigkeit zur Kommunikation. Sie unterscheidet sich wesentlich von dem Planungsproblem, das mit dem verwaltungstechnischen Prozeß der Organisation einhergeht. Auf welche Art und Weise eine überzeugende Geschäftsführung das Kommunikationsproblem löst, das wird neben den anderen Beispielen auch durch den Fall von Kodak und seinen Kopiermaschinen illustriert.
Wer darauf hinarbeitet, in komplexen Organisationen beziehungsweise Unternehmen Veränderungen herbeizuführen, der steht fast immer vor irgendwelchen schier unüberwindlichen Barrieren, seien sie politischer, bürokratischer, finanzieller oder sonstiger Art. Solche Hürden zu überwinden – dazu gehören meist gigantische

Kräfte. Daher ist der Aspekt der Motivation beim Führen von Menschen so wichtig. Im fünften Kapitel dieses Buches behandeln wir die grundlegenden Aspekte der menschlichen Psyche, wir lernen ihre wesentlichen Beweggründe kennen und betrachten eine Reihe von Fällen (von Mary Kays Kosmetikprodukten bis zu einer Episode in der Firmengeschichte von Kentucky Fried Chicken), die darlegen, auf welche Weise Führung Menschen begeistert.

Viele Menschen neigen dazu, die Führungsstrukturen (die darin enthaltenen Rollen und Beziehungen) auf einen höchst einfachen Nenner zu bringen: Sie sehen *eine* Führungsperson (in einer bestimmten Rolle), die das Ziel festlegt und die Mitarbeiter motiviert. Im sechsten Kapitel weise ich nach, daß die Wirklichkeit viel komplizierter ist. In den meisten Fällen erweist sich nämlich, daß die alleinige Führungsrolle in komplexen Unternehmen für einen einzelnen Menschen, ob begabt oder nicht, allzu schwierig und zeitraubend ist. Die unterschiedlichen Aspekte, die eine Führungsrolle mit sich bringt, werden an Hand von zwei Beispielen (ARCO und Digital Equipment) dargestellt.

Es ist nicht selbstverständlich, daß die Initiativen von Leuten in verschiedenen Führungspositionen stets in eine ähnliche oder gleiche Richtung laufen. Im Gegenteil, verschiedene Initiativen können leicht Konflikte verursachen, wenn nicht jemand da ist, der sie in entsprechende Bahnen lenkt. Die traditionellen Koordinationsmechanismen (wie beispielsweise Hierarchie, Pläne oder Arbeitsplatzbeschreibungen) sind für sich genommen nicht hilfreich, da es bei der Bemühung um Wandel gerade um eine Form von Koordination geht, bei der die traditionelle Routine durchbrochen wird. Wie sehr hier das Problem der persönlichen Beziehungen eine Rolle spielt, das wird im siebten Kapitel besprochen und an einem Fall von Procter & Gamble demonstriert. Dieser Fall wird zudem die Erkenntnisse weiter untermauern, die wir in den vorangegangenen sechs Kapiteln gewonnen haben.

Die Fähigkeit des einzelnen, umfangreiche Führungsaufgaben erfolgreich zu bewältigen, hängt gewiß auch mit den früheren Erfahrungen dieser Person zusammen. Das Kapitel 8, wahrscheinlich der spekulativste Abschnitt des Buches, beschreibt solche Erfahrungen. Dabei wird das für diese spezifische Diskussion nur beschränkt vorhandene Material durch Informationen aus meinen beiden vorangegangenen Büchern ergänzt, nämlich *The General Managers* und *The Leadership Factor.*

Erfahrungen, die wir in unserem Erwachsenenleben machen, beeinflussen zweifellos unsere Fähigkeit, andere Menschen zu führen. Mit dieser Tatsache befaßt sich das Kapitel 9. An der Karriere eines hierfür repräsentativen Geschäftsmannes läßt sich zeigen, welche Faktoren dabei eine Rolle spielen. In demselben Kapitel werden aber auch jene Karriereerfahrungen erörtert, die der Entwicklung von echten Führungsqualitäten häufig im Wege stehen. Zum Schluß wird untersucht und dargestellt, wie einige Unternehmen (Morgan Guaranty, Hewlett-Packard) systematisch versuchen, solche negativen Erfahrungen zu vermeiden.

Überkommene Regeln und Wertvorstellungen eines Unternehmens können Führungskraft auf die unterschiedlichste Weise sowohl fördern als auch niederhalten. In Kapitel 10 wird der Fall von ConAgra erörtert, deren Vorstandsvorsitzender eine Unternehmenskultur entwickelte, die sowohl überzeugenden Führungskräften als auch hervorragenden Verwaltungsexperten auf allen hierarchischen Ebenen zum Durchbruch verhalf. Als Fazit stelle ich die These auf, daß gute Führung letztlich darin besteht, eine führungsorientierte Unternehmenskultur zu schaffen, die auch dann weiterlebt und weiterwirkt, wenn ihr Schöpfer nicht mehr präsent ist.

Am Ende des Buches fasse ich in einem Postskriptum einen Großteil des Materials – mit geringen Ergänzungen – noch einmal zusammen. Wer vor allem meine Schlußfolgerungen kennenlernen will, der sollte vielleicht diese Nachschrift zuerst lesen, noch bevor er mit dem Kapitel 1 beginnt.

Alle in diesem Werk beschriebenen Fälle behandeln Beispiele hervorragender Menschen- und Geschäftsführung. Dennoch behaupte ich nicht, daß wir nur von guten Ergebnissen profitieren. Auch schlechte Erfahrungen können außerordentlich lehrreich sein. Tatsächlich wurden solche Negativbeispiele, die ich meinen früheren Arbeiten entnommen habe, für die analytische Phase des vorliegenden Projektes benutzt. Trotzdem habe ich sie in diesem Buch nicht erwähnt, und zwar einfach deshalb, weil ich glaube, daß jeder

von uns weit mehr über Fehlschläge und über Fehler als über erfolgreiche Führungsarbeit gehört und gelesen hat.
Mehrere Personen haben die ersten Entwürfe für das Manuskript dieses Buches kritisch gelesen und mir durch ihre Kommentare sehr geholfen. Dazu gehören Jerry Abarbanel, Chris Argyris, Dale Bennett, Jan Blakslee, Richard Boyatzis, Nancy Dearman, Bob Eccles, Russ Eisenstat, Alan Frohman, Ray Goldberg, Richard Hackman, Jim Heskett, Julie Johnson, Bob Lambrix, Mike Lombardo, Jay Lorsch, Morgan McCall, Tom Mithen, Charlie Newton, Barbara Rice, Vijay Sathe, Len Schlesinger, Robert Steed, Warren Wilhelm und Doug Yeager. Beim Zusammentragen der Daten und Fakten für das vorliegende Buch waren noch sehr viel mehr Leute beteiligt. Die meisten ihrer Namen erscheinen irgendwo auf den folgenden Seiten. Ihnen allen gilt mein aufrichtiger Dank.

# I

# Einführung

# 1 Verwaltung und Führung

Das Wort »Führung«, Leadership, wird in Gesprächen und Abhandlungen über wirtschaftliche Fragen in zwei unterschiedlichen Zusammenhängen verwendet. Zum einen beschreibt man damit einen Vorgang: das Mobilisieren und Lenken von Menschen und ihrer Ideen. Wir sagen zum Beispiel, daß Person X in diesem oder jenem Projekt die Führungsrolle übernommen habe. Zu anderen Zeiten und in einem anderen Kontext beschreibt das Wort eine Personengruppe in bestimmten Positionen, von der Führung in dem Sinne, wie wir sie gewöhnlich verstehen, erwartet wird. Dann sagen wir beispielsweise, im Führungsbereich der Firma gibt es soundso viele aktive Mitarbeiter, und dazu gehören diese oder jene Personen.

In dem vorliegenden Buch wird der Begriff Führung fast ausschließlich im erstgenannten Sinn des Wortes, nämlich funktional, benutzt. Die zweite Auslegung ist nämlich eher verwirrend, weil sie unterschwellig suggeriert, daß jeder, der eine Führungsposition innehat, auch tatsächlich führt.[1] Das stimmt nicht: Einige Leute führen gut, einige schlecht und andere wiederum überhaupt nicht. Da heutzutage die meisten Inhaber von Führungspositionen Manager genannt werden, sind wir geneigt, daraus zu schließen, daß Führung und Management dasselbe oder zumindest eng verknüpft sind. Auch dies ist ein Trugschluß.

Leadership, effektive Führung, hat es immer gegeben. Das, was wir Management nennen, gilt weitgehend als Produkt der letzten hundert Jahre,[2] und zwar als Antwort auf eine der bedeutsamsten Entwicklungen des 20. Jahrhunderts, das Entstehen vieler komplexer Unternehmen.[3] Das moderne Management ist sinngemäß

erfunden worden, um den neuen Eisenbahnunternehmen, Stahlwerken und Automobilfabriken zu ermöglichen, das zu erreichen, wozu ihre inzwischen legendär gewordenen Gründer sie geschaffen hatten. Ohne ein solches Management liefen diese komplizierten Gebilde Gefahr, in ein existenzbedrohendes Chaos zu versinken. Ein gutes Management entwickelte bestimmte Wettbewerbsparameter wie Qualität und Profitabilität der Produkte.
In den letzten hundert Jahren haben Tausende von Managern, Unternehmensberatern und Ausbildern von Führungskräften die Prozesse analysiert, entwickelt und verfeinert, die modernes Geschäftsmanagement ausmachen. Zu diesen Prozessen gehört:[4]

1. *Allgemeine Finanzplanung:*
   Aufgaben und Ziele für die Zukunft festlegen, meist für einen Monat oder ein Jahr. Die einzelnen Schritte definieren, um jene Ziele zu erreichen, eventuell im Rahmen von Zeitplänen und Richtlinien; anschließend Zuweisung der finanziellen und sonstigen Mittel.
2. *Organisation und Mitarbeiter:*
   Eine Organisationsstruktur festlegen und Arbeitsplätze zur Erfüllung der Planerfordernisse schaffen; diese Arbeitsplätze mit qualifizierten Mitarbeitern besetzen und diesen Mitarbeitern die Pläne transparent machen, Verantwortung für die Durchführung des Planes delegieren und Mechanismen einführen, die seine Realisierung überwachen.
3. *Rechnungsprüfung (Controlling) und Problemlösungen:*
   Ergebnisse mit den Planvorgaben im einzelnen vergleichen, und zwar sowohl auf formeller als auch auf informeller Ebene mit Hilfe von Berichten oder Besprechungen; Abweichungen, die berühmten »Problemfälle«, erkennen und anschließend durch erneute Planung sowie entsprechendes Handeln in den Griff bekommen.

Diese Vorgehensweisen schaffen von sich aus eine gewisse Ordnung. Leider aber, das haben wir in den vergangenen 50 Jahren nur allzuoft beobachtet, können sie auch Ordnungen schaffen, die genauso bedeutungslos sind wie die auf Aktenvermerken des Chefs verwendete Tintenfarbe. Das lag nicht in der Absicht der Erfinder des modernen Managements. Sie waren vielmehr um stabile Verhältnisse und Ergebnisse bemüht, wie sie von Kunden, Aktionären, Mitarbeitern und anderen Betroffenen erwartet wurden, und das alles trotz der komplexen Entwicklungen, die durch Übergröße, moderne Technologie und geographische Streuung verursacht werden. Jene Pioniere hatten das Management geschaffen, um komplizierte Unternehmen zeitlich und finanziell im Griff zu behalten. Das war und ist ihre wichtigste Funktion.[5]

Echte Führung dagegen ist etwas anderes. Sie schafft nicht, wie wir zu denken gewohnt sind, Festigkeit und Ordnung, sondern Bewegung. Jahrhunderte hindurch haben Menschen, die als Führer angesehen wurden, Veränderungen in die Wege geleitet, manchmal zum Besseren, manchmal zum Schlechteren.[6+7] Das geschah auf verschiedenen Wegen, obwohl sie manchmal nichts anderes zu tun schienen, als daß sie festlegten, wohin eine Gruppe von Menschen gehen soll – daß sie sie zu motivieren, für Veränderung und Bewegung zu begeistern vermochten. Den Führungspersönlichkeiten gelang es, ihren Gefolgsleuten so viel Kraft zu geben, daß sie die Hindernisse auf dem Weg überwinden konnten.

Was nun Führungsqualität wirklich ausmacht, das ist seit Jahrhunderten ein Diskussionsthema. Normalerweise bezeichnen wir Führung als »gut«, »wirkungsvoll« oder »effizient«, wenn sie Menschen dorthin bringt, wo es sowohl ihnen selbst als auch denen, die von ihnen abhängen, wirklich bessergeht, ohne daß dabei die Rechte anderer mit Füßen getreten werden.[8] Wir nennen das: *konstruktiver oder anpassungsfähiger Wandel.*

Führung in einem komplexen Unternehmen, ganz gleich welcher Art, kommt durch drei sogenannte Unterprozesse (wir werden das in den folgenden Kapiteln noch genauer darstellen) zum Ziel. Sie können folgendermaßen beschrieben werden:[9]

1. *Die Richtung vorgeben:*
   Eine Vision entwickeln, oftmals bis weit in die Zukunft hinein, zusammen mit Strategien für den Wandel, der zur Erreichung des Ziels notwendig ist.

2. *Ausrichten der Mitarbeiter:*
   Diejenigen über die Richtung informieren, deren Mitwirkung erforderlich ist. So sollen Verständnis für die Vision und ein größeres Engagement zur Erreichung des Ziels geweckt werden.
3. *Motivieren und begeistern:*
   Dafür sorgen, daß die Mitarbeiter trotz erheblicher politischer, bürokratischer und finanzieller Hürden auf dem Weg zum Wandel in der geeigneten Richtung vorankommen, und das durch Berufung auf die grundsätzlichen, oft verborgenen menschlichen Bedürfnisse, Werte und Emotionen.

Das Schaubild 1.1 vergleicht diese beiden Zusammenfassungen von Management und Führung in komplexen Organisationen.[10] Management und Führung ähneln sich unter diesem Aspekt in verschiedener Hinsicht. Beide verlangen Entscheidungen über das, was getan werden muß, schaffen Netze von Mitarbeitern und Beziehungen, die der Aufgabe dienlich sein können, und bemühen sich anschließend, dafür zu sorgen, daß die Arbeit dann auch getan wird. In diesem Sinne handelt es sich bei beiden um in sich geschlossene Aktionssysteme; kein Bereich kann einfach nur als ein Aspekt des anderen betrachtet werden. Leute, die im Management nur die Stufe der Verwirklichung von Führungsvisionen sehen, wissen nichts von der Tatsache, daß Führung eine ganz bestimmte typische Aktionsweise erfordert: Die Mitarbeiter werden auf die neuen Ziele hin ausgerichtet, und zugleich wird bei ihnen echte Begeisterung geweckt. Ebenso irren sich die, die Führung für einen Aspekt von Management halten; sie lassen die Tatsache außer acht, daß zu Führung die richtungweisende Komponente gehört.

Trotz einiger Ähnlichkeiten gibt es ganz wesentliche Unterschiede zwischen Führung und Verwaltung, und das gilt in ganz besonderem Maße für große Konzerne und Organisationen. Planung und Finanzplanung im Management läuft tendenziell darauf hinaus, das Hauptaugenmerk auf Zeiträume zwischen ein paar Monaten bis zu einigen Jahren, auf Details, die Vermeidung von Risiken und die Anwendung eines rationalen Instrumentariums zu richten. Im Gegensatz hierzu konzentriert sich, wie die folgenden Kapitel zeigen werden, der Teil des Führungsprozesses, der sich mit dem Vor-

**Schaubild 1.1**
Vergleich zwischen Management und Leadership

| | *Management* | *Führung* |
|---|---|---|
| *Entwicklung eines Zeitplanes* | Allgemeine Finanzplanung: Aufgaben und Ziele für die Zukunft festlegen, typischerweise für einen Monat oder ein Jahr; die einzelnen Schritte definieren, um jene Ziele zu erreichen, eventuell unter Einschluß von Zeitplänen und Richtlinien; anschließend Bereitstellung der finanziellen und sonstigen Mittel. | Vorgeben der Richtung: Eine Vision, häufig bis weit in die Zukunft hinein entwickeln, zusammen mit Strategien für den Wandel, der zur Erreichung des Zieles notwendig ist. |
| *Ein menschliches Netzwerk entwickeln, um Planvorgaben zu verwirklichen* | Organisation und Mitarbeiter: Eine Organisationsstruktur festlegen und die Arbeitsbereiche zur Erfüllung der Planerfordernisse einrichten, qualifizierte Mitarbeiter unter Bekanntgabe der Planvorstellungen einsetzen, Verantwortung für die Planerfüllung delegieren und Mechanismen einführen, mit deren Hilfe die Durchführung überwacht wird. | Ausrichten der Mitarbeiter: Die Richtung all denen bekanntgeben, deren Mitwirkung erforderlich sein könnte, um Gruppen und Gemeinschaften mit Verständnis für die Vision und zugleich mit Engagement für die Erreichung des Zieles zu bilden. |
| *Durchführung* | Rechnungsprüfung und Problemlösungen: Ergebnisse mit den Planvorgaben vergleichen, Abweichungen davon – normalerweise Probleme genannt – erkennen und Pläne entwickeln, um diese Probleme zu lösen. | Motivieren und begeistern: Dafür sorgen, daß die Mitarbeiter trotz erheblicher politischer, bürokratischer und finanzieller Hürden auf dem Weg zum Wandel vorankommen, indem sehr grundlegende, aber oft verborgene menschliche Bedürfnisse befriedigt werden. |
| *Ergebnisse* | Bewirkt ein bestimmtes Maß von Berechenbarkeit und Ordnung sowie die Möglichkeit, dauernd entscheidende Resultate zu erbringen, die von verschiedenen Beteiligten erwartet werden (beispielsweise bei Kunden genaues Einhalten von Terminen, bei Aktionären das Einhalten der Budgetvorgaben). | Erzeugt Wandel, Bewegung, oft in einem dramatischen Ausmaß, und hat das Potential, außerordentlich nützliche Veränderungen zu bewirken (wie z.B. neue, von der Kundschaft dringend gewünschte Produkte, neue Arbeitsbedingungen für die Mitarbeiter, um eine Firma wettbewerbsfähiger zu machen). |

geben einer Richtung befaßt, meist auf längere Zeiträume, auf das Gesamtbild, auf Strategien zur Übernahme kalkulierter Risiken und auf bestimmte Wertvorstellungen. In ähnlicher Weise ist die Organisation und die Auswahl der Mitarbeiter eher auf Spezialisierung angelegt: Es geht darum, für eine bestimmte Arbeit die bestgeeignete Person zu finden, sie für diese Arbeit auszubilden und sie zu engagierter Mitarbeit zu bewegen. Auf der anderen Seite erkennt man bei bewußter Menschenführung ein deutliches Bemühen, die Mitarbeiter so zu integrieren, daß die ganze Gruppe sich in einer bestimmten Richtung engagiert. Bei der Rechnungsprüfung (Controlling) und der Lösung von Problemen geht es normalerweise darum, bestimmte Grenzen nicht zu überschreiten: Kontrolle, Überwachung und Vorausschaubarkeit sind gefragt. Bei der Motivation und der Begeisterung von Mitarbeitern dagegen geht es um Stärkung, Expansion und um die gelegentliche angenehme Überraschung, die den Mitarbeitern Kraft und Energie verleiht.

Doch auf einer noch grundsätzlicheren Ebene unterscheiden sich Führung und Management ganz offensichtlich in ihren primären Wirkungsweisen. Führung kann nützliche Veränderungen bewirken, während eine gute Verwaltung ordentliche Resultate, die einen plan- und ordnungsgemäßen Ablauf garantieren, erzielen kann. Das bedeutet aber nicht, daß Management niemals etwas mit Wandel zu tun hätte. Es ist durchaus möglich, daß gute Verwaltung im Zusammenspiel mit guter Führung dazu beiträgt, daß der Prozeß des Wandels in geordneteren Bahnen verläuft. Es bedeutet auch nicht, daß Führung und Ordnung in irgendeiner Weise unvereinbar wären. Im Gegenteil: Im Zusammenspiel mit tüchtiger Verwaltung kann ein effektiver Führungsprozeß dabei helfen, die Veränderungen herbeizuführen, die nötig sind, um eine chaotische Situation unter Kontrolle zu bringen. Aber Führung allein wird es nicht schaffen, Jahr für Jahr die Vorhaben und Pläne in einem festgelegten zeitlichen und finanziellen Rahmen zu verwirklichen, während Management allein nie wirklich effektiven Wandel zu realisieren vermag.

Insgesamt gesehen tragen alle diese formellen und funktionalen Unterschiede das Potential für Konflikte in sich. Eine starke Führung kann beispielsweise eine ordnungsgemäße Planung durcheinanderbringen und die Managementhierarchie unterlaufen, während eine starke Verwaltung in der Lage ist, die Risikobereitschaft sowie das persönliche Engagement der Mitarbeiter, die eigentlich die Führung in die Hand nehmen sollten, zu schwächen. Im Laufe der Jahre ist immer wieder über derartige Konflikte berichtet worden, und zwar haben sie sich gewöhnlich zwischen Menschen entzündet, die jeweils nur den einen Typus verkörpern: »Nur-Manager« geraten sich mit »Nur-Führungskräften« in die Haare.[11]

Trotz dieses Konfliktpotentials gibt es aus der Analyse der in dem Schaubild 1.1 zusammengefaßten Situationen nur eine logische Folgerung, nämlich daß beides – Führung und Management – vonnöten ist, wenn eine Firma gedeihen soll. Wirklicher und dauerhafter Erfolg verlangt nicht nur, daß die Verpflichtungen den Kunden, Aktienbesitzern, Mitarbeitern und anderen gegenüber erfüllt werden müssen, sondern es ist genauso unumgänglich, die ständig wechselnden Bedürfnisse dieser Hauptbeteiligten zu erkennen und sich an diese anzupassen. Mit anderen Worten: In einem Unternehmen muß nicht nur jeden Tag kompetent und rationell geplant, budgetiert, organisiert und überwacht werden, es müssen nicht nur Mitarbeiter eingesetzt und Probleme gelöst werden, um das jeweilige Tagesziel zu erreichen, sondern man muß auch eine geeignete Richtung für die Zukunft festlegen, und das nötigenfalls immer wieder von neuem. Die Mitarbeiter müssen motiviert werden, diese Richtung zu unterstützen und den Wandel mitzutragen, selbst wenn schmerzliche Opfer erforderlich sind.

Eines ist sicher: Jede andere Kombination als die von starkem Management und starker Führung birgt die Gefahr, daß nur sehr unbefriedigende Resultate herauskommen. Sind beide, Management und Führung, schwach oder gar nicht vorhanden, dann ähnelt das Schicksal der Firma einem leckgeschlagenen Schiff ohne Ruder. Aber Management oder Führung allein wird wohl ebenfalls kaum bessere Resultate erbringen. Ein starkes Management ohne wirkliche Führung kann eine erstickende Bürokratie aufbauen, denn es schafft Ordnung nur um der Ordnung willen. Eine starke Führung ohne kompetente Verwaltung läuft Gefahr, zur Heilslehre zu werden, in der Wandel um des Wandels willen propagiert wird – selbst dann, wenn der Zug in eine vollkommen falsche Richtung fährt. Eine solche Situation beobachtet man eher bei politischen Bewegungen als zum Beispiel bei Unternehmen,[12] obwohl sie manchmal aber auch in verhältnismäßig kleinen Pionierfirmen anzutreffen ist.[13] Das Phänomen eines starken Nur-Managements dagegen ist heute allzuhäufig bei vielen Unternehmen zu beobachten, vor allem, wenn sie groß sind und schon längere Zeit bestehen.

Wenn das Management eine sehr starke, Führung aber eine unzureichende Rolle spielt, dann würde man logischerweise folgende Wirkungen erwarten:

1. Starke Betonung kurzfristiger Zeitpläne, intensives Eingehen auf Einzelheiten und die Vermeidung von Risiken. Weitsicht, langfristige Planung und Strategien zum Eingehen kalkulierter Risiken kommen dabei normalerweise zu kurz.
2. Eine starke Betonung der Spezialisierung, eine Anpassung der Menschen an ihren Arbeitsplatz und ein strenges Befolgen von Regeln, ohne daß großer Wert darauf gelegt würde, daß die Mitarbeiter einbezogen werden, besonders stark motiviert sind und sich persönlich engagieren.
3. Eine starke Betonung von Begrenzung, Kontrolle und Vorausschaubarkeit, wobei Expansion, persönliche Verantwortung und Inspiration meist vernachlässigt werden.

Wenn man diese Faktoren zusammennimmt, dann ist es nur logisch, zu erwarten, daß dabei ein ziemlich rigides Unternehmen entsteht, das mit Neuerungen kaum etwas im Sinn hat und deswegen auch nicht in der Lage ist, mit wichtigen Änderungen auf seinem Markt und im Bereich von Wettbewerb und Technologie fertig zu werden. Es liegt also nahe, eine sich immer weiter verschlechternde wirtschaftliche Leistung vorherzusagen. Allerdings kann diese Entwicklung, wenn die Firma groß ist und eine starke Marktposition innehat, recht langsam vonstatten gehen. Die Kunden würden zunehmend weniger gut bedient, und es gäbe nur selten Preissenkungen, die auf innovative Herstellungsmethoden zurückzuführen wären. Die sinkende Leistung und die entsprechend geringe Ertragskraft würde den Investoren, die wenig oder gar keine

Gewinne mehr erhalten, bald schmerzhaft spürbar werden – und ebenso den Angestellten, die plötzlich immer mehr und ganz zuletzt noch ihren eigenen Arbeitsplatz opfern müssen.
Dieses Szenario ist wahrscheinlich jedermann vertraut. Seit 1970 haben Hunderte von Firmen solche schmerzlichen Erfahrungen gemacht. Die Folgen kann niemand ermessen. Dennoch hat dieses Problem zumindest in den Vereinigten Staaten sicherlich dazu beigetragen, daß die Reallöhne und Gehälter von 1973 bis 1989 im wesentlichen gleichbleibend waren, daß die inflationsbereinigten Aktienpreise Ende 1988 niedriger waren als 1969 und daß die Verbraucher sich mehr und mehr den preiswerteren oder innovativen Waren aus dem Ausland zugewandt haben. Das Resultat war ein lähmendes Handelsdefizit in den USA. Neueste Berichte legen die Vermutung nahe, daß eine Lösung dieses Problems noch lange nicht in Sicht ist.
1988 wurden leitende Direktoren aus der oberen Führungsebene in einem Dutzend erfolgreicher Unternehmen in den Vereinigten Staaten aufgefordert, alle Mitarbeiter in den Managementhierarchien hinsichtlich ihrer Führungs- als auch ihrer Managementqualitäten zu beurteilen.[14] Die Beurteilungsskala ging von schwach bis stark, und die Antworten wurden in vier Gruppen eingeteilt: Personen, die starke Managementqualitäten haben, aber schwach in der Führung sind; andere, die umgekehrt starke Führungs-, jedoch schwache Managementqualitäten zeigen; solche, die in beiden Bereichen verhältnismäßig stark sind; und die vierte Gruppe, deren Mitglieder sich weder im Bereich Leadership noch im Bereich Management auszeichnen. Als nächstes wurden die Firmenverantwortlichen gefragt, ob das vorhandene Potential an Talenten geeignet wäre, das Gedeihen ihrer jeweiligen Unternehmen für die nächsten fünf bis zehn Jahre zu garantieren. Als Antworten waren vorgegeben:

- Wir haben ungefähr, was wir brauchen.
- Wir haben zu wenige Leute dieser Kategorie.
- Wir haben zu viele derartige Mitarbeiter.

Das Schaubild 1.2 faßt die Ergebnisse in diesem Punkt zusammen.

**Schaubild 1.2**
Wie leitende Angestellte in einem Dutzend erfolgreicher US-amerikanischer Unternehmen die Mitarbeiter in ihren jeweiligen Managementhierarchien beurteilen

| Führung | Management: *schwach* | Management: *stark* |
|---|---|---|
| *stark* | Fast die Hälfte sagt, sie hätte »zu wenige«* solcher Leute. | Praktisch alle Antworten besagen, daß es »zu wenig« Leute für dieses Portfolio-Feld gäbe. |
| *schwach* | Fast die Hälfte sagt, sie hätte »zu viele« solcher Leute. | Fast zwei Drittel der Antworten besagen, daß es »zu viele« dieser Kategorie gäbe. |

* Zur Auswahl standen drei Antworten, nämlich (1) »zu wenige«, (2) »zu viele« und (3) »etwa die richtige Anzahl«.

Die Hälfte der Befragten antwortete, zu viele Mitarbeiter zu haben, die zu wenige oder überhaupt keine Management- und Führungsqualitäten zeigten. Besonders Führungskräfte aus dem Dienstleistungsbereich wie zum Beispiel Investment Banking und Anlageberatung tendierten zu dieser Antwort. Die andere Hälfte erklärte, nur sehr wenige derart qualifizierte Mitarbeiter zu haben, was – wie zu erwarten war – ihnen durchaus keine Kopfschmerzen zu bereiten schien.
Fast die Hälfte antwortete, zu wenig Leute zu haben, deren Stärken vor allem im Führungsbereich, weniger im Managementbereich liegen. Es wurde hervorgehoben, daß solche Mitarbeiter außerordentlich wertvoll wären, solange sie mit starken Managerpersönlichkeiten eng zusammenarbeiten könnten. Die meisten der noch verbleibenden Antwortenden berichteten, etwa die richtige Anzahl von Leuten aus dieser Kategorie für die Zukunft zu haben, und fügten manchmal noch hinzu, daß diese »richtige Anzahl« eigentlich »sehr wenige« bedeutete. Die Befragten neigten dazu, den Typ »starke Führungskraft/schwacher Manager« pessimistisch zu beurteilen. Sie meinten, derartige Leute würden in der Regel mehr Probleme schaffen als lösen.
Ungefähr zwei Drittel der Befragten sagten, sie hätten zu viele Mitarbeiter, die starke Management-, aber schwache Führungsqualitä-

ten besäßen. Einige geben sogar an, es seien »bei weitem zu viele«. Die Antworten des restlichen Drittels reichten von »zu wenig« bis zu »etwa die richtige Anzahl«. Dabei fiel auf, daß »zu wenig« vorwiegend in den Antwortbogen von Dienstleistungsbetrieben stand.

Mehr als 95 Prozent meinten, zu wenige Mitarbeiter zu haben, die sowohl gute Führungs- als auch gute Managementqualitäten hätten. Aber ein paar solcher Leute, so sagten die Antwortenden, hätten sie wohl doch: Es seien zwar keine Übermenschen, die grandiose Verwaltungs- und Führungseigenschaften aufwiesen, sondern ganz normale Sterbliche, die einigermaßen stark oder sehr stark in einem der beiden Bereiche wären. Auf jeden Fall meinten sie, es bedürfe einer größeren, oftmals einer sehr viel größeren Anzahl solcher Leute, um das kommende Jahrzehnt erfolgreich überstehen zu können.

Diese Umfrage ist interessant, nicht weil sie an sich schon irgend etwas beweisen würde, sondern weil ihre Ergebnisse mit vielen anderen Tatsachen übereinstimmen. Einige von ihnen werden in den folgenden Kapiteln dieses Buches noch angeführt. Zusammenfassend läßt sich sagen, daß es heutzutage in den meisten Firmen an Führung fehlt und daß viele Firmen unter einem Zuviel an Management und einem Zuwenig an Führung leiden.

Die Resultate einer vor einigen Jahren ebenfalls durchgeführten umfangreicheren Erhebung erklären, warum ein solches Führungsproblem überhaupt existiert.[15] Nahezu 80 Prozent der 1000 leitenden Angestellten, die die Fragebogen ausgefüllt hatten, waren der Ansicht, daß ihre Firmen keine sehr guten Noten für die Einstellung, Ausbildung, Integration und Motivierung von Personen mit Führungsqualitäten verdient hätten (siehe Schaubild 1.3). Sie führten das auf eine Vielzahl von ungeeigneten Praktiken zurück (siehe Schaubild 1.4). Beispielsweise berichteten 82 Prozent der Antwortenden, »die Qualität der Karriereplanungsberatung« sei nicht angemessen. Zumindest sei sie nicht dazu geeignet, eine ausreichende Anzahl von Mitarbeitern anzuwerben, zu integrieren und zu motivieren, um dabei zu helfen, mit Führungsherausforderungen fertig zu werden. 77 Prozent beurteilten die »ausbaufähigen Arbeitsplatzchancen« und die »verfügbare Information über

**Schaubild 1.3**
Anwerbung, Ausbildung, Integration und Motivierung von Personen mit Führungstalent: Resultate einer Befragung von 1000 Führungskräften

| | | |
|---|---|---|
| I. | Wie gut ist Ihre Firma bei der Anwerbung und Einstellung einer ausreichenden Anzahl von Leuten, die Führungsqualitäten besitzen und im Interesse des Betriebes eines Tages ihre Begabung in wichtigen Führungspositionen einsetzen könnten? | |
| | Sehr gut oder hervorragend: | 27 Prozent |
| | Schlecht oder annehmbar: | 30 Prozent |
| II. | Wie gut ist Ihre Firma in der Ausbildung dieser Talente und ihrer Weiterbildung? | |
| | Sehr gut oder hervorragend: | 19 Prozent |
| | Schlecht oder annehmbar: | 42 Prozent |
| III. | Wie gut ist Ihre Firma in bezug auf die Integration und Motivierung dieser hochbegabten Mitarbeiter? | |
| | Sehr gut oder hervorragend: | 20 Prozent |
| | Schlecht oder annehmbar: | 43 Prozent |

Vakanzen auf Führungsebene« in ihrer jeweiligen Firma gleichermaßen negativ. Ganze 93 Prozent wiesen darauf hin, daß die Art und Weise, wie Manager für die Entwicklung des Führungspotentials ihrer Untergebenen belohnt würden, wenig dazu beitrage, Mitarbeiter mit Führungstalenten ausfindig zu machen, ihre Begabung zu wecken, weiterzuentwickeln und zu nutzen. 86 Prozent berichteten von demselben Problem hinsichtlich der aus »entwicklungs-

**Schaubild 1.4**
Praktiken mit Auswirkung auf die Führungskapazitäten der Firma: Umfrageergebnisse

| | |
|---|---|
| | Das Formular enthält 46 Fragen über die Praktiken des Unternehmens hinsichtlich der Anwerbung, Weiterentwicklung, Integration und Motivierung von Menschen mit ausreichendem Führungspotential. Die Antworten lassen sich wie folgt zusammenfassen: |
| I. | Die große Mehrheit der Praktiken (80%) ist dazu mehr als geeignet: Diese Antwort wählten 0,2 Prozent der Befragten. |
| II. | Die große Mehrheit der Praktiken (80%) ist dazu geeignet: Diese Antwort wählten 3,3 Prozent der Befragten. |
| III. | Eine knappe Mehrheit der Praktiken (51%) ist dazu geeignet: Diese Antwort gaben 23,7 Prozent. |

technischen Gründen notwendigen Versetzung von Mitarbeitern von einer Abteilung in eine andere«.
79 Prozent beschwerten sich über »mangelnde Anleitung, fehlende Rollendefinition und fehlende Ausbildungsmöglichkeiten«; 75 Prozent über die Art und Weise, »wie Rückmeldungen über Entwicklungsfortschritte an die Untergebenen weitergeleitet werden«, 69 Prozent darüber, wie »um der Entwicklung willen bestimmten Führungskräften zusätzliche Verantwortung aufgehalst wird«, 65 Prozent über die »Beteiligung des Unternehmens an auswärtigen Management-Ausbildungsseminaren« und 60 Prozent über die »den Mitarbeitern gebotenen Möglichkeiten, höhere Ebenen des Managements zu erreichen«.[16]
Ebenso interessant ist aber auch das, was nicht gesagt worden ist. Die Befragten haben nicht geantwortet, daß ihre Firma mangelhaftes Führungspotential besitze, weil es auf der Welt nicht genügend derart talentierte Menschen gebe. Statt dessen gaben sie sich selbst die Schuld dafür, daß sie nicht in der Lage gewesen waren, Leute mit einem solchen Führungspotential ausfindig zu machen, anzuwerben, heranzubilden oder zumindest zu unterstützen. Einige der Befragten gaben sogar bereitwillig zu, daß ihre Firma solche Kandidaten oft abgeschreckt habe, während andere die Ansicht vertraten, daß wohl talentierte junge Leute eingestellt worden seien, daß sie dann aber systematisch zu vorsichtigen Managern gemacht worden wären. All diese überaus bezeichnenden Umfrageergebnisse würden nicht sonderlich überraschen, kämen sie von einer Gruppe frustrierter Manager aus unteren oder mittleren Ebenen. Diese Personen waren aber nicht befragt worden. Vielmehr war die Umfrage an die Leitungsebene gerichtet.
Möglicherweise gibt es eine Reihe von Gründen, warum so viele Unternehmen nicht fähig sind, Leute mit Führungstalent anzuziehen und sie dann zu fördern, zu integrieren und zu motivieren. Der wesentliche Grund ist: Die meisten Firmen hatten bisher noch keinen Bedarf an derart vielen Leuten, die Führungsaufgaben hätten in die Hand nehmen müssen.
Die modernen Großfirmen sind ein Produkt der letzten hundert Jahre. Sie sind im wesentlichen von starken Unternehmerpersönlichkeiten[17] wie Andrew Carnegie, Pierre du Pont oder Edward

Filene geschaffen worden. In dem Maße, wie diese Konzerne zunehmend vielschichtiger operierten und expandierten, wurde das entwickelt, was wir heute Management nennen, und zwar mit dem Ziel, solche Firmen dazu zu bringen, Zeitpläne und Vorgaben des Budgets einzuhalten. Als die erfolgreichsten dieser Unternehmen immer stärker wuchsen, sich über Grenzen hinweg ausbreiteten und technologisch gesehen immer komplizierter wurden, besonders nach dem Zweiten Weltkrieg, wurden immer mehr Leute gebraucht, die jene Managementaufgaben lösen konnten.

Um den Bedarf zu erfüllen, entstand ein umfangreiches Weiterbildungssystem mit einem großen Angebot von Seminaren, bestimmten Abschlüssen im Management und dem Hochschulabschluß des MBA (Master of Business Administration).[18] Das nach dem Zweiten Weltkrieg für US-Firmen günstige Wirtschaftsklima brachte so viel Stabilität, daß die meisten Firmen nicht viel Führung brauchten – bis zu den 70er Jahren. Und dann, plötzlich, nach 25 bis 30 Jahren problemlosen Wachstums, vor allem in den Vereinigten Staaten, setzte in der Geschäftswelt plötzlich ein stärkerer Konkurrenzkampf ein; das Wirtschaftsleben wurde härter und begann, sich fortwährend zu verändern. Verschiedene Umstände und Faktoren haben dazu beigetragen: schneller technologischer Wandel, stärkerer internationaler Wettbewerb, Aufhebung von staatlichen Eingriffen und Bestimmungen, Überkapazitäten bei kapitalintensiven Industrien, ein instabiles Erdölkartell, Firmenaufkäufe mit Hilfe sogenannter Junk Bonds (Ramschanleihen) sowie eine demographisch wechselnde Arbeiter- und Angestelltenschaft. Dabei wurde deutlich, daß es beileibe kein Erfolgsrezept mehr ist, dasselbe zu tun, was auch gestern getan wurde, oder aber, es nur um 5 Prozent besser zu machen.

Größere Änderungen werden zunehmend unvermeidlich, um in einem derartig neuen Umfeld zu überleben und wettbewerbsfähig zu bleiben. Mehr Wandel verlangt stets nach besserer Führung (siehe Schaubild 1.5). Aber viele Firmen haben Schwierigkeiten, ihre Praxis der neuen Realität anzupassen.

Beispiele für diese Verlagerung gibt es praktisch überall. Nehmen wir den Fall einer kleinen bis mittleren Fabrik, die einem erfolgreichen amerikanischen Unternehmen wie Honeywell gehört. Im

**Schaubild 1.5**
Die Beziehungen von Wandel und Komplexität zu dem Maß an Führung und Verwaltung, das in einem Unternehmen gebraucht wird

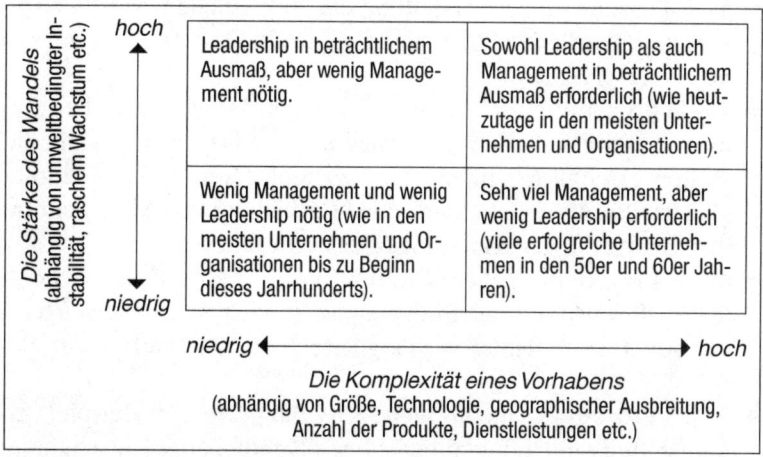

| *Die Stärke des Wandels* (abhängig von umweltbedingter Instabilität, raschem Wachstum etc.) ↓ / *Die Komplexität eines Vorhabens* (abhängig von Größe, Technologie, geographischer Ausbreitung, Anzahl der Produkte, Dienstleistungen etc.) → | *niedrig* | *hoch* |
|---|---|---|
| *hoch* | Leadership in beträchtlichem Ausmaß, aber wenig Management nötig. | Sowohl Leadership als auch Management in beträchtlichem Ausmaß erforderlich (wie heutzutage in den meisten Unternehmen und Organisationen). |
| *niedrig* | Wenig Management und wenig Leadership nötig (wie in den meisten Unternehmen und Organisationen bis zu Beginn dieses Jahrhunderts). | Sehr viel Management, aber wenig Leadership erforderlich (viele erfolgreiche Unternehmen in den 50er und 60er Jahren). |

Jahre 1970 war dieser Produktionsbetrieb zwanzig Jahre alt, beschäftigte hundert Leute und stellte Steuergeräte für Fertigungseinrichtungen her. Obwohl die Fabrik fast zwei Dutzend verschiedene Produkte in ihrem Programm hatte, machte eines von ihnen alleine 50 Prozent des Umsatzes aus. Dieses Erzeugnis hatte wenig Konkurrenz auf dem Markt und war durch eine Anzahl von Patenten geschützt. Es wurde in über fünfzig verschiedenen Ländern verkauft, aber der Umsatz in den Vereinigten Staaten betrug 70 Prozent des Gesamtvolumens. Auf dem US-Markt hatten die Hauptprodukte der Firma einen Anteil von 34 Prozent gegenüber den 24 Prozent des Marktzweiten.
Eine Untersuchung der Anforderungen, die an den Fabrikleiter 1970 gestellt worden waren, ergab folgendes Bild. Vor allem erwartete man von ihm, daß er jeden Monat, alle Vierteljahre und natürlich jährlich die jeweiligen Budgets und Zielvorgaben für die Fertigung, die Kosten und eine Reihe anderer mengenmäßig definierbarer Größen erfüllte. Diese Zielvorgaben waren als Ergebnis einiger Verhandlungen vom Chef des Fabrikleiters festgelegt worden und basierten fast ausschließlich auf sogenannten historischen Daten, also auf den Erfahrungen der Vergangenheit. Um den Vorgaben zu

entsprechen, setzte er im Laufe des Jahres seine Zeit im großen und ganzen wie folgt ein:

- 5–10 Prozent für die Erstellung der monatlichen, vierteljährlichen und jährlichen Pläne, und zwar in Zusammenarbeit mit seinen Untergebenen.
- 20–30 Prozent für die Zusammenarbeit mit seinen Mitarbeitern, um sicherzugehen, daß er die angemessene Organisation hat, die es ihm ermöglicht, seine Pläne zu realisieren. Das bedeutete gleichzeitig die Einstellung sowie Entlassung von Mitarbeitern, ihre Beurteilung, Ausbildung oder Förderung.
- 40–50 Prozent für tägliche Produktionsbesprechungen, wöchentliche Überprüfung der Budgets und ähnliches, um Abweichungen vom Plan so schnell wie möglich zu erkennen und zu korrigieren.
- 20–25 Prozent für alle übrigen Aktivitäten wie zum Beispiel Verkaufshilfen bei Treffen mit wichtigen Kunden oder Entscheidungen darüber, ob eine neue Technologie bei bestimmten Fertigungsvorgängen eingesetzt werden soll.

Zusammengefaßt brauchte der Fabrikleiter demnach den größten Teil seiner Zeit, nämlich 75 bis 80 Prozent, für Managementaufgaben, und zwar mit Schwerpunkt auf Steuerung und Kontrolle.
Wäre ein Besucher des Jahres 1970 fünfzehn Jahre später in dasselbe Werk gekommen, so hätte er einen ganz anderen Betrieb vorgefunden. 1985 arbeiteten dort mehr Ingenieure und Techniker, jedoch weniger Manager der mittleren Ebene, also Abteilungsleiter und Meister. Obwohl die Gesamtzahl der Mitarbeiter sich kaum geändert hatte, wurden im Vergleich zu 1970 etwa doppelt so viele Waren produziert. Das Sortiment war weitaus weniger eng umgrenzt als zuvor. Die in den vorausgegangenen fünf Jahren eingeführten Erzeugnisse machten 35 Prozent des Produktionsvolumens aus, gegenüber 15 Prozent im Jahre 1970. Die Produkte selbst waren technologisch gesehen komplexer, und die Technologie veränderte sich schneller als noch fünfzehn Jahre zuvor. Abnehmer der Erzeugnisse waren auf noch mehr Länder verteilt, und der Umsatz außerhalb der Vereinigten Staaten war ebenfalls gestiegen. Der Marktanteil des Werkes betrug jetzt weltweit 14 Prozent gegenüber

29 Prozent in den USA, und der Konkurrent Nummer eins, mit fast 22 Prozent Weltmarktanteil, war eine japanische Firma.

Innerhalb dieses Umfelds waren die Anforderungen an den Werkleiter 1985 in mancher Hinsicht denen der früheren Jahre sehr ähnlich, aber sie unterschieden sich erheblich von denen des Jahres 1970. Die Betriebsleitung mußte nach wie vor gewisse mengenmäßige Zielvorgaben auf monatlicher, vierteljährlicher und jährlicher Basis erfüllen. Es waren also weiterhin Produktionspläne erforderlich und ebenso eine für die Planerfüllung notwendige gute Organisation, Überwachung und Steuerung. Aber die Aufgaben selbst waren auf Grund veränderter Marktbedingungen komplizierter geworden und erforderten komplexe Vorgehensweisen. Hinzu kam jedoch noch ein völlig neuer, zeitraubender und schwieriger Aspekt.

Im Jahre 1985 sah sich der Werkleiter gefordert, dem besagten japanischen Konkurrenten durch die Erhöhung gewisser Qualitätsvorschriften entgegenzutreten, und zwar nicht um ein, fünf oder zehn, sondern um ganze 100 Prozent. Darüber hinaus sollte er den Mitarbeitern in der Fertigung helfen, eine Reihe von Möglichkeiten zu erarbeiten, um Teile der Produktion ins Ausland zu verlegen, eine ganz neue Technologie zur Herstellung des Hauptproduktes ausfindig zu machen und anzuwenden, die Zeitspanne für die Einführung neuer Erzeugnisse um die Hälfte zu kürzen und ebenso die Lagerbestände um wenigstens ein Drittel zu verringern. Alle diese unumgänglichen Voraussetzungen für ein profitables Arbeiten der Fabrik erforderten auf der anderen Seite einen erhöhten Einsatz der Mitarbeiter: Sie mußten mehr Zeit, Energie und Kreativität aufbringen und eine Bereitschaft zu Opfern und Risiken entwickeln. Das bedeutete eine enorme Herausforderung für den Verantwortlichen: Er mußte seine Mitarbeiter begeistern können und sie motivieren, gemeinsam die so überaus wichtigen Faktoren Kosten, Qualität und Technologie in den Griff zu bekommen. Insgesamt wurden dadurch sehr viele Änderungen erforderlich, ein weitaus größeres Maß an Wandel als noch 1970, aber das vertrug sich nicht unbedingt mit der Bürokratie der Firma, die für ein stabileres Umfeld geschaffen ist. Ferner entstand dadurch eine Reihe von Unsicherheiten, durch die alte Interessen bedroht wurden.

1985 stellte sich der Werkleiter der Herausforderung und teilte seine Zeit wie folgt ein:

- 30–50 Prozent für dieselben Aktivitäten wie Planen, Organisieren, Steuern und Überwachen wie der Vorgänger 15 Jahre vorher, aber unter sehr viel weniger autoritärer Führung und sehr viel deutlicherer Tendenz zur Delegation (also Management).
- 50–60 Prozent für das das Bemühen, einen klar definierten Richtungssinn für die notwendigen Änderungen zu wecken, die hinsichtlich der Qualität, Kosten, Lagerbestände, Technologien und die Einführung neuer Produkte notwendig sind;
  für das Bemühen, diese Direktiven allen Mitarbeitern nahezubringen und sie davon zu überzeugen, daß die Veränderungen unumgänglich sind;
  für das Bemühen, die Mitarbeiter dazu zu motivieren, alle bürokratischen, politischen und finanziellen Hindernisse, die dem Wandel entgegenstehen, zu überwinden (also zu führen).
- 0–10 Prozent für die Teilnahme an anderen Aktivitäten.

Welchen Maßstab man auch immer anlegt, die Arbeit des Fabrikleiters erwies sich 1985 schwieriger als 1970, vor allem, weil auch das Geschäftsumfeld der Firma komplizierter geworden war. 1985 mußte der Chef des Betriebes nicht nur seine Managerpflichten erfüllen, nämlich planen, budgetieren, organisieren, Mitarbeiter einsetzen, steuern und überwachen, sondern er war auch gefordert, bei Dutzenden kritischer Entscheidungen seine Führungsqualitäten unter Beweis zu stellen. Und er war nicht der einzige.
Das Geschäftsumfeld des Jahres 1970 war günstig und verhältnismäßig stabil, es genügte, wenn der Geschäftsführer und einige leitende Angestellte die Firma führten. Um 1985 sah die Geschäftswelt jedoch anders aus. Das Umfeld war erheblich rauher und weniger stabil. Hunderte von Mitarbeitern, sowohl ober- als auch unterhalb der Werkleiterebene, mußten bei der Entwicklung und Verwirklichung von neuen Marketingprogrammen, bei neuen Finanzierungsmethoden, neuen MIS-Systemen, neuen Laborpraktiken und vielem anderen mehr ihre Führungsqualitäten unter Beweis stellen. Die anstehenden Probleme konnten jetzt nur mit Fach-

**Schaubild 1.6**
Ergebnisse einer Befragung von leitenden Angestellten der mittleren Führungsebenen in 42 Ländern und 31 Industriezweigen*

| |
|---|
| I. Wie unterscheidet sich das Geschäftsumfeld des Ihnen am besten bekannten Industriezweiges heute (1988) von dem vor 25 Jahren (1963)?<br>1 2 3 4 5<br>kein Unterschied ⟵⟶ sehr unterschiedlich<br>Durchschnitt der Antworten: 4,4 |
| II. Wenn Sie das Geschäftsumfeld in dem Ihnen am besten bekannten Industriezweig als sehr verschieden von dem, das vor 25 Jahren geherrscht hat, ansehen, wodurch unterscheidet es sich?<br>Fast 90 Prozent der Befragten antworteten:<br>– durch härteren Wettbewerb,<br>– durch stärkeren technologischen Wandel,<br>– durch schnellere Zyklen. |

* Befragung von 135 Personen im September 1988.

kenntnissen und strategischer Planung richtig und sinnvoll gelöst werden; dies waren Faktoren, die in den verhältnismäßig günstigen 50er und 60er sowie zu Beginn der 70er Jahre weniger gefragt waren. Gefordert war mehr als technisches Können und bloßes Verwalten. Einige Personen besaßen diese neuen Fähigkeiten, viele aber nicht.

Die Geschichte ist deshalb interessant, weil die Veränderungen des Umfelds durchaus nichts Ungewöhnliches sind. Sie sind in vielen Industriezweigen und – zusätzlich zu den Vereinigten Staaten – in vielen Ländern zu beobachten (siehe Schaubild 1.6).

Dazu ein ganz einfaches Beispiel aus dem militärischen Bereich: Eine Armee kann normalerweise in Friedenszeiten mit einer guten Administration, einem über die Hierarchien verteilten guten Management und einer an der Spitze konzentrierten Führung gut überleben. In Kriegszeiten jedoch ist Führung auf allen Ebenen vonnöten.

Niemand hat sich bisher die Mühe gemacht herauszufinden, wie man Menschen am besten in eine Schlacht hineinführt. Zwischen 1946 und dem Beginn der 70er Jahre war die Weltwirtschaft in einem friedlichen Zustand. Heute sieht die Lage anders aus. Dennoch gibt es heutzutage nur eine sehr kostbare Minderheit an Großfirmen mit Führungspersönlichkeiten, welche die Voraussetzungen

mit sich bringen, die Wettbewerbsschlacht in der Wirtschaft zu gewinnen.
Eine ganze Reihe gewichtiger Gründe hält sogar einige der besten Unternehmen davon ab oder macht es ihnen zumindest schwer, sich dem neuen Geschäftsumfeld anzupassen. Offensichtlich liegt das an den Schwierigkeiten, die mit dieser heiklen Aufgabe verbunden sind.
Alles deutet darauf hin, daß es problematischer ist, Leute mit Führungsanlagen zu finden und deren Begabung zu fördern, als Personen mit Managementpotential zu entdecken und deren Anlagen zu entwickeln.[19]
Selbst Experten konnten hier nur beschränkt helfen, obwohl einige von ihnen Änderungen des Umfelds schon einige Zeit zuvor vorausgesagt hatten, vorwiegend in der Mitte bis zum Ende der 60er Jahre.[20] Die wichtigste Empfehlung aus ihren Untersuchungen lautete: Wir werden gezwungen sein, in der Zukunft Managementaufgaben anders wahrzunehmen als bisher. Einzelne haben die Bedeutung von langfristiger Planung, von sogenannten Matrixstrukturen, von Motivationssystemen und vielem mehr hervorgehoben. Wir werden sehen, daß keines dieser Konzepte wirklich gute Ergebnisse erzielte, und das aus Gründen, die man im Licht des tatsächlichen Unterschieds zwischen Führung und Management hätte vorhersagen können.
In den frühen 80er Jahren reagierten einige Leute auf die genannten Umstände mit einer Überbetonung von Führung. Sie argumentierten ganz richtig, daß zur Bewältigung größeren Wandels nicht Management, sondern etwas anderes erforderlich sei. Ihre Beschreibungen dieses »anderen« fiel oft sehr vage aus. Schlimmer noch, die meisten definierten dieses »andere« ausschließlich als »Führung«, und zwar anstelle von Management. Das war und ist aber nicht nur falsch, sondern auch gefährlich.
Eine starke Führung zusammen mit einem schwachem Management ist nicht unbedingt besser für einen Betrieb. Diese Konstellation kann schädlicher sein, als wenn es sich umgekehrt verhält, nämlich wenn starkes Management mit schwacher Führung kombiniert wird. Eine derartige Situation ist im allgemeinen folgendermaßen gekennzeichnet:

1. Betonung der langfristigen, aber Unterbewertung der kurzfristigen Planung und Budgetierung.
2. Betonung einer starken Gruppenkultur, jedoch ohne ausreichende Spezialisierung, Strukturierung und Regeln.
3. Inspirierte Mitarbeiter, die jedoch keine Neigung haben, Steuer- sowie Kontrollsysteme und Mechanismen zur Aufdeckung und Lösung von Problemen anzuwenden.

Die beschriebenen Umstände können leicht zu Situationen führen, die schließlich ganz erheblich außer Kontrolle geraten. Viele kleinere Unternehmen können ein Lied davon singen, daß unter diesen Vorzeichen kritische Termine, Budgets und Verpflichtungen nicht mehr eingehalten werden konnten und die Existenz der Firma selbst in Gefahr geriet.

Die schlimmsten und vor allem gefährlichsten Beispiele für dieses Phänomen sind vollkommen banal. In derartigen Fällen, wenn eine Gruppe von Leuten unter erheblichen Schwierigkeiten leidet, taucht gewöhnlich ein sogenannter Charismatiker auf. Diese berufene oder gar begnadete Person ist kein guter Manager, mag tatsächlich auch gute Manager nicht leiden, weil sie zu rational sind und überall kontrollieren wollen. Der Charismatiker hat eine unrealistische Vision, die weder für die betreffende Gruppe noch für das die Firma tragende Umfeld wirkliche Werte zu schaffen versucht. Wenn aber ein an der Realität orientiertes Management, das genauso stark ist wie der Bereich »Leadership«, fehlt, so bedeutet dies, daß dieser nachteilige Umstand nicht öffentlich diskutiert und angeprangert wird. Das Charisma schafft beträchtliche Motivation und großes Engagement in Richtung der Vision, führt jedoch letztendlich zu einer Tragödie, wenn die Anhänger zunächst andere niedertrampeln und dann selbst in den Abgrund stürzen.

Einen solchen charismatischen Nicht-Manager auszuwählen, seine Methoden als erstrebenswert anzusehen und ihm die Zügel der Macht in die Hände zu geben, das kann nie die geeignete Lösung für eine Führungskrise sein. Nur mit einer sehr klaren Vorstellung davon, was Leadership in einer komplexen Organisation wirklich bedeutet, kann man erreichen, daß niemand auf die Verführung des Charismas hereinfällt. In Anbetracht der in sich komplizierten

Struktur des Themas und der Grenzen, die einer rigorosen empirischen Behandlung dieser Materie gesetzt sind, sind die Fragen, die wir in diesem Buch aufwerfen, nicht leicht zu beantworten. Dennoch: Wir haben uns genau diese Fragen nun einmal gestellt und beantworten sie nicht zuletzt mit Hilfe vergleichender Analysen zwischen Führung und dem leichter verständlichen Managementprozeß.

# 2 Führung in der Praxis

Die Geschichte von NCR (National Cash Register Company) in Dundee (Schottland) ist ein klassisches Beispiel dafür, wie echte Führung zusammen mit kompetentem Management außergewöhnliche Geschäftserfolge erzielen kann.[1]

Dundee liegt an dem Fluß Tay, etwa 70 Kilometer nördlich von Edinburgh, und hat ungefähr 160 000 Einwohner. Die Geschichte der Stadt reicht bis in das Römische Reich zurück. Länger als ein Jahrhundert war Dundee der wichtigste Walfischfanghafen in Großbritannien. Später wurde die Stadt durch ihre Juteproduktion bekannt, durch hervorragende Marmeladen aus einheimischen Früchten und als Hauptquartier des Verlagsimperiums der Familie Thompson.

1946 baute die in den USA beheimatete National Cash Register Company eine Produktionsstätte etwa 8 Kilometer vom Stadtzentrum entfernt. Die Fabrik mit einer Ausdehnung von 25 000 $m^2$ wurde durch 30 Angestellte, die aus dem Londoner Büro der Firma hierher versetzt worden waren, eröffnet. Seit der Unternehmensgründung im Jahre 1884 durch John Patterson in Dayton (Ohio) produzierte die Dundee-Betriebsstätte wie die meisten NCR-Fabriken in ziemlich lohnintensivem Verfahren Registrierkassen, Addiermaschinen und mechanische Buchungsgeräte. Die Produkte wurden in den Vereinigten Staaten entworfen und in Dundee für den wachsenden europäischen Markt, insbesondere für Großbritannien, hergestellt.

Ebenso wie NCR florierte auch Dundee in dem wirtschaftlich günstigen Klima nach dem Zweiten Weltkrieg. Zwischen 1950 und 1970 stiegen die Einkünfte des Unternehmens auf ungefähr das Hundertfache, nämlich auf beinahe eineinhalb Milliarden Dollar. Die ursprüngliche Fabrik dehnte sich aus; 1969 gehörten neun Werke dazu. Während dieser Zeit führte das Unternehmen seinen ersten Computer ein, nämlich das »National 304 Electronic Data Processing System«.

In den 70er Jahren bewirkte ein neues in technologischer, wirtschaftlicher und wettbewerbbedingter Hinsicht verändertes Umfeld sowohl bei NCR selbst als auch in Dundee schmerzhafte Veränderungen. Neue Technologien veränderten die Art der Produkte und ihre Herstellung. Mechanisch arbeitende und einfache elektromechanische Maschinen verschwanden vom Markt. An ihre Stelle traten komplexe elektronisch gesteuerte und transistorisierte Geräte aller Art. Durch technologische Innovation bekamen auch neue, starke Konkurrenten die Chance, sich emporzuarbeiten, und entwickelten sich auf dem traditionellen NCR-Markt zu einer Herausforderung. Auf der ganzen Welt hatte sich das Wirtschaftswachstum inzwischen verlangsamt; das machte die Situation nur noch schwieriger. Unter der Führung von William S. Anderson, dem Präsidenten von NCR seit 1972, und Charles E. Exley Jr., der 1976 sein Nachfolger wurde, reagierte das Unternehmen, entwickelte und errichtete neuartige, rechnergesteuerte Fertigungsanlagen und schloß gleichzeitig veraltete, lohnintensive Produktionsstätten. Die Beschäftigungszahl sank von 100 000 auf 60 000. Für NCR war dies eine sehr schwierige Phase.

Dundee litt unter dieser Entwicklung noch mehr. Zu Spitzenzeiten (1969) waren dort 6500 Mitarbeiter beschäftigt gewesen. Diese Zahl ging innerhalb eines Jahrzehnts auf 1000 herunter. Die Arbeitsmoral sank unter diesen Umständen erheblich und führte zu einer Verschlechterung der Fertigungsqualität. Entsprechend ging auch die Produktion zurück, und die überwiegend gewerkschaftlich organisierte Belegschaft trat 1979 in einen nahezu sechs Wochen andauernden Streik.

In dem Bestreben, die Zahl der Beschäftigten stabil zu halten, die Moral zu heben, Dundee zu einem lebensfähigen Betrieb zu machen und gleichzeitig aus einer Marktchance Nutzen zu ziehen, entschied die NCR-Firmenzentrale Ende 1977, für das Werk eine Chance auf dem Sektor der automatischen Geldzählmaschinen, all-

gemein als ATM (Automatic Teller Machines) bezeichnet, zu eröffnen. Es war das erste Mal in der damals dreißigjährigen Geschichte, daß Dundee eine gewisse Verantwortung für den Entwurf eines Produktes übertragen wurde. Dies war eine ganz besondere Marktchance: Einige tausend der automatischen Geldzählmaschinen der ersten Generation, die sich größtenteils im Besitz größerer britischer Banken befanden, sollten durch neue, verbesserte Maschinen der zweiten Generation ersetzt werden.
Das Geschäft mit den ATM war noch nicht sehr alt. Eine kleine amerikanische Firma namens Docutel begann 1970 mit der Herstellung eines einfachen Gerätes zur Bargeldausgabe. Fünf Jahre später verdrängte die Diebold Corporation, schon vorher als Lieferant für Finanzinstitutionen tätig, Docutel mit einer Serie von weit zuverlässigeren ATMs vom Markt. Gegen Ende der 70er Jahre war Diebold immer noch der Marktführer in den Vereinigten Staaten. In Großbritannien hingegen beherrschte das Unternehmen Chubb die Branche, während weltweit IBM den größten Marktanteil errungen hatte.
Aus dem in Dayton entworfenen ursprünglichen Produkt, dem »770«, schufen die Leute in Dundee eine Maschine der sogenannten zweiten Generation, genannt »1780«. Sie sollte das Chubb-Gerät, das im Besitz von Barclays und anderen britischen Banken war, ersetzen. Deswegen hatten die Konstrukteure ihr Produkt »1780« genauso groß gemacht wie das Gerät der Konkurrenten. Die NCR-Zählmaschine aus Dundee brauchte also genausoviel Platz wie die bisher benutzten Geräte. Die neuen Maschinen wurden 1979 eingeführt. Barclays bestellte einige hundert davon. Für kurze Zeit sah Dundees Zukunft vielversprechend aus. Aber dann zeigten die zuerst gelieferten 1780er erste Defekte und wiesen bald immer mehr Mängel auf.
Die Schwierigkeiten hatten, wie sich herausstellte, sowohl mit der Konstruktion als auch mit der Fertigungsweise dieser Geldzählmaschinen zu tun. Sobald Barclays das Ausmaß der Probleme erkannte, wurde die Annahme weiterer Lieferungen gesperrt, und zwar bis zur endgültigen Reparatur der Maschinen, die bereits in Betrieb waren. Um jeden Zweifel auszuschließen, erteilte Barclays dem Weltmarktführer IBM Aufträge über 200 dieser Anlagen. Als ande-

re NCR-Kunden von Barclays' Maßnahmen hörten, begannen sie ebenfalls, bestellte 1780er zurückzuweisen. Schließlich erfuhr auch die Firmenzentrale in Dayton (Ohio) von dem Problem, und die Anzahl der Leute, die sich für die endgültige Schließung der Betriebsstätten in Dundee aussprachen, wuchs.
In diesen sorgenvollen Wochen im April 1980 erschien Jim Adamson auf der Bildfläche. Adamson, ein gedrungener, lebhafter, jugendlich aussehender Schotte mit augenscheinlich hohen Erwartungen, wurde am 25. Mai 1941 geboren und wuchs in Queensferry auf, einer kleinen Stadt nördlich von Edinburgh, nicht weit entfernt von Dundee. Seinen Militärdienst absolvierte er in der Royal Navy und studierte dann an der Heriot-Watt-Universität in Edinburgh. Von 1963 bis 1973 arbeitete er in der Computerbranche bei Honeywell, danach hatte er verschiedene Positionen bei ITT inne, so auch als Leiter eines Werkes für Telefonzubehör in der Nähe von Glasgow.
NCR nahm den Kontakt zu Adamson zum erstenmal im Frühjahr 1979 auf. Einer jener sogenannten Headhunter, Vermittlungsspezialisten für leitende Angestellte, hatte ihn als Führungskraft mit ausgezeichnetem Karriereverlauf identifiziert. Seine besonderen Vorzüge waren: Arbeitserfahrung in Schottland, Kenntnis der schottischen Gewerkschaften, Verständnis für Elektronik und zudem Know-how in der Computerindustrie. Der leitende NCR-Vizepräsident Bill Buster erzählte Adamson in einem Telefongespräch über den Atlantik hinweg, daß die Firma nach einem geschäftsführenden Direktor für ihr Sorgenkind, die Fabrik in Dundee, suche. Adamson hörte zwar zu, erklärte aber, er sei nicht interessiert. Sechs Monate später rief einer von Busters Personalchefs Adamson an und lud ihn zu einem Mittagessen in London ein, an dem Buster selbst auch teilnehmen wollte. Adamson nahm die Einladung zum Mittagessen an, aber sonst nichts. Noch eine Weile später kam ein Anruf des leitenden NCR-Angestellten Darrell Clark. Er lud Adamson zu einem Werkbesuch in Dundee und zu einem Besuch in Dayton (Ohio) ein, um den Vorstandsvorsitzenden William Anderson zu treffen. Adamson nahm an: Dieses Mal hatte die Angelegenheit wirklich sein Interesse erregt.
Als geborener Optimist betrachtete Adamson das Werk in Dundee

als eine mögliche »Goldmine«. Später, in Ohio, hörte er sehr interessiert Anderson zu, der über sein Konzept der »Kommerzialisierung« sprach: nämlich die vorhandene, hoch funktionalisierte NCR-Struktur zugrunde zu legen und sie mehr auf die Befriedigung der Marktbedürfnisse auszurichten und gleichzeitig den einzelnen Werken die Verantwortung für die Konstruktion und für den Profit aus den von ihnen hergestellten Erzeugnissen zu übertragen. Zwar hatte Adamson sowohl eine Gruppe aus dem Konstruktionsbereich als auch eine in der Fertigung geleitet, jedoch niemals beide Bereiche zusammen, und er hatte auch niemals einen Arbeitsplatz gehabt, wo er persönlich direkte Ergebnisverantwortung trug. Nach weiteren Gesprächen mit NCR-Führungskräften entschied er sich dann doch für den angebotenen Posten.

Adamson begann seine Arbeit in Dundee am 1. April 1980. Sehr bald fand er heraus, daß die Mitarbeiter im Werk Dundee eine insgesamt ziemlich zynische Einstellung hatten und sehr mißtrauisch gegenüber ihrem Management reagierten. Sie waren zudem darauf bedacht, sich irgendwelche Beschäftigungen auszudenken, um nicht ihren Posten zu verlieren. Darüber hinaus entdeckte er, daß leitende Angestellte meinten, die Probleme des Werkes seien durchaus nicht auf ihre eigenen Fehler zurückzuführen, und daß sie zugleich von der Wettbewerbsfähigkeit ihrer Produkte in bezug auf Qualität und Preis überzeugt waren. Darüber hinaus war Adamson mit einer großen Krise auf dem ATM-Sektor konfrontiert. Die Produktion mußte eingestellt werden, denn die Kunden wiesen die Lieferungen zurück, und zugleich blockierten die für die Herstellung notwendigen Zulieferteile die Lager.

Das Zählmaschinen-Problem wurde als erstes angepackt. Adamson verfügte einen sofortigen Stopp für alle hereinkommenden Lieferungen an Produktionsmaterialien für den 1780er Typ und schickte Ingenieure aus der Forschung und Entwicklung zu den Kunden, um herauszufinden, warum gerade jenes Produkt versagte. Um das, was er spontan das »Erholungsprogramm« getauft hatte, in den Griff zu bekommen, setzte er Besprechungen mit seinen direkten Untergebenen auf 7 Uhr morgens an – zwei Stunden früher, als die Arbeit für die Manager des Werkes üblicherweise begann.

Adamson selbst verbrachte einen großen Teil seiner Zeit während dieser ersten fünf Monate »auf der Straße«, er sprach mit den Leuten von Barclays und ließ sich die schlecht funktionierenden Geldzählmaschinen vorführen. Von jeder dieser Reisen kam er mit einer langen Liste notwendiger Maßnahmen zurück, die er dann auf der 7-Uhr-Besprechung vortrug. Gleichzeitig rief er fast täglich bei NCR in Dayton an, berichtete kurz über die Geschehnisse und verfaßte jede Woche schriftliche Berichte. Wenn er in Dundee war, dann ging er durchs Werk, lernte Leute kennen, stellte Fragen und hörte zu. Sobald er von besonderen Problemen erfuhr, fügte er sie seiner Liste für die 7-Uhr-Besprechungen hinzu.

Während vieler, vieler Überstunden am späten Abend entwarfen Adamson und seine Managergruppe einen Aktionsplan für die Instandsetzung der Maschinen, die bei den Kunden in Gebrauch waren, und begannen, dieses Vorhaben sofort in die Tat umzusetzen. Im Grunde genommen bedeutete das eine Neuentwicklung des Produktes. Darüber hinaus wurde auch ein Plan entworfen, wie und wann eine Wiederaufnahme der 1780er Produktion erfolgen sollte. Am 3. Juli, drei Monate nach Adamsons Eintreffen in Dundee, überzeugte Barclays sich davon, daß das ATM-Problem weitgehend gelöst war, und erklärte sich bereit, Lieferungen des umstrittenen Modells wieder anzunehmen. Die Produktion konnte von neuem anlaufen. Kurz darauf entschlossen sich auch National Westminster und Midland, zwei andere führende britische Banken, die 1780er Geräte wieder zu kaufen.

Adamson arbeitete noch drei weitere Monate fast ausschließlich an den Problemen der 1780er Krise. Er achtete darauf, daß die Maschinen bei den Kunden auch tatsächlich fehlerfrei funktionierten und daß die Qualität der Produktion des Werkes stieg, so daß die Firma das Image der Seriosität zurückgewann. Um dieses Ziel zu erreichen, fing Adamson an, auch Leute außerhalb der direkten Hierarchie in Dundee dringend um Hilfe zu bitten. Sein ehrlicher Appell hatte etwa folgenden Wortlaut: »Wir stecken in einer echten Krise, die nur unter großen Schwierigkeiten überwunden werden kann, aber das Problem ist lösbar. Ich weiß das, denn ich habe schon andere Fabriken wieder auf einen Erfolgskurs geführt. Dazu brauche ich Ihre Hilfe. Entweder Sie arbeiten engagiert mit mir zusammen, oder Sie kriegen fürchterlich eins aufs Dach.«

Adamson ermutigte seine Mitarbeiter auch zu ehrlichen Gesprächen über die Entwicklungen, seien sie nun gut oder schlecht. Er führte regelmäßige monatliche Konferenzen mit allen 62 Managern der Firma ein und drängte sie, jede Woche einmal kurz ihren Leuten über die Lage zu berichten. Die meisten von ihnen waren damit einverstanden. Darüber hinaus traf er fast täglich mit kleineren Gruppen von Mitarbeitern zusammen, um die anstehenden Probleme sowie die entsprechenden Lösungsmaßnahmen zu erörtern.
In dem Maße, wie sich die Dundee-Angestellten auf die wesentlichen Probleme des Unternehmens konzentrierten, zeigten sich immer schneller und deutlicher die Erfolge. Obwohl Adamson nicht daran dachte, sein Sanierungsprogramm zu jenem Zeitpunkt als beendet zu erklären und es noch weitere zwölf Monate in Kraft blieb, war es für fast jedermann offensichtlich, daß die Firma auf dem besten Wege war, die Situation in den Griff zu bekommen.
Vom ersten Tag an diskutierte Adamson mit allen Angestellten und Arbeitern das Thema Qualität. Seine Erfahrungen bei ITT hätten ihn gelehrt, so sagte er, daß Qualitätsprodukte und eine hohe Qualität der Fabrikation die unabdingbaren Voraussetzungen für Geschäftserfolg seien. Als die gröbsten Schwierigkeiten aus dem Weg geräumt waren, wandte Adamson sich vermehrt einer anderen, eigentlich sehr simplen Aufgabe zu. Er ließ das Werk aufräumen, reinigen und streichen. Das Management wurde angehalten, die gesamten Fertigungsprozesse und die Produkte zu überprüfen, nicht nur mit Bezug auf die ATM. Er startete eine Qualitätskampagne und griff dabei auf einfache Werbemaßnahmen zurück, etwa Poster und T-Shirts, und er entwarf sogar ein »Gütemaskottchen« in Gestalt eines schottischen Terriers.
Adamson verstärkte auch den Kontakt mit den Kunden, und zwar über die Diskussionen der 1780er Krise hinaus, und er weitete die Kontakte über den Kreis der derzeitigen Kunden aus. Während ihrer Kundenbesuche besprachen Adamson und einer seiner Manager mit Abnehmern und möglichen Verbrauchern, welche Verbesserungen sie sich bei den ATM-Produkten wünschten. In der zweiten Hälfte des Jahres 1980 unternahm er fast ein Dutzend solcher Besuchsreisen.

Vor dem Hintergrund dessen, was Adamson von seinen Diskussionen mit Kunden und mit den eigenen Mitarbeitern gelernt hatte, entstand eine Vision, die er zu Ende des Jahres 1980 in Worte faßte. Wiederholt richtete er kurze, aber mitreißende Ansprachen an die Leute in Dundee. Der Tenor lautete zusammengefaßt etwa wie folgt: »Ganz offensichtlich gibt es einen Markt für unser Produkt. Die Maschinen unserer Konkurrenten sind bei genauerer Betrachtung nicht einmal annähernd so gut wie die Ideen, die wir verwirklichen. Wenn wir unsere gegenwärtigen Schwierigkeiten überwinden, dann werden wir auch konkurrenzfähig sein und praktisch die Sicherheit der Arbeitsplätze garantieren. All das kann viel Spaß machen, es kann lohnend und aufregend sein. Das Schwierige ist jetzt, uns so weit zu erholen, daß wir genügend Zeit gewinnen, um unsere Ideen in richtige Produkte verwandeln zu können.«

Nicht alle, aber viele konnten sich für seinen Traum begeistern. 1980 gelang es der Firma, den Tarifvertrag neu zu verhandeln, ohne daß die Gewerkschaft einen Streik organisierte.

Mit seinem Traum im Hinterkopf teilte Adamson seine Konstruktionsingenieure, die jetzt fast ausnahmslos nicht mehr mit der Reparatur der 1780er Maschinen beschäftigt waren, im Januar 1981 in zwei Gruppen ein. Die erste bekam die Aufgabe, sich auf die Entwicklung der nächsten ATM-Serie zu konzentrieren. Die zweite sollte ein Zwischenprodukt entwickeln. Es sollte den Typ 1780 übertreffen und noch vor der Einführung der nächsten Maschinenserie zum Verkauf bereitstehen. In beiden Fällen, so betonte Adamson, wäre der Schlüssel zum Erfolg eines neuen Produktes eine gute Marktkenntnis. Deswegen sollten beide Gruppen einen Teil ihrer Zeit für Gespräche mit Kunden und potentiellen Abnehmern zur Verfügung stellen. Die Ingenieure folgten diesem von Adamson selbst gesetzten Beispiel.

Dann, im Februar 1981, kam es zu einem tragischen Todesfall, dem ein wirtschaftliches Desaster folgte. Die Tragödie war der unerwartete Tod eines direkten Untergebenen von Adamson, nämlich dem Leiter der Einkaufsabteilung. Anstatt ihn durch einen NCR-Angestellten zu ersetzen, schaute Adamson sich außerhalb der Firma um und engagierte George Munroe, einen »Visionär«, den er seit seinen ITT-Tagen kannte und respektierte. Er entschloß sich auch, seinen

Personalleiter durch einen Außenseiter, Alan Murdoch, zu ersetzen. Davon abgesehen entschied sich Adamson, den Rest der in Schlüsselpositionen tätigen Mitarbeiter, die er übernommen hatte, trotz des traditionell schlechten Rufes, den das Management von Dundee in Dayton hatte, zu halten. Sie hatten auf seine Führungsrolle positiv reagiert und verwalteten nun recht kompetent sowohl das »Erholungsprogramm« als auch das ganze Werk. Einige hatten sich sogar der Herausforderung gestellt, Adamson entweder mit der Richtungsvorgabe, der Kommunikation oder den Motivierungsaspekten der Führung zu helfen.

Das wirtschaftliche Desaster kam zusammen mit den Minicomputern, einem Zweitquellenprodukt. Der Produktionsumfang dieses Minicomputers basierte auf Absatzerwartungen, die von Dayton prognostiziert wurden. Ein weltweiter Abschwung auf dem Minicomputermarkt zusammen mit mehr als unzureichenden Warenwirtschaftssystemen im gesamten Fabrikbereich bewirkte, daß Dundee auf Lagerbeständen in Millionendollarhöhe saß, die abgeschrieben werden mußten. Adamson kam auf Grund dieses Vorfalls zu der Überzeugung, daß es notwendig sei, die Produktion stärker zu konzentrieren und zu kontrollieren, wenn die Fabrik langfristig profitabel arbeiten sollte, und er schwor, den Bereich der Zweitquellenproduktion zu verlassen und sich auf ATMs zu konzentrieren.

Am 8. März 1981 saß Adamson in seinem Büro und verfaßte eine Liste von 18 Fragen zu dem ATM-Geschäft, die er für sich selbst und sein Managementteam beantwortet haben wollte. Zu der Liste gehörten: Was sind die wesentlichen Faktoren für den Erfolg in diesem Geschäft? Was könnten die wesentlichen Faktoren unserer Kunden sein? Wer sind die Hauptkonkurrenten? Was sind ihre Strategien? Während der nächsten Monate sprachen er selbst, seine Manager und die Entwicklungsingenieure ausführlich über diese Punkte. Gegen Ende 1981 führten jene Diskussionen, die durch die Erfahrungen entsprechender Kundenbesuche fortwährend bereichert wurden, zu einer deutlicheren Vorstellung davon, wie es in Zukunft weitergehen sollte.

Die Vision war zunächst einfach und relativ vage. Man stellte sich eine Operation vor, die sich auf das ATM-Geschäft konzentrierte

und die jenen Industriezweig zu einem in der Welt führenden Bereich machen würde. Eine führende Position auf dem Weltmarkt könnte wiederum dadurch erreicht werden, daß man ein größeres Sortiment von Produkten besserer Qualität anbietet, das den Schlüsselbedürfnissen der Kunden entsprach, und indem man diese Produkte früher als die Konkurrenten auf den Markt wirft.
Die hartgesottenen Zyniker lachten über die Möglichkeit, daß Dundee in irgendeinem Bereich ein Marktführer werden könnte. Aber die meisten Leute waren zumindest neutral, weil sie mit eigenen Augen sehen konnten, wieviel sich in achtzehn Monaten verändert hatte.
Bis zum Dezember 1981 war es für die meisten Beobachter offensichtlich, daß Dundee die Erholungsphase bereits durchlaufen hatte. Vor allem bei großen Kunden, die Adamson und andere besucht hatten, waren die Verkäufe des »1780« fast doppelt so hoch wie 1980. Das Unternehmen machte Geld – und das im Vergleich zu dem Verlust von 2,5 Millionen Dollar im Jahre 1980. Insgesamt war die Konzentration auf bestimmte Produkte stärker geworden; die Produktion einer Reihe von unprofitablen Zweitquellenprodukten war gestoppt worden. Man entwickelte ein immer besseres Gespür für zukünftige Produkte – Wörter wie *Qualität* und *Zuverlässigkeit* waren in der Firma jetzt häufiger zu hören. Und die allgemeine Stimmung und die Motivation waren, obwohl noch immer nicht gerade sehr hoch, doch signifikant besser als 1980.
Auf Grund der Kundenbesuchsprogramme wurden drei entscheidende Marktbedürfnisse deutlich wahrgenommen, und im Frühjahr 1982 begannen die Produktentwicklungsgruppen, sich auf diese Bedürfnisse zu konzentrieren. Zunächst bestand ein Bedarf an weitgehend zuverlässigen Maschinen, die so selten wie möglich kaputtgingen. Zweitens bestand ein Bedarf an Produkten, die man leicht an das sich schnell entwickelnde elektronische Bankingnetz anschließen konnte. Drittens bestand ein Bedarf an Produkten, die nur sehr wenig kosteten, wobei nicht notwendigerweise der Anschaffungspreis, sondern die gesamten Kosten für die Erhaltung des Geräts gemeint waren. Um derartige außerordentlich wettbewerbsfähige Produkte einzuführen, wurde die Strategie der Firsttrack-Entwicklung geschaffen. Dies bedeutete, daß der normale

dreijährige Entwicklungszyklus so stark wie möglich gerafft werden sollte, das heißt, daß man bei jedem neuen Entwurf schon von vornherein eine weitgehend klare Vorstellung haben sollte und daß man überflüssige bürokratische Hürden eliminierte.

Unter dem Einfluß solcher Gedanken kam die Entwurfsgruppe, die an dem nächsten Zwischenprodukt, dem »5080«, arbeitete, zu dem Schluß, daß sie einen verläßlicheren Geldautomaten brauchten als den, den sie von einem Verkäufer außerhalb bezogen, und daß die beste Möglichkeit, ihn schnell zu bekommen, darin bestand, Dayton zu helfen, einen neuen zu entwerfen. Die Designer, die an der ersten Generation von neuen Produkten, den »5070«, arbeiteten, zogen daraus den Schluß, daß sie ein neues und verläßlicheres Softwaresystem für jene Maschine schaffen sollten, trotz der Tatsache, daß die Verantwortung für die Entwicklung von Software ursprünglich bei Dayton lag.

Als Designergruppen in Ohio von Dundees Schlußfolgerungen hörten, wollten sie ihre historischen Vorrechte und ihre Verantwortung nicht einfach aufgeben. Die Leute in Dayton hatten das Gefühl, sie seien in einer besseren Position, um Entwicklungsurteile über wesentliche Produkte zu fällen. Sie hatten beispielsweise das Gefühl, daß die Entscheidung, neue Software für die »5070« zu schaffen, ein Fehler war. Sie hatten auch das Gefühl, daß ihre Designingenieure im Bereich der wirklichen Designarbeit sehr erfahren und tüchtig waren und daß sie deshalb allein für einen neuen Geldautomaten verantwortlich wären, wenn wirklich einer gebraucht würde.

Adamson ging mit diesen Konflikten auf verschiedene Arten um. Manchmal wich er einem Streit aus und tat in aller Ruhe das, was er ohnehin tun wollte. Manchmal suchte er mit bestimmten Leuten die direkte Konfrontation, indem er seine Marktdaten als ein Schutzschild oder als eine Angriffswaffe benutzte: »Von welchem Kunden hast du deine Idee übernommen? Meine ist nämlich dadurch entstanden, daß ich mit diesen fünfzig Kunden hier gesprochen habe.« Manchmal appellierte er direkt an Charles Exley, den CEO, den er als Führungspersönlichkeit betrachtete. Sehr häufig bekam er, was er wollte, obwohl es nicht leicht war.

Das zu bekommen, was er von seiner eigenen Produktentwicklungsgruppe haben wollte, war auch nicht gerade einfach, zumindest zu Anfang. Was beispielsweise den »5070« anbetraf, so zog Adamson den Schluß, daß die Kunden nicht wirklich beeindruckt sein würden, wenn nicht die Verläßlichkeit dieses neuen Produktes doppelt so gut wäre wie das des nachfolgenden Konkurrenten. Als er dies zum erstenmal bei einer Brainstormingsitzung mit seinen Entwicklungsleuten ankündigte, da lachten ihn praktisch alle aus und nannten Dutzende von Gründen, warum ein solches Ziel vollkommen unrealistisch wäre. Adamson hörte zu, aber er gab nicht nach. Statt dessen forderte er sie heraus – und dieses Vorgehen sollte sich während der folgenden Jahre immer wiederholen –, zumindest einen Grund zu nennen, warum eine solche Zielvorstellung denn doch realistisch wäre. Schließlich fand natürlich irgend jemand einen oder zwei Gründe, und sechs Monate später, nach einer Reihe von weiteren Treffen und sehr viel Arbeit, zog der Leiter der Produktentwicklungsabteilung, Nigel Vincent, den Schluß, daß das Ziel einer sogar noch größerer Zuverlässigkeit technisch vorstellbar wäre. Und so entstand der Vorsatz »dreimal besser sein als der Konkurrent«.

Die Arbeit an dem »5080«, dem Zwischenprodukt, das ein direkter Ersatz für den »1780« war, wurde im Oktober 1982 beendet. Im Vergleich zum »1780« gab es drei Verbesserungen: zwei bessere Drukker und ein neuer Bargeldautomat. Das Endergebnis verblüffte die Kritiker von Dundee überall in der Welt, sowohl innerhalb als auch außerhalb der Firma. Die Zuverlässigkeit war nicht nur signifikant besser als bei dem 1780-Produkt, sie war sogar noch um einige Grade besser als die der beiden konkurrierenden Produkte – des »3614« und des »3624« – des Marktführers IBM.

Die Dundee-Angestellten waren begeistert über den anfänglichen Erfolg des »5080«, und sie arbeiteten von jetzt an engagierter am »5070«, dem »Full function«* und »Interior«**-ATM, der das erste einer neuen Serie von Produkten sein sollte. Sie schrieben neue Software. Sie schufen oder kauften verläßlichere Teile. Das Gerät

* Ein Full-function-Gerät kann Bargeld einziehen, Einlagen registrieren, Überweisungen durchführen und Nachfragen zum Kontostand beantworten.

** Interior-ATMs sind Apparate, die zur Benutzung im Innenraum einer Bank gebaut werden.

wurde so entworfen, daß es aus Bauteilen bestand, die schnell auseinandergenommen und wieder zusammengesetzt werden konnten, ohne den teuren und sperrigen Werkzeugkasten, den man normalerweise brauchte, um ATMs zu reparieren.
Adamson setzte eine sehr ehrgeizige Deadline für die endgültige Fertigstellung des Gerätes fest, nämlich den November 1983, so daß es im Dezember bei der Handelsmesse für ATMs, die von der American Banking Association gesponsert wurde, eingeführt werden konnte. Seine Leute lieferten fristgemäß: Der »5070« war bereits 27 Tage vor der Ausstellung fertig.
ATM 5 – das fünfte derartige Ereignis – wurde in Chicago veranstaltet und von fast 2500 Bankern besucht. Während des dreitägigen Meetings wurden Produkte aus allen ATM-Verkaufsstellen der Welt gezeigt. Schon gleich für den ersten Tag hatten die Dundee-Angestellten eine Demonstrationsschau angesetzt, die noch weitere 38mal wiederholt wurde. Eine elegant gekleidete NCR-Angestellte stand mit einem »5070« auf einem Podest. Allein und ohne die Hilfe von Werkzeugen oder eines Assistenten nahm sie die Maschine auseinander, legte die Teile auf einen Tisch in der Nähe und setzte das Gerät dann wieder zusammen – und das Ganze in weniger als 15 Minuten. Am Ende jeder Demonstration drückte sie auf den »Start«-Knopf, und bei den folgenden 39 Demonstrationen arbeitete das Gerät dann vollkommen reibungslos.
Die meisten Kunden waren offensichtlich beeindruckt. Die Leute von Dundee waren in Hochstimmung. Und die NCR-Manager in Dayton, von denen einige durchaus nicht sicher gewesen waren, daß eine solche Demonstration das darin enthaltene Risiko wert war, stießen einen kollektiven Seufzer der Erleichterung aus.
Überzeugt, daß sie auf dem richtigen Wege waren, bauten Adamson und sein Team im Laufe des Jahres die meisten der bereits begonnenen Initiativen weiter aus. Auf Qualität wurde jetzt noch mehr Wert gelegt. Verschiedene neue Produktentwicklungsanstrengungen wurden gemacht. Das Kundenbesuchsprogramm wurde ausgedehnt; Adamson selbst suchte in jenem Jahr Kunden in 28 verschiedenen Ländern überall auf der Welt auf. Und ein Ausstellungsbereich zum Zweck der Information oder »Zweig der Zukunft« wurde direkt in dem Produktionsbereich von Dundee integriert,

damit den Kunden, die die Firma besuchten, die ATM-Produkte auf vorteilhafte Weise vor Augen geführt werden konnten.
1984 waren einige hundert Kunden nach Dundee eingeladen worden, und 190 kamen auch wirklich. Zu einem typischen Kundenbesuch gehörten zu Anfang ein Treffen mit Adamson, dann bekam der Kunde einen theoretischen und konkreten Einblick in den Betrieb, gewöhnlich präsentiert von Ted Sims, dem Manager des Systems Program Management, der Systemprogrammverwaltung, einen Vortrag über die Qualität von Neil Henderson, Direktor für Qualitätsfragen, man besuchte mit ihm den »Zukunftszweig«, die Demonstrationsschau für die augenblicklich hergestellten Produkte, und machte mit ihm einen Rundgang über das Werksgelände. Unweigerlich blieb der Mitarbeiter, der die Kunden über das Werksgelände führte, irgendwo stehen und überprüfte verschiedene der »Qualitätskontrollkarten«, die man ganz deutlich sichtbar überall dort, wo sich Menschen versammelten, aufgehängt hatte und die fast immer eindrucksvoll demonstrierten, daß die Menge der Rückgaben, Irrtümer oder Probleme unterhalb der als Zielvorstellung angegebenen Ebenen lag und noch weiter sank.
Gruppen und Grüppchen potentieller Kunden, die über das Gelände fuhren, waren nur eines von vielen Anzeichen des Erfolgs, die bis Mitte 1984 erkennbar wurden.
Im Mai warf Dundee den »5081« auf den Markt, ein »Full-function-through-the-wall«-ATM. Im Juni kamen so viele Aufträge für ATM-Produkte herein, daß fast der gesamte Bereich für Nicht-ATM-Produkte geschlossen wurde. Im Juli ging Honeywell aus dem ATM-Geschäft hinaus, kurz hinterher folgte ihr eine europäische Firma namens Datasaab.
Der Aufwärtstrend setzte sich während 1984 und bis 1985 hinein weiter fort. Im Mai erreichte Dundee die Nachricht, daß Docutel und Burroughs das ATM-Geschäft fallenließen. Im Juni gab NCR den »5084« frei, eine Bargeldautomatenversion des »5080«. Und im Juli einigten sich Dundees Gewerkschaften auf einen dreijährigen Vertrag; dies war erst das zweite Mal in der gesamten Geschichte der Beziehungen zwischen Arbeitnehmern und Arbeitgebern, daß eine solche über mehrere Jahre hinweg konzipierte Einigung erreicht worden war.

Adamson hatte hart gearbeitet, um jenen Vertrag zustande zu bringen. Er selbst und Alan Murdoch, sein Direktor für Beziehungen zu den Angestellten, trafen persönlich alle gewerkschaftlich organisierten Angestellten, und das waren ungefähr 75 Prozent, und zwar in Gruppen von zwanzig oder dreißig. Adamson artikulierte klar und deutlich, was nach seiner Meinung die Vorteile und Nachteile einer solchen Übereinkunft seien. Er betonte, daß er glaube, es sei richtig, den Vertrag zu unterschreiben. Die Gewerkschaftsführer drängten ihre Mitglieder dennoch, ihn abzulehnen. Als die Stimmen ausgezählt wurden, stellte sich heraus, daß 80 Prozent zugestimmt hatten.
Das Vertrauen, das die Angestellten ihrem Management entgegengebracht hatten, schien durchaus nicht falsch investiert worden zu sein. Die Verkaufszahlen der ATMs stiegen im Laufe des Jahres 1985 immer weiter in die Höhe. Bis zum Dezember waren zehnmal mehr Aufträge eingegangen als 1980. Zu dem Zeitpunkt war die Ertragskraft des Unternehmens hervorragend. Und das beste von allem war: Die vorläufigen Zahlen zeigten, daß NCR mehr ATMs verkaufte als irgend jemand anders auf der Welt – mehr als Diebold und sogar mehr als IBM.
Adamsons Erfolg wurde in Dayton deutlich bemerkt. Im Januar 1986 ging er in die Vereinigten Staaten und wurde Vizepräsident für Einzelhandelsprodukte im Hauptbüro des Unternehmens. George Munroe wurde gebeten, den Betrieb in Dundee weiterzuleiten.
Das Jahr 1986 war für die Einführung neuer Produkte sehr günstig. Im März wurden der »5571« und der »5085« auf den Markt gebracht. Ersterer ist ein Inlandsanfragen- (interior inquiry) und Dokumentendruckgerät, letzterer ein Ersatz für den 5080er mit einer doppelt so hohen Zuverlässigkeitsrate. Im Juli kam der »5572«, ein interaktiver Video-Terminal, dazu, der als Verkaufs- und Marketinghilfsinstrument entwickelt worden war, das erste einer potentiellen Produktserie, die über das ATM-Geschäft hinausging. Im November brachte NCR den »5088« auf den Markt, eine verbesserte Version des »5085«.
Bei der ATM-Schau, die im Dezember desselben Jahres in Los Angeles stattfand, konnte NCR schließlich ein ganzes Sortiment von ATM-Ausrüstungsgegenständen zeigen, und zwar als der aner-

kannte Marktführer. 1986 hatte NCR einen Weltmarktanteil von 35 Prozent, Diebold von 19 Prozent und IBM von 18 Prozent.
Der Marktanteil stieg in der ersten Hälfte des Jahres 1987 noch weiter. Im Juni warf Dundee den »5070 L« auf den Markt, ein preiswerteres Modell des 5070; zugleich kehrte Jim Adamson als Generalmanager in die Vereinigten Staaten zurück. Der offizielle Grund für seine Rückkehr war, daß seine Frau es ablehnte, weit fort von Freunden und der Familie zu leben. Es gab Gerüchte, daß auch noch andere Gründe im Spiel seien; einige Leute behaupteten, daß Adamson die Atmosphäre im Hauptbüro des Unternehmens nicht gefiel, andere, daß Adamsons früherer Chef, Darrell Clark, sich Sorgen mache, daß die Entwicklungsprogramme bei Dundee ein wenig an Schwungkraft verlören.
Was auch immer die eigentlichen Gründe gewesen sein mochten – als er nach Dayton zurückkehrte, begann Adamson, noch klarer und noch kraftvoller eine sogar noch großartigere Vision dessen zu formulieren, was Dundee werden könnte und sollte: ein Weltführer nicht nur bei ATMs für Banken und Sparkassen, sondern im Bereich des »Self-service equipment« für alle Industriezweige und eine der besten Fabriken, die es überhaupt auf der Welt gab, ein »Superbetrieb«. Wie schon vorher gab es einige, die skeptisch die Nase rümpften und die Köpfe schüttelten. Aber weiterhin gab es täglich neue Beweise dafür, daß die Leute von Dundee bei einer guten Führung bemerkenswerte Resultate erzielen konnten.
Gegen Ende 1987 konnte man an den Statistiken ablesen, daß der weltweite Marktanteil von NCR für ATM-Lieferungen auf 42 Prozent gestiegen, seine »on-hand inventories« dagegen auf 19 Tage gesunken waren (im Gegensatz zu sechs Monaten im Jahre 1980). Die Einkünfte vor Steuern waren auf 61 Prozent gegenüber 1986 gestiegen, die Fehler beim Auditing im Vergleich zum vorigen Jahr auf 35 Prozent heruntergegangen – und die Produktivität um 27 Prozentpunkte hinauf. Die Zinserträge stiegen ebenfalls um 34,5 Prozent auf ein Niveau, das bei NCR noch niemals zuvor erreicht worden war.
1988 verhandelte das Management von Dundee mit seinen Gewerkschaften über den zweiten Dreijahresvertrag – der erste mehrjährige Rücken-an-Rücken-Tarifvertrag in der Geschichte des

Vereinigten Königreichs. Die Produktivität stieg immer weiter an. Und ebenso stiegen der Marktanteil und die Verdienste.
Als Jim Adamson im April jenes Jahres in seinem Büro saß und einem Besucher aus Boston dies alles beschrieb, da war er sehr stolz auf die Tatsache, daß seine Schottengruppe fähig gewesen war, das zu erreichen, was weitaus größere und finanzkräftigere Organisationen nicht erreicht hatten: Sie hatten sich auf einen fairen Konkurrenzkampf mit IBM eingelassen und IBM dabei geschlagen. Sie hatten dazu weniger finanzielle Ressourcen und weniger gutausgebildete Arbeiter gebraucht. Das Vorhaben gelang, geographisch gesehen, an einem Ort, der nicht besonders günstig lag, und von einer schlechten Ausgangsbasis aus.
Anfänglich war der einzige Lichtblick NCRs generell guter Ruf bei Finanzinstituten, obwohl die Glaubwürdigkeit von Dundees ersten ATM-Produkt auf eine außerordentlich harte Probe gestellt wurde. Dennoch konnten alle diese Probleme überwunden werden, weil man etwas besaß, womit man im Vergleich zu den Konkurrenten, nämlich IBM, Burroughs, Honeywell, Docutel, Datasaab und Chubb, im Vorteil war. Dieser Wettbewerbsvorteil war das Vorhandensein starker Führung.
Die genauen Details, wie jene Führung geschaffen wurde, welche Form sie annahm und welche Wirkung sie hatte, sind für diese spezielle Geschichte charakteristisch. Aber die Entwicklung bei Dundee ist für uns vor allem deshalb interessant, weil darin so viele der Aspekte, die gewöhnlich in Fällen effektiver Führung in komplexen Organisationen gefunden werden, nachzuweisen sind. Dies sind Aspekte, auf die wir im einzelnen in den folgenden Kapiteln noch eingehen werden.[2]
Sie beziehen sich vor allem anderen auf den eigentlichen Prozeß von Führung selbst (das Thema der Kapitel 3 bis 5). Hier bei Dundee wurde wie üblich eine vernünftige Vision der Zukunft zusammen mit Strategien, um diese Zukunft zu realisieren, entwickelt – alles in allem ein weit weniger geheimnisvoller Prozeß, als häufig angenommen wird. Hier wurde, so wie in den meisten Fällen, bei denen wirkliche Führungsqualitäten zum Tragen kommen, die Geschäftsrichtung den wichtigen Beteiligten effektiv mitgeteilt; alle verstanden sie und arbeiteten gemeinsam darauf hin. Das Gan-

ze bedeutete eine Herausforderung an das Kommunikationsnetz innerhalb der Firma, die beträchtlich komplexer ist, als eine im Managerbereich ausgebildete Zuhörerschaft gewöhnlich annimmt. Wie gewöhnlich im Fall von effektiver Führung wurden die Mitarbeiter sehr stark und sehr erfolgreich motiviert, so daß sie fähig wurden, die schwierigen Hindernisse zu überwinden, denen man auf dem Wege begegnete. Eine so starke Motivation kann niemals erreicht werden, wenn man nur ganz einfach irgendwelche manipulative Techniken anwendet, etwa von der Sorte, die so häufig in den »Wiman . . .«-Managementbüchern beschrieben werden. Und hier, ebenso wie in praktisch allen solchen Fällen, wurde die effektive Führung von einem kompetenten Management begleitet. Bei Management geht es um einen Prozeß, der von Führung grundsätzlich verschieden und zugleich sehr bedeutungsvoll ist. Ohne zuverlässige Planung, ohne Strukturen, in denen die Verantwortung klar verteilt ist, und ohne gute Kontrollen hätte das Unternehmen in Dundee vielleicht nicht einmal das Jahr 1980 überlebt; der CEO von NCR informierte Adamson, er sei bereit, das Unternehmen in sechs Monaten zu schließen, wenn es nicht »unter Kontrolle gebracht« werden könnte, und vieles von dem, was Adamson zunächst tat, war in der Tat reine Verwaltungstätigkeit. Aber auch für die Zeit nach 1980 kann man sich nur schwer vorstellen, daß Dundee ohne eine gute Verwaltung zum Zweck der Erfüllung von Minimalbedingungen, die von Dayton, Barclays, den Gewerkschaften und anderen gestellt wurden, jemals die Stoßkraft der Jahre nach 1982 entwickelt hätte, die von zentraler Bedeutung dafür war, daß der Führungsprozeß weiterhin immer mehr an Effektivität gewann.

Die grundlegende Struktur jener Führung – die Rollen, die die Menschen spielten, und ihre Beziehungen untereinander – ist ebenfalls nicht ungewöhnlich, vor allem verglichen mit anderen kleinen und mittelgroßen Unternehmen. Oberflächlich betrachtet sieht diese Struktur außerordentlich einfach aus; es scheint, daß es bei NCR nur eine einzige Führungsrolle gab, in diesem Fall die von Adamson. Aber es gibt einen Hinweis darauf, daß die Situation komplexer ist; während Adamson in den Jahren 1986 und 1987 nicht in Dundee anwesend war, haben sich die Führungsstrukturen nicht einfach in Luft aufgelöst. Die Führungsstärke hat möglicherweise an Intensität abgenommen, aber auch ohne Adamson ist alles erfolgreich weitergelaufen. Eine gründlichere Überprüfung (Kapitel 6 und 7) zeigt, daß es hier und andernorts tatsächlich multiple Führungsrollen gibt. Sie werden zusammengehalten von Mechanismen, die in einzigartiger Weise auf die Aufgabe, die zu erfüllen ist, zugeschnitten sind – Mechanismen, die ganz anders sind als die, durch die Managementfunktionen koordiniert werden. Oberflächlich betrachtet sind die Ursprünge von Führung – warum Adamson fähig war, das zu tun, was er tat – durchaus nicht offensichtlich. Dies ist ebenfalls typisch, und gewöhnlich beeinflußt es uns in der Weise, daß wir bestimmte, ganz einfache Gründe suchen, wobei wir oftmals an Vererbung denken; wir vermuten, daß Adamson und Menschen, die so sind wie er, ganz einfach mit diesen spezifischen Fähigkeiten geboren worden sind. Obwohl man nicht mit Gewißheit sagen kann, wodurch die Adamsons dieser Welt geschaffen werden, bemerken wir doch bei näherer Überprüfung, daß die Gründe für Führungsqualitäten tatsächlich viel komplexer sind: frühe Lebenserfahrungen, wichtige Erlebnisse im Laufe der Karriere ebenso wie die Firmenkultur der Unternehmen, in denen sie gegenwärtig arbeiten. Das Zusammenwirken vieler Faktoren spielt hier eine bedeutsame Rolle, und zwar im Hinblick darauf, was sie für die Schlagkraft an effektiver Führung in einem einzelnen Unternehmen bedeuten.

Vielleicht zeigt die Dundee-Geschichte am allerdeutlichsten die häufigste Funktion effektiver Führung in modernen, komplexen Unternehmen: das Einleiten von Veränderungen, häufig dramatischer Art, und zwar in eine sinnvolle Richtung. Das Dundee-Unternehmen im Jahre 1988 sah ganz anders aus als eben dieses Unternehmen im Jahre 1980. Fast alle Leute, die an dieser Entwicklung mitgewirkt haben, von den einfachen Arbeitern über die Dayton-Führungskräfte bis zu Kunden bei Barclays, würden darin übereinstimmen, daß die insgesamt eingetretene Veränderung zweifellos positiv war. Sie gab einer Vielfalt verschiedener Gruppen von Menschen etwas wirklich Wertvolles. Angestellte gewannen dadurch sichere Arbeitsplätze, sehr viel mehr Beförderungsmöglichkeiten und eine durch den Wert ihrer Arbeit gesteigerte Selbstachtung.

Kunden bekamen Produkte angeboten, die ihre wirklichen Bedürfnisse erfüllten. Zulieferer bekamen zusätzliche Aufträge. Dayton erreichte sehr viel höhere Umsätze und hatte ein paar graue Haare weniger. Selbst Aktionäre der Muttergesellschaft verbuchten auf Grund von Dundees Ertragskraft einen höheren Kurs ihrer Aktien.
Aber so dramatisch diese Resultate auch erscheinen mögen: Sie sind in Fällen von effektiver Führung nichts Ungewöhnliches.[3] Tatsächlich geht es bei Führung darum, eine entscheidende Veränderung zum Besseren hin in Aussicht zu stellen. Das ist schon immer so gewesen. Die großen politischen, militärischen und religiösen Persönlichkeiten der Weltgeschichte haben dies zweifellos erkannt. Heute wird es immer wichtiger, daß auch Manager es erkennen.

# II

# Führung als Prozeß

# 3 Eine Richtung vorgeben

Führung bewirkt Veränderung. Das ist ihre eigentliche Funktion. Wenn Führung wirklich effektiv ist, dann zeigt sich die Richtung jener Führung in einer Aktivität, an der man deutlich erkennen kann, worum es bei Führung geht. Um diese Aktivität zu verstehen, ist es sehr wichtig, zu erkennen, was sie nicht ist. Eine Richtung vorzugeben ist niemals dasselbe wie Kurzzeitplanung oder langfristige Planung – allerdings werden diese beiden Aspekte immer wieder verwechselt. Planung ist ein Managementprozeß, seiner Natur nach im wesentlichen deduktiv und vor allem dazu geeignet, zu geordneten Resultaten, aber durchaus nicht zu einer Veränderung zu verhelfen. Insofern fehlt dem Managementprozeß der richtungweisende Aspekt, der für Führung charakteristisch ist.

Wenn die Verkäufer einem wichtigen Kunden zugesagt haben, daß eine bestimmte Menge ihrer Produkte beispielsweise am 1. Mai geliefert wird, dann erarbeitet das Management der Fabrik einen »Plan«, um die Einhaltung dieser Zusage zu ermöglichen. Der Plan geht zunächst einmal von dem gewünschten Zieldatum aus, von da ab wird dann fristgemäß zurückgeplant, und die so gefundenen Termine setzen die Bedingungen, die erfüllt werden müssen, um jenes Ziel zu erreichen.

Ableitung Nummer eins lautet beispielsweise: Um jene Order bis zum 1. Mai auszuliefern, müssen die Transporteure eine Auslieferung am 24. April (oder kurz vor- oder hinterher) organisieren.

Ableitung Nummer zwei: Um eine Auslieferung am 24. April zu ermöglichen, muß der Auftrag während der ersten drei Wochen im April von der Endmontage fertiggestellt sein.

Ableitung Nummer drei: Da der jetzige Montageplan keine ausreichende Anzahl an Arbeitskräften vorsieht, müssen für die dritte Arbeitsschicht noch zusätzliche Arbeitskräfte eingesetzt werden.

Ableitung Nummer vier: Damit für die Montage im Laufe des April die richtigen Teile bereitstehen, muß die Herstellung der Teile ...

Ableitung Nummer fünf: Damit dies eintritt, muß der Einkauf ...

Und immer so weiter.[1]

In diesem Plan wird normalerweise alles genau definiert, was im Zeitraum zwischen dem gegenwärtigen Datum und dem Zieldatum getan werden muß. Vielleicht gehört auch ein Budget dazu – das Budgetieren ist im Grunde ein Planungsprozeß, mit dem fiskalische Ziele erreicht werden sollen. Wenn der Abschlußbericht sehr lang und kompliziert und insofern sehr schwer im Kopf zu behalten und mitzuteilen ist, dann wird man die Einzelheiten gewöhnlich schriftlich festhalten. Ansonsten wird er den Mitarbeitern mündlich mitgeteilt.

Entsprechende Pläne werden gewöhnlich allen wichtigen Leuten in der Firmenhierarchie übermittelt, so daß jeder einzelne weiß, was man von ihm erwartet (so weiß beispielsweise der Einkäufer, was er bis zum 15. Januar tun muß). Die Pläne werden als Kontrollmittel benutzt; beim Vergleichen der Pläne mit dem wirklichen Ablauf können die entsprechenden Manager schnell Probleme entdecken und korrigieren.

Eine gute Planung ist für Firmen in der heutigen Zeit unglaublich wichtig. Die geschäftlichen Transaktionen sind auf Grund der Anzahl von Menschen, die dabei direkt oder indirekt eine Rolle spielen, und auf Grund der wechselweisen Abhängigkeit aller Aktivitäten so kompliziert, daß ohne stimmige Planung Verpflichtungen gegenüber den Kunden, Angestellten oder Aktionären häufig nicht erfüllt werden könnten. Ohnehin haben große Firmen eine Tendenz, von einer Krise in die nächste hineinzustolpern und dabei Ressourcen und Geld zu verbrauchen.

Aber auch die bestmögliche Planung ist nicht dasselbe wie Führung – oder, um es genauer zu sagen, sie hat nichts zu tun mit dem richtungweisenden Aspekt von Führung. Und sie ist auch kein Ersatz für Führung.

Es sind nicht Pläne, die durch die richtungweisende Komponente von Führung entwickelt werden, vielmehr werden dadurch eine Vision[2] und Strategien gefunden. In dem Sinne, wie wir es hier meinen, ist eine Vision nicht mystisch oder ungreifbar, vielmehr wird darin etwas Zukünftiges, häufig wirklich sehr Zukünftiges beschrieben (ein Unternehmen, eine Unternehmenskultur, eine geschäftliche Transaktion, eine Technologie, eine Aktivität), und zwar in Hinblick auf den eigentlichen Gehalt, die Essenz dessen, wie dieses Zukünftige sich entwickeln sollte. Gewöhnlich ist eine Vision hinreichend spezifisch, um Menschen wirkliche Führung zu geben, und doch zugleich noch ausreichend ungenau, um Anreize zu geben, persönlich die Initiative zu ergreifen und um unter einer Vielzahl von Bedingungen relevant zu bleiben. Visionen können gut oder schlecht sein. Wir betrachten sie gewöhnlich als gut (oder angemessen), wenn sie sowohl Wünschbarkeits- als auch Realisierbarkeitstests bestehen.[3] Wünschbarkeit wird dadurch definiert, wie gut der zukünftige Status, der in einer Vision beschrieben wird, den Interessen der wichtigsten Beteiligten dient – Kunden, Anteilsinhabern und Angestellten. Realisierbarkeit wird durch eine bestimmte Strategie bewiesen, häufig eine wettbewerbsorientierte Strategie, die erklärt, wie es, zwar ohne Garantie, aber doch immerhin realistischerweise, möglich ist, schließlich den wünschenswerten Zustand zu erreichen. Auf der anderen Seite haben schlechte Visionen die Tendenz, die legitimen Bedürfnisse und Rechte wichtiger Beteiligter zu ignorieren und/oder strategisch unstimmig zu sein.

Beispielsweise könnte man die Richtung, die sich 1982 bei NCR in Dundee entwickelte, wie folgt zusammenfassend definieren: Die Zukunft liegt im ATM-Geschäft, und Dundee sollte der Führer dieses Industriezweigs werden. Das Streben nach und dann das Erreichen der ATM-Marktführerschaft auf der ganzen Welt ist wünschenswert, weil dadurch eine Stufe von Ertragsstärke und Wachstum erreicht wird, die den höchsten Erwartungen des Managements in Dayton entspricht oder sie sogar übertrifft, und weil dadurch zugleich eine Sicherheit der Arbeitsplätze, der Löhne und der Beförderungschancen ermöglicht wird, die die Beschäftigten von Dundee zufriedenstellt. Ein solches Ziel sollte strategisch vorstellbar sein, indem man ein Produktsortiment anbietet, das den wichtigsten Bedürfnissen der Kunden entspricht – und zwar früher als die Konkurrenten. Das wiederum sollte erreichbar sein durch eine Kombination von Dundees Firmenbesuchs- und Schnellspur-Entwicklungsprogrammen: Keiner dieser beiden Aspekte wird von irgendeinem Konkurrenten wirklich hartnäckig verfolgt. Eine solche Strategie sollte einen Wettbewerbsvorsprung schaffen, der realistischerweise auch über längere Zeit hinweg verteidigt werden kann, denn wenn der Vorsprung erst einmal zum Tragen kommt, dann werden die Konkurrenten beim Aufholen große Schwierigkeiten haben, und zwar auf Grund der besonderen Qualität der Schnellspurentwicklung.

Lenkung dieser Art wird gewöhnlich durch einen Prozeß der analytischen Betrachtungsweise bewirkt, der im großen und ganzen zu induktiven Schlüssen führt. Das heißt, man sammelt ein weites Spektrum von Daten über den allgemeinen Kontext und hält nach Mustern, Beziehungen und Verbindungen Ausschau, die dabei helfen, bestimmte Tatsachen zu erklären. Der treibende Motor von Führung sind die Art von Fragen, die Jim Adamson von NCR Dundee aufwarf: Wer sind unsere Konkurrenten, und warum sind einige von ihnen erfolgreicher als andere? Warum sind einige erfolgreicher als wir? Wer sind unsere Kunden, und warum sind einige erfolgreicher als andere? Wie verändert sich all dies? Was sind unter diesen Umständen unsere hauptsächlichen Stärken? Was sind unsere wichtigsten Schwächen? Diese Fragen werden nur selten von einem einzelnen beantwortet, sondern viele Menschen tragen zur Antwort bei. Häufig ist es eine Einzelperson wie Adamson, der sie herausfordert, das zu tun; er wird zum Schrittmacher, indem er bestimmte Themen anschneidet und sorgfältig auf die Antworten hört.

Wenn dieser richtungweisende Prozeß erst einmal in die Wege geleitet worden ist, dann wird er sich tendenziell über einen längeren Zeitraum hinweg fortsetzen, obwohl er gewöhnlich durch Phasen sowohl sehr großer als auch sehr geringer Aktivität hindurchgeht. Insofern haben Visionen und Strategien dynamisch und nicht statisch zu sein, sie entwickeln sich fortwährend weiter. Die Richtung bei Dundee war beispielsweise 1981, 1983 und 1987 in mancher Hinsicht verschieden.

Das Ergebnis dieser Aktivitäten ist gewöhnlich sehr viel gehaltvoller als ein Plan; zwar werden sie seltener schriftlich festgehalten, aber theoretisch nehmen Visionen und Strategien meist nicht mehr Raum als ein paar Seiten ein. Ihrer Natur nach beschäftigen sich Visionen sehr viel weniger mit Zahlen als ein Plan. Und anders als bei Plänen, mit deren Hilfe Risiken eliminiert werden sollen, gibt es bei Zukunftsvisionen und Strategien immer ein bestimmtes Maß an Ungewißheit, und zwar aus einer Notwendigkeit heraus; es ist einfach nicht möglich, entscheidende Veränderungen herbeizuführen, ohne ein gewisses Risiko einzugehen.

Pläne können Zukunftsvisionen und Strategien nicht ersetzen: Sie dienen ganz anderen Zwecken. Sie verhelfen dazu, daß bestimmte Aufgaben vorhersagbar und dauerhaft erfüllt werden, sei dies nun in gleicher Weise wie in der Vergangenheit oder aber tendenziell in eine andere Richtung zielend. Eine neue Richtung bewirkt eine Veränderung, und zwar bei Produkten, beim Marketing, bei der Finanzierung und vielleicht sogar hinsichtlich der Art und Weise, wie eine Firma sich selbst verwaltet (siehe Schaubild 3.1).

Die Tatsache, daß diese Unterschiede nicht wirklich wahrgenommen werden, hat viele im Bereich Verwaltung zu starke und im Bereich Führung zu schwache Firmen dazu gebracht, langfristige Planung als ein Allheilmittel für ihren Mangel an Richtung und Anpassungsfähigkeit anzusehen. Allzu vieles Planen wird nicht zum Erfolg führen, und zwar aus Gründen, die relativ leicht erkennbar sind, wenn man zunächst einmal den Unterschied zwischen Planung und Richtungsvorgabe wahrgenommen hat.

Zunächst einmal ist langfristige Planung auf Grund ihres umfassenden Charakters immer sehr zeitraubend. Wenn zudem etwas Unerwartetes geschieht, dann müssen alle Pläne überarbeitet werden. In dynamischen Branchen wird das Unerwartete häufig zur Norm, und langfristige Planung wird auf diese Weise zu einem außerordentlich schwierigen Geschäft. Das ist der Grund, warum die meisten erfolgreichen Firmen den zeitlichen Rahmen ihrer Planungsaktivitäten beschränken und warum einige sogar die »langfristige Planung« als einen Widerspruch in sich betrachten.

Aber in einer Firma ohne Richtungsvorgabe kann sogar kurzfristi-

**Schaubild 3.1**
Einen Zeitplan erstellen: Management im Vergleich zur Führung

| | *Management: Planung und Budgetierung* | *Führung: Festlegen der Richtung* |
|---|---|---|
| *Primärfunktion* | Dabei zu helfen, in bestimmter Hinsicht (beispielsweise hinsichtlich des Zeitplans und des Budgets) zu vorhersagbaren Ergebnissen zu kommen, indem man im Hinblick auf jene Ereignisse plant. | Veränderungen in die Wege zu leiten, die nötig sind, um mit sich verändernden Wettbewerbsbedingungen fertig zu werden (beispielsweise neue Produkte oder die Neugestaltung der Beziehungen zu den Gewerkschaften). Dies geschieht im wesentlichen dadurch, daß man eine Richtung für die Veränderung festlegt. |
| *Kurzbeschreibung der Aktivität* | Einen Plan zu entwickeln: eine detaillierte Skizze anzufertigen, schriftlich, falls sie kompliziert und schwer zu behalten oder mitzuteilen sein sollte; und zwar darüber, wie man Ergebnisse erzielt, die gegenwärtig von wichtigen Beteiligten wie Kunden und Aktieninhabern erwartet werden, zusammen mit Plänen darüber, was wann und von wem getan werden muß und wieviel das kosten wird; das Ganze mit Hilfe eines deduktiven Prozesses zu erreichen, der von den nötigen Ergebnissen ausgeht und dann die notwendigen Schritte, Zeitpläne und Kosten festlegt. | Die Vorgabe einer Richtung. Eine Vision, in der Schlüsselaspekte eines Unternehmens oder einer zukünftigen Aktivität beschrieben werden, zusammen mit einer Strategie, um jenen zukünftigen Prozeß zu ermöglichen: das Sammeln eines breiten Spektrums von Informationen über das Geschäft, die Firma oder die Aktivität, das Beantworten von grundlegenden Fragen über die jeweilige Branche, das Testen von Alternativen, möglicherweise das Experimentieren mit einigen der Optionen, schließlich die Entscheidung für eine dieser Möglichkeiten. |

ge Planung für das Management zu einem schwarzen Loch werden, das eine unendliche Menge an Zeit und Energie verschlingt. Ohne eine Vision und Strategie, um den Planungsprozeß in irgendeiner Weise zu beschränken oder zu lenken, muß bei jedem unvorhergesehenen Ereignis ein neuer Plan entwickelt werden. Unter diesen Umständen kann eine Eventualitätsplanung im wahrsten Sinne des Wortes ewig weitergehen und Zeit und Aufmerksamkeit von weitaus wesentlicheren Aktivitäten abziehen, ohne jedoch die klare Richtungsvorgabe zu liefern, die Firmen heutzutage so verzweifelt brauchen. Wenn dies sich für längere Zeit eingespielt hat, dann entwickeln Manager unweigerlich einen gewissen Zynismus, und der Planungsprozeß kann zu einem persönlichen Machtspiel verkommen.

Planung klappt am besten, wenn sie die Richtungsvorgabe nicht ersetzt, sondern vielmehr ergänzt. Das bedeutet, ein effektiver Planungsprozeß kontrolliert entscheidende Aktivitäten in Hinblick auf ihre Durchführbarkeit. Mit Hilfe von Planung können etwa folgende Fragen beantwortet werden: Ist es möglich, die ersten Schritte zu machen, die nötig sind, um von A nach B zu kommen? Können wir es uns wirklich leisten, dies zu tun? In ähnlicher Weise wird durch einen effizienten richtungweisenden Prozeß eine Zielvorgabe geschaffen, die realistische Planung ermöglicht; diese Zielvorgabe gibt an, welche Planung relevant und welche nicht relevant ist (siehe Schaubild 3.2).

Firmen mit guter Führung und mit gutem Management verstehen diese Mechanismen. Aber sie sind heute in der Minderheit.

Ein gutes Beispiel für eine effektive Richtungsvorgabe findet man im Reise-Dienstleistungszweig TRS (Travel Related Service) von American Express in den Jahren 1978 bis 1987.[4] Dies ist ein Fall, der sich in seinen Zusammenhängen von NCR sehr stark unterscheidet: Dienstleistung im Gegensatz zu maschineller Produktion, eine US-Basis im Gegensatz zu einer europäischen Basis, ein großes Geschäftsvolumen im Gegensatz zu einem relativ kleinen, ein lange etabliertes im Gegensatz zu einem jungen Unternehmen und eine erfolgreiche Unternehmenssituation im Gegensatz zu einem Turnaround-Kandidaten. Jedoch steht genau wie in dem NCR-Fall die Entwicklung von Visionen und Strategien in direktem Zusammenhang mit der Ertragskraft der Firma.

Die ersten Anfänge von TRS, historisch gesehen eigentlich der Ursprung von American Express, reichen bis zur Gründung der Firma im Jahre 1850 zurück. Das erste große Produkt dieses Unternehmens war die Zahlungsanweisung, die eigentlich erfunden worden war, um die Raubzüge von Jesse James zu vereiteln. Schließlich, in den 70er Jahren, waren die Travellerschecks und die American-Express-Karte ebenso populär geworden wie die Zahlungsanweisung. Diese und verwandte Dienstleistungen hatten sehr viel Erfolg, aber dann war TRS mit einem Problem konfrontiert, das

**Schaubild 3.2**
Die Wechselbeziehungen von Richtungsvorgabe und Planung in einem komplexen Unternehmen

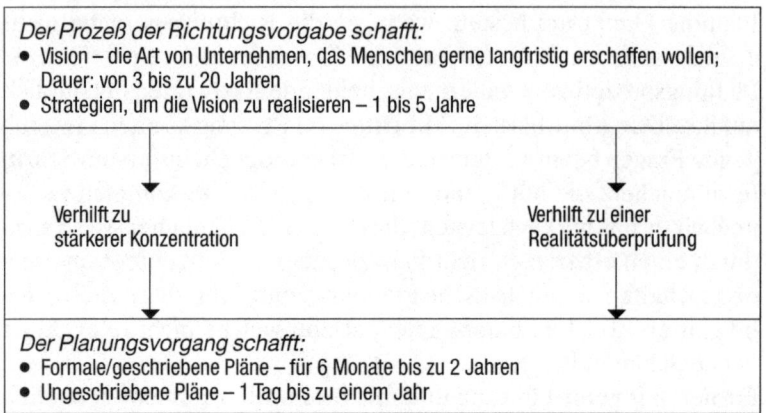

*Der Prozeß der Richtungsvorgabe schafft:*
- Vision – die Art von Unternehmen, das Menschen gerne langfristig erschaffen wollen; Dauer: von 3 bis zu 20 Jahren
- Strategien, um die Vision zu realisieren – 1 bis 5 Jahre

↓ Verhilft zu stärkerer Konzentration ↓

↓ Verhilft zu einer Realitätsüberprüfung ↓

*Der Planungsvorgang schafft:*
- Formale/geschriebene Pläne – für 6 Monate bis zu 2 Jahren
- Ungeschriebene Pläne – 1 Tag bis zu einem Jahr

häufig mit zunehmendem Wettbewerb in einem alteingeführten Geschäftszweig auftaucht.

Bis zum Jahre 1978 boten Hunderte von Banken entweder ihre eigenen Kreditkarten durch Visa und Master Card an, oder sie planten, dies zu tun. Mehr als zwei Dutzend Finanzdienstleistungsfirmen stiegen ebenfalls in das Geschäft ein. Im selben Jahr erschien ein Artikel in *Fortune,* in dem prophezeit wurde, daß TRS es »zunehmend schwieriger finden würde, weiterhin so glänzende Profite zu machen«.[5] Dies war eine logische Folgerung, denn ein intensiverer Wettbewerb in einem weitentwickelten Marktbereich würde aller Voraussicht nach die Gewinnspannen reduzieren und Wachstum verhindern.

Im Zentrum dieser Geschichte steht Lou Gerstner. Er ist ein pausbäckiger Absolvent des Dartmouth-College und hat einen MBA von Harvard. Gerstner arbeitete 13 Jahre lang bei McKinsey, bevor er 1978 das Angebot des neuen American-Express-Chairman, Jim Robinson, annahm, sich TRS als Executive Vice-President anzuschließen. Danach wurde er, im Jahre 1979, Präsident des Travel Related Service.

Gerstner begann an seinem neuen Arbeitsplatz bei American Express Ideen zu realisieren, die er bei McKinsey entwickelt hatte.

Während seiner fast fünfjährigen Beratertätigkeit bei TRS hatte er im wahrsten Sinne des Wortes Tausende von Stunden damit verbracht, sich auf die verlustreiche Reiseabteilung zu konzentrieren und auf die immer stärker wettbewerbsorientierte Kreditkartenbranche. Das war McKinsey-Arbeitsstil, wie er im Buche steht, und Gerstner hatte ihn perfektioniert. Es begann mit prinzipiellen Fragen der Rentabilität, der Marktstruktur und der Wettbewerbssituation. Daran arbeitete ein Team von sieben oder acht Leuten; es sollte ein breites Spektrum von Daten gesammelt werden, um jene Fragen anzugehen. Es ging vor allem darum, durch intensive Analyse die unterschwelligen Faktoren dieser Branche zu erkunden. Bei TRS schockierte Gerstner die Leute, die die Kreditkartenabteilung leiteten, indem er sie innerhalb einer Woche nach seiner Ernennung in seiner Rolle als ihr neuer Chef zusammenrief und dann alle bisherigen Prinzipien, nach denen sie gehandelt hatten, in Zweifel zog. Er tat das, indem er die wesentliche Frage stellte: Wie sehen Kunden unsere Produkte und Dienstleistungen? Wie ist unsere Position im Vergleich zu unseren Konkurrenten? Was sind unsere wesentlichen ökonomischen Druckmittel? Besonders stellte er wiederholt zwei Ansichten in Frage, die viele Angestellte teilten: daß ihr Produkt voll entwickelt und deshalb sowohl in Hinblick auf sein Wachstum als auch in Hinblick auf seine Innovationsmöglichkeiten beschränkt sei und daß sie nur ein Produkt, die grüne Karte, führen sollten. Im Laufe des folgenden Jahres berief er Dutzende zusätzlicher Konferenzen zum Thema Strategie ein, um über diese Themen zu reden. Sie beherrschten auch eine ebenso große Anzahl von Sitzungen, die offiziell für andere Zwecke geplant waren.

Bei allen diesen Sitzungen zeigte er nur wenig Geduld gegenüber persönlichen Profilierungsbedürfnissen oder inhaltslosem Geschwätz. Statt dessen bestand er auf gründlichen Diskussionen, mit dem Schwerpunkt auf Fakten und auf »sachlichem, analytischem, strategischem, wettbewerbsorientiertem Denken«. In seinem zweiten Jahr bei American Express befaßte er sich in derselben Weise mit dem Geschäft der Travellerschecks. Und noch später wurden alle anderen Geschäftsbereiche auch miteinbezogen.

Durch diese Vorgehensweise entwickelte sich allmählich eine

Vision von TRS, die in keiner Weise einer 130 Jahre alten Firma in einem hochentwickelten Industriezweig zu entsprechen schien. Die Vision war die eines dynamischen Unternehmens, das florierte trotz der gewaltigen Visa- und Master-Card-Konkurrenz der Banken. Die Strategie, um diese Vision zu realisieren, war vielschichtig und variierte in gewisser Weise von Produktsortiment zu Produktsortiment. Allgemein gesagt forderte man zunächst eine fast besessene Konzentration auf den Weltmarkt, und ganz besonders auf jene Sorte relativ wohlhabender Kunden, die traditionell mit den Spitzenprodukten von American Express bedient wurden. Darüber hinaus verlangte die Strategie nach einer weiteren Segmentierung dieses Marktes, und dann nach der aggressiven Entwicklung und dem aggressiven Marketing eines breiten Spektrums von Produkten/Dienstleistungen, die jedem einzelnen dieser Marktsegmente genau entsprachen. Das Ganze ging Hand in Hand mit dem Bemühen um »intelligente Investition«, um kontinuierlich die Produktivität zu steigern (und so die Kosten zu senken): Auf die Weise hatten die TRS-Leute das Gefühl, daß man mit diesen Mitteln den bestmöglichen Kundenservice bieten könnte (besser als Visa und Master Card), und zwar für einen Markt, der ausreichend frei verfügbares Einkommen hatte, um sehr viel mehr Dienstleistungen von TRS zu kaufen, als gegenwärtig gekauft wurden (und der insofern das große Wachstumspotential in sich barg).
Um alles dies zu erreichen, forderte man als nächsten strategischen Schritt die Entwicklung einer mehr unternehmerisch orientierten Firmenkultur. Es wurde danach gerufen, eine hervorragende Gruppe von engagierten Leuten einzustellen und auszubilden, die sich in jener Kultur sehr wohl fühlen würden, und man verlangte nach klar formulierten Informationen über die Gesamtrichtung. Die Personen, die in dieser Unternehmenskultur einen deutlichen Sinn dafür entwickelt hatten, was sie zu erreichen versuchten, würden dann die erste Ebene der Gesamtstrategie realisieren. Darüber hinaus, so behaupteten leitende Angestellte bei TRS, wird es keiner unserer Konkurrenten leicht haben, uns nachzuahmen, denn diese Konkurrenten, vor allem die Banken, werden sehr viel größere Schwierigkeiten haben, unternehmerische Aktivitäten zu entwickeln und die allerbesten Angestellten zu sich heranzuziehen.

Sobald diese Vorstellung über eine bestimmte Richtung sich konkretisiert hatte, wurde sie überall bei TRS den wesentlich Beteiligten mitgeteilt. Gerstner war führend in der Bemühung, dies zu verwirklichen. Schließlich begeisterten sich immer mehr Menschen für diese Idealvorstellung und versuchten nach Kräften, sie zu verwirklichen.

Als Ergebnis wurde eine stärker unternehmerisch orientierte Firmenkultur entwickelt. Zunächst begann Gerstner und dann andere Topmanager, den Mut zu intelligenten Risiken zu unterstützen, und wenn derartige Risiken eingegangen wurden, dann versuchten sie alles mögliche, um solche Tendenzen zu belohnen. Mit dieser grundsätzlich risikobereiten Einstellung machte sich Gerstner selbst zum Vorbild und erstaunte zunächst jedermann durch einige anscheinend besonders radikale Entscheidungen. Um die verlustintensive und wenig angesehene Reiseabteilung wieder zu beleben, nahm er beispielsweise die Unternehmenskreditkarte aus der Unternehmenskartenabteilung heraus und reichte sie, zusammen mit einigen der besten leitenden Angestellten aus der Kreditkartenabteilung, an die Reiseabteilung weiter.

Um unternehmerische Impulse zu fördern, begann das TRS-Management jeden unnötigen Bürokratismus zu kritisieren – Vorgänge und Papierarbeit beispielsweise, die kaum irgendeinem sinnvollen Zweck dienten. Gerstner persönlich führte einen Kreuzzug gegen die riesige Flut von nutzlosen Memos.

Die Einstellungskriterien wurden strenger. Gerstners Hauptthema waren »hervorragende« Mitarbeiter. Er schickte seine Personalchefs in die besten Schulen und trug ihnen auf, die besten jungen Leute für die Firma zu gewinnen. Um gute Leute anzuziehen und ihnen bei ihrer beruflichen Entwicklung zu helfen, schuf er das TRS-Graduate-Management-Programm. Durch diese Initiative wurde sehr guten Nachwuchskräften ein spezieller Ausbildungskurs angeboten, durch den sie ein größeres Spektrum an Erfahrungen gewannen, und sie wurden in ganz ungewöhnlicher Weise ins Blickfeld des Topmanagements gerückt.

Immer und immer wieder wurde die neue Richtung den anderen Mitarbeitern erklärt und mitgeteilt, bis sowohl die flexiblen jungen als auch die älteren TRS-Angestellten den TRS-Markt tatsächlich unter dem Aspekt jener Vision betrachteten. Und da hervorragende Leute in einer Unternehmenskultur diese Sichtweise eingenommen hatten und das Unternehmen zugleich noch diszipliniert und effizient verwalteten (ebenfalls etwas, worauf Gerstner großen Wert legte), entstanden neue Produkte, Dienstleistungen und Initiativen, die auf jenem Markt gut aufgenommen wurden.

1978 begann TRS seine Präsenz außerhalb der USA dramatisch auszudehnen. Bis 1988 wurden AmEx-Karten in 29 Währungen ausgegeben – im Vergleich zu nur elf ein Jahrzehnt zuvor. 1979 begann die Firma, sich aggressiv auf zwei weitere Marktsegmente zu konzentrieren, denen in der Vergangenheit wenig Aufmerksamkeit gewidment worden war: Frauen und Collegestudenten. 1981 kombinierte TRS seinen Kreditkarten- und Reiseservicedienst, um Firmenkunden ein Gesamtsystem anzubieten, das Reiseausgaben überwachen und kontrollieren sollte. Das Direktmarketing, das Verkaufen der Ware auf dem Postwege, war seit 1967 die Domäne von American Express gewesen. Aber während der frühen 80er Jahre war die Anzahl der Produkte, die den Kunden angeboten wurden, sehr stark angewachsen, und bis 1988 war American Express so stark expandiert, daß das Unternehmen zur fünftgrößten direktmarketingtreibenden Firma in den Vereinigten Staaten geworden war.

Das Konzept eines themenbezogenen Marketing wurde von American Express 1981 ausprobiert, in Zusammenhang mit der Restaurierung der Freiheitsstatue im Jahre 1983; dabei spendete American Express Geld für einen bestimmten Zweck, und zwar für jedes Kreditkartenmitglied und für jede Karte, für jeden Travellerscheck und für jede Reisetransaktion. Während der Sponsorkampagne für die Freiheitsstatue stieg die Benutzung der Karten um 28 Prozent, und 45 Prozent neue Mitglieder wurden gewonnen. Die Platinkarte wurde 1984 eingeführt, und die Zeitschrift *Fortune* bezeichnete sie als eines der besten neuen Produkte des Jahres. 1987 wurde die reguläre Karte durch eine Versicherung für den Käufer (»Buyers Assurance«) noch attraktiver gemacht: 90 Tage lang waren alle Käufe, die mit AmEx-Karten getätigt wurden, versichert. Kurz nach ihrer Einführung stieg die Menge an Waren, die mit der Karte gekauft wurden, um 28 Prozent. Ebenfalls im Jahre 1987 wurde eine sogenannte revolvierende Kreditkarte eingeführt. Sie bekam den Namen Optima und wurde von *Fortune* als eines der besten neuen Produkte des Jahres 1987 geehrt. 1988 stellte sich die Firma auf elektronische Bildverarbeitung bei der Rechnungserstellung um; das bedeutete einen für die Kunden leichter lesbaren Monatsauszug und eine Verminderung der Kosten für die Rechnungserstellung um 25 Prozent.

Vor dem Hintergrund einer gutfunktionierenden Verwaltung führten all diese erfolgreichen Führungsinitiativen zu ständig wachsenden Umsätzen und steigendem Gewinn, die den Gesetzen eines übersättigten Marktes trotzten. Zwischen 1978 und 1987 wuchs der Nettoumsatz von TRS um phantastische 500 Prozent, ungefähr 18 Prozent pro Jahr mit Zinsen. Viele High-Tech-/High-Growth-Firmen wurden dadurch in ihrer Leistung übertroffen. Mit einer Eigenkapitalrendite von 28 Prozent im Jahre 1988 wurden auch die meisten wachstumsschwachen und hochprofitablen Unternehmen übertroffen. Und all dieses geschah trotz einer angeblich so harten Konkurrenz.

Insgesamt kein schlechtes Ergebnis für eine 130 Jahre alte Firma.

Debatten über Visionen und ihre Entwicklung rutschen oft ins Metaphysische ab. Man hält das Ganze für ziemlich mysteriös und meint, daß Normalsterbliche, selbst äußerst begabte, besser die Finger davonlassen sollten. Geschichten wie die von TRS zeigen, daß diese nur allzuhäufig gezogene Folgerung ein kolossaler Trugschluß ist. Das Entwickeln einer guten Ausrichtung ist ganz gewiß kein Akt der Zauberei. Vielmehr ist es nötig, zäh und manchmal sehr angestrengt Informationen zu sammeln und sie zu analysieren. Menschen, die helfen, solche Visionen und Strategien zu entwickeln, sind keine Zauberer. Sie sind umfassend informierte strategische Denker, die bereit sind, Risiken einzugehen. Eine effektive Unternehmensvision hat an sich nichts Vages. Sie kann ganz deutlich (wie in Schaubild 3.1) in ihrer Form und Funktion definiert werden.

Darüber hinaus gilt folgendes: Obwohl Visionen und Stategien manchmal auf brillante Weise innovativ sind, und zwar insofern, als sie oft eine geradezu magische Kraft besitzen, sind sie es die meiste Zeit nicht. Unternehmensvisionen sind oftmals geradezu profan. Gewöhnlich sind dabei durchaus bekannte Ideen im Spiel. Neu ist meist nur, in welcher Weise diese Ideen kombiniert werden oder was für eine Art Muster sie ergeben. Aber manchmal ist sogar das allgemeine Muster in Hinblick auf die Richtung – die gewünschten zukünftigen Zustände, die logische Schlußfolgerung, warum sie wünschenswert sind, die Strategien, wie man dorthin kommt, die Logik, warum diese Strategien vorstellbar sind – nicht neu. Aber dennoch klappt es, entweder weil die Konkurrenten keine bestimmte Richtung haben, weil sie eine schlechte Vision verfolgen oder ineffektive Strategien entwickelt haben, für die sich die Mitarbeiter der Firma einfach nicht erwärmen können.

Das Beispiel der Fluggesellschaft Scandinavian Airline System (SAS) ist in dieser Hinsicht aufschlußreich.[6] Wie die meisten Firmen in diesem hochregulierten Industriezweig hat sich SAS in dem ökonomischen Boom, der der Phase der europäischen Erholung vom Zweiten Weltkrieg folgte, sehr wacker geschlagen. Seit 1962 arbeitete SAS sechzehn Jahre hintereinander jedes Jahr mit gutem Gewinn. 1978 hatte die Ertragsstärke eine Rekordhöhe erreicht. Aber 1979, in dem Jahr, in dem die Fluggesellschaften in den Vereinigten Staaten dereguliert wurden, und sechs Jahre nach dem ersten Ölschock begann die Industrie, sich in allen Bereichen zu verändern, und SAS machte erstmals Verluste. Als Jan Carlzon SAS 1980 als Chef übernahm, da steuerte die Firma auf ein Defizit von 20 Millionen Dollar zu – für ein Unternehmen dieser Größe eine sehr hohe Summe. Carlzon, ein smarter und charmanter Skandinavier, war während seiner gesamten Karriere im Reisegeschäft tätig gewesen. Er hatte bei Vingresor angefangen, einer Tochtergesellschaft von SAS, die Ferienpauschalreisen organisierte und verkaufte. 1978 wurde er Präsident von Linjeflyg, einer Tochtergesellschaft von SAS und Schwedens Inlandfluglinie. 1980 wurde er dann COO (Chief Operating Officer) von SAS und ein Jahr später CEO (Chief Executive Officer).

Als Boß von SAS erkannte Carlzon sehr schnell, daß die Firma eine »neue Richtung« brauchte. Um dies in die Wege zu leiten, trug er einer Gruppe von erfahrenen Führungskräften auf, sich mit den üblichen Managementaufgaben des Unternehmens zu befassen. Dann konzentrierten er und eine handverlesene Gruppe von Menschen sich auf eine neue Aufgabe: Es ging darum, eine neue Vision

zu entwickeln und die SAS-Mitarbeiter, den Verwaltungsrat und einflußreiche Personen im Flugsektor dafür zu begeistern.
Die Zukunftsvision, die dabei herauskam, war folgende: SAS wird sich darum bemühen, das Image der besten Fluggesellschaft der Welt für alle Geschäftsreisenden zu bekommen. Dies ist ein erstrebenswertes Ziel, denn folgende positive Entwicklung kann dadurch erreicht werden:

a) ausreichend hohe Gewinnspannen (Geschäftsreisende gehören nicht zu den Personen, die nach Discountpreisen Ausschau halten),
b) ein einigermaßen stabiles Geschäft (Unternehmer und leitende Angestellte fliegen in guten und in schlechten Zeiten, und es ist sehr wichtig, teure Flugzeuge immer voll besetzt fliegen zu lassen) und
c) ausreichend Wachstumspotential (es gibt auf der Welt eine Menge Geschäftsreisende, und SAS hat nur einen kleinen Marktanteil), um alle Beteiligten zufriedenzustellen.

Um dieses Ziel zu erreichen, wird SAS eine Strategie verfolgen, die Geld und Zeit auf Dinge lenkt, die Geschäftsreisenden wirklich am Herzen liegen: Pünktlichkeit etwa und häufige Flüge zwischen den Geschäftsmetropolen; zugleich werden andere Bereiche zurückgeschraubt.
Ein zentraler Aspekt dieser Vision war, dabei zugleich nicht den kostenbewußten oder reichen Urlaubsreisenden zurückzuweisen. Im Gegenteil: SAS wäre glücklich, beiden zu dienen. Aber die Fluggesellschaft wollte kein Geld und keine Zeit dafür aufwenden, die spezifischen Bedürfnisse jener sekundären Märkte zu befriedigen. Dutzende anderer Fluggesellschaften könnten das tun. Wenn beispielsweise Airbus, McDonnell Douglas oder Boeing ein neues Flugzeug anboten, ein wahres technologisches Wunder, von Ferienreisenden geliebt, aber den Bedürfnissen der Geschäftsreisenden nicht notwendigerweise dienlich, dann würden sie dieses Flugzeug eben nicht kaufen. So einfach war das.
Im Hinblick auf die Vorteile für den Geschäftsreisenden, der häufig Flugreisen machte, war der zentrale Gedanke dieser Vision alles

andere als originell. In dem gesamten Industriezweig war bekannt, daß Geschäftsreisende bereit waren, höhere Flugpreise zu zahlen, und daß sie beständig immer wieder per Flugzeug reisten. Man wußte auch, daß in den verschiedenen Marktsegmenten verschiedenartige Bedürfnisse vorherrschten, und so konnte man Ressourcen freisetzen, um Bereich A auszubauen und nichts für Bereich B dabei herausholen, möglicherweise mit der Ausnahme von höheren Preisen, um für die erhöhten Kosten aufzukommen. Aber in einem Industriezweig, der mehr für bürokratisches als für visionäres Denken bekannt war, hatte niemals jemand gewagt, diese einfachen Gedankensplitter zu einem Mosaik zusammenzusetzen und sich der Aufgabe zu widmen, die Richtung, die sich dadurch abzeichnete, zu verfolgen. Das tat SAS – und es klappte.
Bis zum Jahre 1982 war diese Fluggesellschaft wieder im Bereich von Gewinn und Wachstum, obwohl in jenem Jahr die Fluggesellschaften weltweit einen Verlust von zwei Milliarden Dollar machten. Bis zum Jahre 1982 hatten der Nettoumsatz, die allgemeine Zufriedenheit der Kunden und die Moral der Beschäftigten sich so weit gebessert, daß die Zeitschrift *Air Transport World* SAS als die »Fluglinie des Jahres« auszeichnete. Eine andere Zeitschrift nannte sie die beste Fluglinie der Welt für Geschäftsreisende. Die Gewinne wuchsen weiterhin mit geradezu phänomenaler Schnelligkeit und erreichten 1988 eine Höhe von 600 Millionen Dollar, das war mehr als 25mal soviel wie im besten Pre-Carlzon-Jahr (1978). Die handfeste Vision war zu einer Realität geworden: Sie brachte Berühmtheit und materielles Wohlergehen.
Adamson und sein Team strebten danach, bei den ATMs der Welt Nummer eins zu werden. Gerstner und andere wollten ihren TRS-Kunden einen Service anbieten, der besser war als irgendein anderer Kundenservice der Welt. Carlzon verfolgte die Absicht, seine SAS bei Leuten, die häufig Geschäftsreisen tätigen, zur besten Fluglinie der Welt zu machen. Lee Iacocca sprach, als er die darniederliegende Chrysler Corporation übernahm, nur davon, »daß er einfach der Beste sein wollte«.
Die Vorstellung, in irgendeiner Sache alle anderen zu überflügeln und der Beste sein zu wollen, ist bei erfolgreichen Geschäftsvisionen ein sehr viel wichtigerer Aspekt, als die meisten Menschen

ahnen. Man findet dies Bestreben im kleinen und im großen, im hochtechnisierten und im weniger technisierten Bereich, in den Vereinigten Staaten und in Europa. Beim Erfolg geht es niemals ausschließlich darum, der »Beste« zu sein, nur um damit angeben zu können. Erfolg ist nur möglich mit Hilfe einer vernünftigen Strategie oder durch das Zusammenspiel verschiedener Strategien. Aber das Thema »der Beste sein« zieht sich wie ein roter Faden durch alle erfolgreichen Visionen.

Sir John Harvey-Jones wird in weiten Kreisen für seine Führungsqualitäten gelobt, insbesondere von denen, die ihm dabei geholfen haben, Großbritanniens schläfrigen Riesen ICI in einen ertragsstarken Konkurrenten im Bereich der chemischen Industrie zu verwandeln.[7] Er glaubt – und viele werden ihm darin zustimmen –, daß es verschiedene Gründe gibt, warum dieses »Beste«-Thema uns so häufig begegnet. So sagt Harvey-Jones: »Die Führungspersönlichkeit in einem Unternehmen muß danach streben, der Beste zu sein, denn nur die Besten sind die Herren ihres eigenen Schicksals und bekommen die Belohnungen, die sie sich für sich selbst und für ihre Leute wünschen. Wie in einer sich selbst steigernden Spiralfunktion möchten sich gern die besten Leute den besten Firmen anschließen. Die besten Firmen sind leichter dazu in der Lage, gewinnträchtige Kooperationen einzugehen, neue Technologien zu erwerben, in anderen Ländern als in ihrem eigenen wohlwollend akzeptiert zu werden, bestimmte finanzielle Vorteile durch Banken und Aktionäre zu erhalten oder einer wütenden Kritik zu entrinnen, die, wenn sie in der Öffentlichkeit geäußert wird, einer Firma so außerordentlich schaden kann.«[8] Mit anderen Worten: Wenn wir in irgendeinem Bereich der Beste sind, dann können wir eine Vielzahl wichtiger Belohnungen kassieren, die einen solchen Zustand als sehr wünschenswert erscheinen lassen und die insgesamt einen dauerhaften Wettbewerbsvorteil ermöglichen. Diese Einsicht erscheint vielleicht banal. Allerdings scheint es in der Welt von heute sehr viele Unternehmen zu geben, die offenbar ganz zufrieden damit sind, daß sie in irgendeiner Branche als Zweit- oder Fünft- oder Zehntbester durchs Ziel gehen.

Die Richtungen, die bei NCR, TRS und SAS verfolgt worden sind, haben noch ein weiteres gemeinsames Element, das wir hier

**Schaubild 3.3**
Eine Richtung angeben

| | |
|---|---|
| *Richtung* | Eine Beschreibung von etwas, was sich in der Zukunft, häufig in der fernen Zukunft, ereignen soll (eine Vision), und eine Strategie, um dorthin zu gelangen. Eine gute Vision muß zwei Tests bestehen: Sie ist wünschenswert und realisierbar. Die Tatsache, daß sie wünschenswert ist, bedeutet: Die Bedürfnisse der Beteiligten, die das Geschäft oder das Unternehmen unterstützen (beispielsweise Kunden, Aktieninhaber, Angestellte), werden erfüllt. Realisierbarkeit bedeutet, daß es eine vernünftige Strategie gibt, um dorthin zu kommen, eine, die den Wettbewerb und die Stärken und Schwächen der Firma, die technologischen Trends etc. in Betracht zieht. Die Richtung, die eine Firma einschlägt, kann sehr ungewöhnlich sein – ist es aber sehr oft auch überhaupt nicht. |
| *Eine Richtung schaffen* | Sammeln eines breiten Spektrums von Informationen über eine Aktivität oder ein Geschäft, ganz besonders mit Hilfe der Kunden. Konventionelle Denkschemata herausfordern und nach Mustern Ausschau halten, die sehr grundlegende Fragen zu jener Aktivität oder zu jenem Geschäft beantworten (beispielsweise: Was ist notwendig, um mit jenem Geschäft Erfolg zu haben? Wie sehen Kunden unsere Produkte/Dienstleistungen?). Entwickeln und dann Testen von alternativen Denkrichtungen, vielleicht sogar das Herumexperimentieren mit verschiedenen Möglichkeiten. Schließlich die Wahl einer guten Richtung (also einer, die sowohl wünschenswert als auch vernünftig ist). All dies mit einer Dynamik durchzuführen, die nie wirklich abbricht (obwohl der Prozeß Perioden von großer Aktivität und Perioden relativer Inaktivität durchmachen kann). |
| *Veränderungsmöglichkeiten* | Eine klare Richtung hilft dabei, eine nützliche Veränderung herbeizuführen, vor allem eine signifikante oder nicht allein auf Zuwachs hin angelegte Veränderung, indem sie zeigt, wohin sich eine Gruppe bewegen sollte und wie sie dorthin kommt, und indem sie eine Botschaft vermittelt, die potentiell motivierend und beflügelnd ist. |

erwähnen wollen. In allen drei Fällen gehörte zur Strategie, die darauf abzielte, der Beste zu werden, noch ein sehr starkes Bestreben, eine weniger bürokratische und mehr unternehmerisch geprägte Unternehmenskultur zu schaffen. Die genauen Formulierungen, derer man sich bediente, sind unterschiedlich, aber die Ideen sind sehr ähnlich. Die hier erkennbare Logik ist außerordentlich stichhaltig; auf einem immer stärker wettbewerbsorientierten Weltmarkt ist es schwer vorstellbar, daß langsame und schwerfällige bürokratische Organisationen in überhaupt irgendeinem Bereich die Besten werden könnten. Dies ist gar keine Frage. Aber die Welt von heute ist voll mit extrem bürokratisierten Unternehmen, von denen einige nicht einmal eine deutlich erkennbare Richtung vorgeben (vgl. die Zusammenfassung der Richtungsvorgabe in Schaubild 3.3), und diese Unternehmen tun bemerkenswert wenig, um jenen Zustand zu ändern. Das Dilemma: In vielen Firmen wird allzuviel verwaltet und viel zuwenig geführt.

# 4 Mitarbeiter ausrichten

Ein Hauptmerkmal in modernen Firmen ist die gegenseitige Abhängigkeit: Kein Mitarbeiter ist vollkommen autonom, und die meisten Angestellten stehen durch ihre Arbeit, durch die Technologie, die Managementsysteme und durch die Hierarchie untereinander in Verbindung. Bei anstehenden Veränderungen bedeutet diese Vernetzung eine ganz besondere Herausforderung auch an Führungsqualitäten; wenn nicht sehr viele Menschen hinter einer bestimmten Idee stehen und gemeinsam in dieselbe Richtung gehen, dann kann es leicht geschehen, daß sich alle Beteiligten in die Haare geraten.

Für eine Zuhörerschaft, die allzuviel über das Phänomen Management und allzuwenig über wirkliche Führung weiß, erscheint die Vorstellung, Menschen so zu beeinflussen, daß sie sich in dieselbe Richtung bewegen, ein organisatorisches Problem zu sein. Das ist es aber nicht. Organisation ist ein Verwaltungsprozeß mit einer vollkommen anderen Funktion und einem anderen Charakter. Die Aktivität, die in diesem Zusammenhang von Bedeutung ist, nennen wir »Ausrichtung«.

Manager »organisieren«, um menschliche Systeme zu schaffen, mit deren Hilfe Pläne präzise und effizient verwirklicht werden können. Dies erfordert normalerweise eine Reihe von potentiell komplexen Entscheidungen. Eine Struktur von Arbeitsplätzen und Arbeitsbeziehungen muß aus einer unendlichen Anzahl von Möglichkeiten ausgewählt werden. Jene Struktur muß mit einzelnen Menschen gefüllt werden – wobei die Menschen und ihre Arbeitsplätze zueinander passen müssen. Wenn Menschen nicht die Fähigkeiten und das Wissen haben, das sie für ihren jeweiligen Arbeitsplatz brauchen (durchaus nichts Ungewöhnliches!), dann müssen Entscheidungen getroffen werden, welche Art von Training oder Weiterbildung angeboten werden sollte. Die Pläne müssen den Angestellten mitgeteilt werden; sodann müssen noch weitere Entscheidungen zur Frage getroffen werden, wieviel und an wen man etwas delegieren sollte. Häufig müssen ökonomische Anreize geschaffen werden, um die Realisierung des Plans zu beflügeln, und auch hier gibt es viele unterschiedliche Möglichkeiten. Dasselbe gilt für Systeme zur Überwachung von Planerfüllung.

Diese organisatorischen Urteile sind in vielerlei Hinsicht den Entscheidungen eines Architekten sehr ähnlich. Im Zentrum steht die Frage, ob etwas in einen bestimmten Kontext hineinpaßt. Paßt die Struktur zu den Aufgaben, die in dem Gesamtplan enthalten sind? Paßt eine bestimmte Person auf einen bestimmten Arbeitsplatz? Paßt dieses Vergütungspaket zu den Zielen dieses Plans und zu der Art von Menschen, die damit zu tun haben? In den letzten zwanzig Jahren haben wir uns sehr viel Mühe gegeben, eine Art Wissenschaft zu entwickeln, um diese Fragen zu beantworten.[1] Aber genau wie zur Architektur Wissenschaft, aber auch künstlerisches Verständnis gehört, muß das Organisieren auf eine Reihe überaus diffiziler Analysen aufbauen.

Die Ausrichtung von Menschen auf einen bestimmten Plan hin geschieht auf drei fundamental verschiedenen Wegen. Alle drei Wege müssen kombiniert werden; die Schwierigkeit dabei liegt mehr im Bereich der Kommunikation als im Bereich des eigentlichen Entwurfs.

Obwohl Organisieren bedeuten kann, die Dinge mit vielen einzelnen Menschen zu diskutieren, so sind doch fast immer weniger Personen beteiligt als im Falle einer Führungsinitiative. Manchmal sind es sehr viel weniger. Im Fall von Jim Adamson waren es 1982 maximal 1000 Personen, nämlich alle Arbeitsplätze bei NCR Dundee, die es zu organisieren galt. Aber zu derselben Zeit war die Zahl der Menschen, die auf seinen allmählich entstehenden Plan hin ausgerichtet werden sollten (einschließlich seiner eigenen Angestellten, bestimmter Personen in Ohio, wesentlicher Kunden und der Hauptzulieferer), zumindest doppelt so hoch, vielleicht sogar noch höher.

Adamsons Situation war nicht ungewöhnlich. Wenn man versucht, mit Menschen zu kommunizieren, um sie auf einen bestimmten Plan hin auszurichten, können zur Zielgruppe nicht nur Personen gehören, die einen bestimmten Managementjob innehaben, sondern auch Chefs, Mitarbeiter auf der gleichen Hierarchiestufe, Angestellte in anderen Bereichen der Firma, Zulieferer, Verwaltungsbeamte und sogar Kunden.[2] In der Tat: Jeder, den man braucht, um die Vision und die Strategien zu verwirklichen, oder auch jeder, der in der Lage ist, die Realisierung zu blockieren, kann wichtig sein.

Beim Bemühen um Organisation kann die Kommunikation mit der Zielgruppe gewiß kompliziert sein. In einem komplexen Unternehmen ist es nicht einfach, Menschen dazu zu bringen, den neuesten Plan und die Rolle, die sie darin spielen sollen, zu verstehen. Aber wenn man versucht, Menschen von der Vision einer anders gearteten Zukunft zu überzeugen, dann ist dies eine Kommunikationsherausforderung von ganz anderen Dimensionen.

Dies hat sehr viel mit dem Unterschied von Routine und Nicht-Routine zu tun; damit, etwas zu machen, was immer schon so gemacht worden ist – im Gegensatz zum Beschreiten neuer Wege. Routine verlangt gewöhnlich geringere Kommunikationsanstrengungen als etwas Neuartiges, wird normalerweise leichter verstanden und wird bereitwilliger als glaubwürdig akzeptiert. Das Ganze ist vergleichbar mit der Aufgabe eines Quarterback beim Football, der seinem Team die Taktik der nächsten zwei oder drei Spielzüge ankündigt, im Gegensatz zu dem Nicht-Routine-Fall, wo es dem Team eine ganz neue Strategie nahezubringen gilt, die beispielsweise in der zweiten Hälfte der Spielzeit realisiert werden soll. Drei Spielzüge vorzugeben kann mit Hilfe von etwa einem Dutzend verschiedener Worte bewerkstelligt werden – die Chancen für eine effektive Kommunikation sind dabei außerordentlich hoch. Die Wahrscheinlichkeit, daß die Botschaft als legitim und glaubwürdig angesehen wird, ist ebenfalls sehr hoch. Fast das Gegenteil trifft für den zweiten Fall zu: Wenn es darum geht, eine neue Strategie in einem Wettkampf zu erklären. Man muß sehr viel mehr reden; man kann sich sogar vorstellen, daß der Vortragende für seine Rolle viele Stunden braucht. Die Wörter werden wahrscheinlich nicht von jedermann verstanden. Aber selbst wenn sie verstanden werden, könnten sie von denen abgelehnt werden, die sich etwa fragen, ob das Team wirklich eine neue Strategie braucht oder ob der Quarterback wirklich ein glaubwürdiger Footballstratege ist.

Einer großen, in sich wenig homogenen, skeptischen Zuhörerschaft eine komplexe Botschaft zu vermitteln kann unglaublich schwierig sein, vor allem in großen oder geographisch weit auseinanderliegenden Unternehmen. Kein Geringerer als Starmanager Jack Welch, Chairman von General Electric, hat festgestellt: »Fraglos war und ist das Vermitteln der Zukunftsvision und der Atmosphäre, die zu der Vision gehört, die schwierigste Aufgabe, mit der wir konfrontiert sind.«[3]

Das Entscheidende ist nicht, daß Ausrichten schwieriger ist als Organisieren, obwohl bei beidem die Kommunikation einen wichtigen Aspekt bildet. Das Entscheidende ist, daß beide etwas durchaus Verschiedenes sind (siehe Schaubild 4.1) und daß immer dann, wenn die Unterschiede nicht erkannt werden, vermeidbare Probleme entstehen.

Betrachten Sie einen Augenblick, was wahrscheinlich geschehen würde, wenn jemand das Ausrichten von Mitarbeitern mit der Mentalität eines Organisators anginge. Ein solcher Organisator würde sich wahrscheinlich fast vollständig auf seine eigenen Angestellten konzentrieren, vielleicht nur auf die, die ihm direkt unterstellt sind. Er würde wahrscheinlich nur außerordentlich knappe Informationen geben. Er würde wahrscheinlich einige Dinge tun, um die Glaubwürdigkeit der Botschaft oder des Boten zu untermauern; der allgemeine Tenor wäre etwa: »Ich bin der Boß, und hier sind die Marschbefehle.« Natürlich würde ihm die Ausrichtung seiner Mitarbeiter nicht in ausreichendem Maße gelingen. Man kann nur spekulieren, wie häufig eine solche Situation tatsächlich eingetreten ist; sie kommt gewiß nicht selten vor.[4]

Zu einem der wesentlichen Merkmale einer erfolgreichen Ausrichtung von Mitarbeitern gehört eine offene Kommunikation. Bei Lichte besehen ist die hierfür benötigte Informationsmenge gering, jedenfalls nicht größer als das Quantum, das ein um Kontrolle bemühter Manager an Information weitergibt. Führungskräften, denen man beigebracht hat, Marschbefehle in Form von kurzen

**Schaubild 4.1**
Entwicklung eines Netzwerkes: Management vs. Leadership

| | *Management: Organisieren und Mitarbeiter richtig einsetzen* | *Führung: Mitarbeiter ausrichten* |
|---|---|---|
| *Primäre Funktion* | Schaffung einer Organisation, die Pläne umsetzt und auf diese Weise dabei helfen kann, vorhersehbare Resultate hinsichtlich wichtiger Größen (beispielsweise Kosten, Lieferpläne, Produktqualität) zu erzielen. | Menschen auf eine Zukunftsvision strategisch auszurichten, um den Wandel zu bewirken, der nötig ist, damit man in einem sich verändernden Wettbewerb (beispielsweise neue Produkte, neue Herangehensweisen an die Beziehungen zwischen Arbeitnehmern und Arbeitgebern) konkurrenzfähig bleibt. |
| *Kurzbeschreibung der Aktivität* | Ein Organisationsprozeß; welche Struktur am besten zu einem bestimmten Plan paßt, welche Person am besten zu jedem einzelnen Arbeitsplatz in der Struktur paßt, welcher Teil des Plans auf jede einzelne Person zugeschnitten ist und ihm oder ihr übertragen werden sollte, welches Vergütungssystem dem Plan und den Menschen, die damit zu tun haben, am besten entspricht. | Eine wichtige Kommunikationsherausforderung: Menschen dahin zu bringen, die Vision und die Strategien zu verstehen, indem man allen Mitarbeitern, deren Kooperation oder Einverständnis gebraucht werden, so klar und glaubwürdig wie möglich nahelegt, jene Vision auch zu verwirklichen. |

Kommandos zu erteilen, kann jedoch die Vielzahl der Gespräche, die für eine erfolgreiche Ausrichtung notwendig ist, gewiß überwältigend erscheinen.

Ein typisches Beispiel ist die Entwicklung des Herstellungs- und Maschinenbaubereichs der Kopiergerätefirma Kodak von den roten hin zu schwarzen Zahlen Mitte der 80er Jahre.[5] Vor dem Turnaround wußten die meisten Menschen, daß es Probleme gab; 1984 mußte die Firma 40 Millionen Dollar an Lagerbestand abschreiben. Und es gab keinerlei Vision für eine Lösung jener Probleme.

Kodak hatte in den frühen 70er Jahren einen Vorstoß in das Kopiergeschäft gestartet und stellte 1975 sein erstes Produkt vor. Die Firma konzentrierte sich auf den Gipfel der Pyramide in diesem Geschäftsbereich, mit technisch sehr hoch entwickelten Maschinen, die durchschnittlich für 60 000 Dollar pro Stück verkauft wurden. Während der nächsten zehn Jahre wuchsen die Umsätze in diesem Geschäftsbereich auf fast eine Milliarde Dollar. Aber die Kosten waren hoch, es war schwierig, gute Deckungsbeiträge aufzutun, und fast überall gab es Probleme. All dies begann sich gegen Ende 1984 zu verändern, als Kodaks Chairman Colby Chandler die Firma neu organisierte und dabei riesige funktionale Hierarchien auflöste. Zwei seit langer Zeit bei Kodak in Diensten stehende Angestellte mit Ingenieurexamen von Clarkson bekamen Schlüsselposten in der neuen Kopiererproduktegruppe; Chuck Trowbridge wurde zum Generalmanager ernannt, und Bob Crandall wurde gebeten, den Bereich Design und Herstellung zu leiten.

In diesen ersten beiden Monaten traf sich Trowbridge mit fast allen entscheidenden Personen in der Gruppe und ebenso mit Personen, die in anderen Abteilungen bei Kodak arbeiteten und die für das Kopierergeschäft wichtig sein könnten. Er setzte sich dann mit Crandall und mit seinen anderen direkten Untergebenen zusammen, um eine neue Richtungsvorgabe für die neue Abteilung zu formulieren und zu artikulieren. Crandall wiederum setzte sich mit seinen eigenen Managern zusammen, um eine Vision und eine Reihe von Strategien für die Ingenieur- und Herstellungsorganisation zu formulieren. Dann begannen sie, Mechanismen für das Kommunizieren jener Richtungsvorgabe zu schaffen, um ihre Angestellten zur Verwirklichung ihrer Vorstellungen zu motivieren.

Ihre Vision für den Herstellungs- und Ingenieurbereich war im Grunde sehr einfach. Wenn wir weiter in dem Kopierergeschäft bleiben wollen, so sagten sie, dann müssen wir danach streben, ein Herstellungsbetrieb der Weltklasse zu werden, ein Unternehmen, das ein Niveau an Qualität, Kosten und Genauigkeit der Auslieferung garantiert, das sehr viel höher ist als unser augenblickliches. Später, nachdem jene Zukunftsvision immer wieder diskutiert worden war, fügten sie hinzu: Um uns auf die Weltklasse hinzubewegen, müssen wir eine Strategie entwickeln, die uns hilft, weniger bürokratisch und stärker dezentralisiert zu arbeiten, so daß unsere Mitarbeiter genug persönliche Verantwortung und zugleich auch die Fähigkeit bekommen, die Qualität zu verbessern, die Kosten zu senken und die termingerechte Auslieferung sicherzustellen.

Zwar war diese Botschaft leicht zu verstehen, aber sie war zugleich schwer zu übermitteln, denn sie bedeutete eine radikale Abkehr von früheren Einstellungen, nicht nur in der Kopierprodukteabteilung, sondern in den meisten Bereichen von Kodak. Crandall nutzte vielerlei Wege und Möglichkeiten, um die neue Richtung immer wieder zu erläutern. Er begann, sich mit allen hundert Supervisoren alle drei Monate zu treffen, um darüber zu sprechen, welche Verbesserungen erreicht worden waren und welche Projekte in die Wege geleitet werden sollten, um noch bessere Resultate zu erzielen. Er setzte vierteljährliche Meetings zum Thema »Der augenblickliche Zustand der Abteilungen« an, zu denen sich seine Manager mit allen Angestellten in den jeweiligen Abteilungen, etwa der Auslieferung, trafen, um über alles Wichtige zu sprechen. Er organisierte wöchentliche Treffen mit seinen eigenen direkten zwölf Untergebenen. Er beraumte »Kopierprodukte-Diskussionsrunden« an, in denen jeweils ein Repräsentant jeder Abteilung mit ihm zu einer Gesprächsrunde zusammentraf.

Ebenso trafen sich Crandall und seine direkten Untergebenen einmal im Monat mit achtzig bis hundert Leuten aus irgendeinem Bereich seiner Firma bei Kaffee und Kuchen und sprachen über alles, was den Leuten am Herzen lag. In jüngster Zeit hat er etwas ins Leben gerufen, was er »Business Meetings« nennt: Seine Manager treffen sich mit zwölf bis zwanzig Leuten, um über irgendein bestimmtes Thema zu sprechen, etwa die Lagerbestände oder den Gesamtplan für das ganze Unternehmen. Alle 1500 Angestellten sollten jedes Jahr an zumindest einem dieser gezielten »Geschäftstreffen« teilnehmen.

Zu diesem Zweck wurden auch die Mittel der schriftlichen Kommunikation genutzt. Die Angestellten bekamen einmal im Monat ein vier- bis achtseitiges *Copy Products Journal* zugesandt. Sie wurden aufgefordert, einen bestimmten, für diese Firma entwickelten Kommunikationsweg zu nutzen, der sich »Dialog Letters« nannte; mit Hilfe der »Dialog Letters« wurde es Kodak-Angestellten ermöglicht, Crandall und anderen Managern jede erdenkliche Frage zu stellen, und zwar anonym; eine Antwort auf ihre Fragen wurde ihnen zugesichert. Die sichtbarste und zugleich wirkungsvollste Form der geschriebenen Kommunikation jedoch waren die Wandkarten. Im Flur vor der Cafeteria demonstrierten große Charts sehr eindrucksvoll die Qualität, die Kosten und die Auslieferungsresultate für jedes Produkt, und zwar vor dem Hintergrund der immer weiter hochgeschraubten Zielvorstellungen. Einhundert kleinere Versionen dieser Charts wurden überall im Herstellungsbereich verteilt und angebracht; sie gaben Auskunft über die Qualität der Produkte und die Kosten für bestimmte Arbeitsbereiche.

Abgesehen von seinen Vorgesetzten war der wichtigste Bereich außerhalb von Crandalls Unternehmen, der auf die neue Richtung hin ausgerichtet werden mußte, die Kodak-Geräteabteilung. Sie war bei weitem der größte Zulieferer, der ungefähr ein Drittel der Teile herstellte, die sie brauchten. Um die Manager der »Kodak Apparatus Division« dauerhaft für ihre Sache zu gewinnen, trafen sich Crandall und seine Manager jeden Donnerstag mit ihnen zum Mittagessen.

Aber es gab noch einen anderen, vielleicht sehr viel wichtigeren Aspekt: Crandall und seine Manager sprachen mit Trowbridges Unterstützung und Hilfe fortwährend darüber, in welche Richtung sie sich bewegten, welche Fortschritte sie gemacht hatten und was sie als nächstes versuchen wollten. Sie diskutierten mit ihren Mitarbeitern und mit Kunden. Sie sprachen über ihre Anliegen in Meetings oder irgendwo auf dem Flur. Sie wollten keine Gelegenheit verpassen, um ihre Botschaft zu übermitteln.

Im Laufe von sechs Monaten erreichte man einige verbesserte Ergebnisse; weitere Verbesserungen wurden nach einem Jahr erzielt. Diese Erfolge gaben der Botschaft eine größere Glaubwürdigkeit und halfen, immer weitere Mitarbeiter für die Vision zu motivieren. Crandall und andere trafen zudem eine Reihe von Maßnahmen, durch welche die Mitarbeiter, die energisch die neue Richtung verfolgten, ermutigt, anerkannt und belohnt wurden. Durch die Kombination all dieser Maßnahmen wurde die Ertragsstärke des Unternehmens immer weiter gesteigert.

Zwischen 1984 und 1988 verbesserte sich die Qualität eines der Hauptprodukte fast einhundertfach; Fehler pro Unit gingen, nachdem sie zu beträchtlichen Kosten korrigiert worden waren, von 30 auf 0,3 zurück. Im Laufe von drei Jahren sanken die Kosten für ein anderes Produkt um fast 24 Prozent. Die termingerechten Lieferungen stiegen von 82 Prozent im Jahre 1985 auf 95 Prozent im Jahre 1987. Der Umfang an Lagerbeständen sank zwischen 1984 und 1988 um über 50 Prozent, obwohl die Produktmenge zunahm. Und die Produktivität, die gemessen wurde in Units pro Arbeiter im Fertigungsbereich, stieg zwischen 1985 und 1988 um mehr als das Doppelte.

Die Intensität der Kommunikation, die Wiederholung einer einzigen Botschaft und die Konzentration auf jedes relevante Individuum und jede Gruppe – all dies war nur ein Aspekt des gesamten Führungsprozesses, der derart positive Resultate hervorbrachte. Dieser Aspekt war sehr wichtig und wird leider nur allzu häufig übersehen.

Crandalls riesige Charts, die in einer sehr frequentierten Halle hingen, sind ein anschauliches Beispiel für ein bestimmtes Kommunikationsverhalten, das in den Beispielen über erfolgreiche Führung immer wieder auftaucht. Das Konzept besteht darin, sehr einfache Bilder oder Worte zu benutzen, durch die die Botschaft auf sehr kraftvolle Weise übermittelt wird, ohne daß zugleich andere, allzu stark beanspruchte Kommunikationskanäle überlastet werden. Auch die ohnehin knapp bemessene Zeit für Verwaltungsaufgaben wird dadurch nicht beansprucht.

Adamson bei NCR ließ auch Charts auf der Produktionsetage aufhängen. Sein »branch of the future«, der direkt in die Fabrik integriert worden war, übermittelte einige Botschaften, die für die sich entwickelnde Dundee-Zukunftsperspektive und die Dundee-Strategie von zentraler Bedeutung waren. An die Wände der Fabrik ließ Adamson Plakate hängen, auf denen, gewöhnlich in Bildern, andere Richtungsvorgaben dargestellt wurden. Er hatte auch eine Schwäche für ganz einfache Slogans, durch die eine mehr komplexe Idee sich leichter im Gedächtnis behalten ließ: Kosten so niedrig wie möglich, Innovation im D-Zug-Tempo, ein überzeugendes Firmenbesuchsprogramm.

Bei American Express bestand Lou Gerstner darauf, daß Wege gefunden werden müßten, um komplizierte Strategien auf eine kleine Zahl von Kernprinzipien zu reduzieren. Und wie Adamson hielt er Ausschau nach einfachen, aber einprägsamen Wegen, um jene Prinzipien zu popularisieren.

Jan Carlzon bei SAS war in der Lage, dasselbe zu tun, und zwar mit dem Slogan: »Wenn Sie häufig auf Geschäftsreisen sind, dann ist dies für Sie die beste Fluglinie.« Dieser Satz ist nicht nur leicht im Gedächtnis zu behalten, er ist auch ein gutes Mittel, auf ausführlichere Erklärungen zu der neuen SAS-Strategie neugierig zu machen. Dasselbe bewirkte ein anderer einfacher Satz, den er häufig äußerte: »Früher flogen wir Flugzeuge; heute fliegen wir Menschen.«

Ein anderer Weg, wie Carlzon und seine Gruppe anderen jene Strategie vermittelten, war in einem Büchlein beschrieben, das den Titel trug: »Let's Get in There and Fight« (»Laßt uns dort reingehen und kämpfen«) und das an alle 20 000 SAS-Angestellte verteilt wurde. Anders als Handbücher, die aus einem reinen Verwaltungsdenken heraus entstehen, bestand dieses Heft nicht aus vielen Seiten von kleingedruckten Wörtern. Vielmehr beinhaltete jede Seite nur wenige Sätze, alle in großen, gut lesbaren Buchstaben. Hier und da wurde die Botschaft in Form von cartoonähnlichen Zeichnungen übermittelt, die ein lächelndes Flugzeug zeigten und ein stirnrunzelndes und eines, das seine Augen mit den Flügeln bedeckte. Als Carlzon und seine Gruppe zum erstenmal ihre Absicht kundtaten, solch ein Heftchen zu versenden, verursachten sie einen Protestschwall von seiten der Manager: Dies sei nun doch gewiß zu simpel für die gebildeten und kultivierten Angestellten. Trotzdem wurde das Heftchen verschickt. Und der Erfolg gab Carlzon recht.

Mary Kay Ash, über die wir im nächsten Kapitel ausführlicher berichten werden, meistert die Kunst der Kommunikation mit Hilfe von Symbolen. Als Gründerin des erfolgreichsten Kosmetikunternehmens der Welt gelingt es ihr schon seit vielen Jahren, ihrem Unternehmen einen deutlichen Sinn für Richtung zu geben. Bestimmte Aspekte der Vision und der Strategien werden den Mitarbeitern auf vielerlei Wegen mitgeteilt, aber für sie gehören zu den eindrucksvollsten Kommunikationsmitteln einfache Symbole.

Besucher des Hauptverwaltungsbüros von Mary-Kay-Kosmetikartikeln in Dallas können an den Wänden überlebensgroße Fotografien der US-Verkaufschefinnen der Firma betrachten. Dort, wo sie hängen, sagen jene Bilder mehr aus über die Wettbewerbsstrategie der Firma, als andere Unternehmen in dreißigseitigen, gewöhnlich ungelesenen Berichten aussagen können. Die Firma nennt ihre freiberuflichen Vertreterinnen »Schönheitsberaterinnen« *(beauty consultants):* zwei Wörter, die sehr viel über Mary Kays gesamte Einstellung zum Verkauf aussagen. Eine Belohnung der Firma für erfolgreiche Schönheitsberaterinnen ist eine 14karätige Goldbrosche in Form einer Hummel. Die Hummel, so sagt man allen neuen Mitarbeitern, hat einen Körper, der aerodynamisch zu groß ist für ihre Flügel – und deshalb sollte man erwarten, daß sie eigentlich nicht fliegen kann. Aber sie kann es. Das Unmögliche möglich zu machen, darum geht es auch bei Mary Kay.

Als John Harvey-Jones Chairman von ICI wurde, entschied er sich, den Treffpunkt für Topmanager zu einem sichtbaren Symbol des neuen Stils zu machen, der, so meinte er, eigentlich überall in der Firma eingeführt werden müßte. Vor der Zeit von Harvey-Jones hatten sich die leitenden Angestellten von ICI regelmäßig in ihrem imposanten, förmlichen, prächtigen Verwaltungsratszimmer getroffen. Sofort verlagerte er alle Treffen dorthin, wo zuvor sein eigenes Büro gewesen war: in einen Raum, in dem sich sehr nützliche Dinge befanden, etwa bequeme Stühle oder Flip Charts, und aus dem er alle offensichtlichen Symbole von Formalität und Hierarchie entfernt hatte.

Die Topmanager bei Hewlett-Packard nutzten in sogar noch stärkerem Maße Architektur und Design eines Gebäudes für ihre Ideen, als sie in den Jahren 1981 bis 1982 das Zentralbüro ihrer Firma in Palo Alto bauten. Es war H-Ps Strategie, sich bei wesentlichen Entscheidungen nicht auf Autorität und Titel, sondern auf Expertenwissen und Information zu verlassen – daher wurden überhaupt keine konventionellen Büros mehr gebaut. Praktisch bekam jeder, sogar der CEO, ein relativ bescheidenes offenes Büro, das nur durch Stellwände von den anderen Bereichen abgegrenzt war.

Vielleicht ist das größte Kommunikationstalent ein Mann, der heute ein paar hundert Meilen südlich des Zentralbüros von Hewlett-Packard lebt. Sein Name ist Ronald Reagan, und sogar Leute, die meinen, er sei ein lausiger Präsident gewesen, räumen ein, daß er seine Vision von Amerika sehr effektiv an den Mann gebracht hat. Seine besonderen Kommunikationsfähigkeiten zeigten sich in seinen Reden; er sprach in einfachen, kurzen Sätzen, Symbolen,

Metaphern und Bildern. Mit diesen Hilfsmitteln war er in der Lage, in seinen im Fernsehen übertragenen Grußbotschaften und Reden in zehn Minuten etwas zu sagen, wozu die meisten von uns, und zwar weit weniger wirkungsvoll, eine Stunde oder länger brauchen würden. Jene Fähigkeit machte ihn, für Freunde und Gegner gleichermaßen, zum »großen Kommunikator«.

Ob sie nun in vielen Worten oder durch ein paar sorgfältig ausgewählte Symbole übermittelt werden: Botschaften werden nicht notwendigerweise, nur weil sie verstanden worden sind, auch schon akzeptiert. Eine wesentliche Herausforderung für Führungsqualitäten ist Glaubwürdigkeit – die Leute dahin zu bringen, die Botschaft zu glauben.

Es gibt vieles, was zur Glaubwürdigkeit beiträgt. Der Karriereverlauf der Person, die die Botschaft übermittelt, ist außerordentlich wichtig – sowohl in Hinblick auf ihre Überzeugungskraft als auch in Hinblick auf ihre Bedeutung für die betreffende Situation. Natürlich ist auch der Inhalt der Botschaft selbst, die Frage, wie sinnvoll sie zu sein scheint, von entscheidender Bedeutung. Häufig weisen Führungspersönlichkeiten auf Bedrohungen oder potentielle Gefahren hin, um die Risiken und Opfer, die ihre Vision verlangt, als vernünftig erscheinen zu lassen. Der Ruf und die Beziehungen der aussendenden Gruppe sind wichtig in Hinblick auf Integrität und Vertrauenswürdigkeit. Ebenso verhält es sich mit der Übereinstimmung von Worten und Taten des Kommunikators.

Es gibt weniges, was die Glaubwürdigkeit eines Kommunikators schneller untergraben kann als mangelnde Konsequenz. Die meisten Menschen haben das deutliche Gefühl, daß Handlungen eine lautere Sprache sprechen als Wörter. So kann man auch bei einem effektiven Führungsprozeß ein bemerkenswertes Maß an Übereinstimmung zwischen den Aktionen der Schlüsselpersonen und der Botschaft, die sie mitteilen, beobachten. Dick Nicolosi, Generaldirektor bei Procter & Gamble, den wir in Kapitel 7 noch genauer beschreiben werden, hat dafür die Redewendung »walking the talk« geprägt.

Lou Gerstner von American Express hatte die Angewohnheit, bei Vorstandstreffen die Frage zu stellen, wie spezifische Vorschläge und Aktionen in die TRS-Zukunftsvision und TRS-Strategie hineinpassen oder nicht hineinpassen. Wenn Mitarbeiter kamen, um mit ihm in seinem Büro zu sprechen, dann wurde er, so erzählte man sich, ungeduldig, wenn sie nicht irgend etwas in das Gespräch einbrachten, das mit der Richtung, in die er die Firma lenkte, in Zusammenhang stand. Er selbst entwickelte eine Reihe von Aktivitäten, die jene Vision und die Strategien beispielhaft demonstrierten. Eine der eindrucksvollsten ist das »Great Performers Program«.

Great Performers, das 1980 ins Leben gerufen wurde, ist ein Anerkennungsprogramm für Angestellte, das wie folgt konzipiert ist: Jeder bei TRS, der irgendwo einen Fall von ungewöhnlich gutem Kundenservice beobachtet (für die Firmenvision ein wesentliches Ziel), kann die Mitarbeiter, die jene Dienstleistung erbracht haben, einem der Great-Performers-Auswahlkomitees benennen. Diese Auswahlkomitees bestanden aus insgesamt sechzig Personen und waren ab dem Jahre 1987 in regionale Gruppen aufgeteilt. Die Mitglieder verfolgten die Geschichte jedes einzelnen dieser nominierten Kandidaten und suchten dann diejenigen heraus, die bestimmten festgelegten Maßstäben für hervorragende Leistungen entsprechen. Auf die Weise wurden 1980 genau 129 nominierte Personen ausgewählt. Die vollständigen Informationen über alle diese Gewinner wurden dann einem weltweiten Governing Committee übergeben, dessen Chairman im Jahre 1987 Aldo Papone war und das aus acht führenden Mitarbeitern von TRS bestand. Dann wurden die Grand Award Winners ausgewählt; 1987 gab es davon 26. Die Gewinner bekommen eine Plakette, ein wenig Geld, eine goldene »GP«-Anstecknadel und ein Empfehlungsschreiben vom Präsidenten ihres örtlichen Auswahlkomitees; all dies wird gewöhnlich vom Senior-Management der jeweiligen Abteilung, in der der Angestellte arbeitet, übergeben. Grand-Award-Gewinner erhalten die Plakette, die Nadel, American-Express-Travellerschecks im Wert von 4000 Dollar und eine Reise nach New York, die ganz über Spesen abgerechnet werden kann.

1987 gehörten Lyndon Deane und Carrie Lee Lewis zu den Grand-Award-Gewinnern. Der 23jährige Lyndon arbeitete im Telefonservicezentrum in Toronto, und die 27jährige Carrie arbeitete im TRS-Reisebüro in Saskatchewan (Kanada). Sie gewannen, weil sie einem American-Express-Kunden halfen, dessen Sohn bei einem Unfall in Brasilien sehr schwer verletzt worden war. Als Carrie von dem Problem des Klienten hörte, sorgte sie dafür, daß Gelder für den Unglücksfall von Kanada nach Brasilien geleitet wurden. Als der Kunde sich entschloß, den Jungen zur Behandlung nach Haus transportieren zu lassen, da organisicrtc und arrangierte sie für ihn den Flug. Air Canada bestand darauf, daß ein Sanitäter den Jungen begleitete; aber am Abend vor dem Flug wurde festgestellt, daß dieser Sanitäter ein Visum benötigte. Lyndon schaffte es irgendwie, daß das Visum am Samstag ausgegeben wurde, holte es ab und fuhr den Sanitäter dann persönlich zum Flughafen.

Mildred Asencio und fünf ihrer Kolleginnen aus dem Servicecenter in Puerto Rico gehörten ebenfalls zu den Gewinnern. Sie meldeten sich freiwillig, am 31. Dezember einen American-Express-Informationstisch aufzustellen, um den Opfern des tragischen Hotelfeuers des Dupont-Plaza-Hotels zu helfen. Sherri Kline aus Phoenix gewann, weil sie die Polizei dabei unterstützte, mehrere Personen, die ältere und geistig behinderte Kunden ausbeuteten, hinter Schloß und Riegel zu bringen. Amin Hitti aus Beirut gewann auf Grund einer langen Liste von besonderen Diensten und Aktivitäten – obwohl er im Kriegskessel Beirut fortwährend mit gewalttätigen Angriffen auf seine Person rechnen mußte.

Für Carrie, Lyndon, Amin und die anderen Gewinner war die Reise nach New York ein ganz besonderes Ereignis. Sie wohnten in einem Luxushotel, schauten sich Broadway-Shows an, aßen in einigen der besten Restaurants – und bekamen ihre Preise bei einem festlichen Mittagessen überreicht, das die führenden Manager auf einer der oberen Etagen des American-Express-Turms im World Financial Center für sie bestellt hatten.

Das festliche Mittagessen für die Gewinner des 1987er Grand Award war für den 23. Februar 1988 von 12.00 bis 14.15 Uhr geplant. Es begann mit einem Cocktailempfang, gefolgt von einem eleganten Essen, und dann kam die feierliche Verteilung der Auszeichnungen. Jeder einzelne der acht leitenden TRS-Direktoren nahm an der Feier teil, in der er die »großartige Leistung« von zwei oder drei Einzelpersonen oder Gruppen beschrieb und ihnen dann ihre Auszeichnungen überreichte. Man hörte donnernden Applaus und blickte in viele tränenverschleierte Augen. Gerstner beendete die Zeremonie mit einer kurzen Rede, in der er erzählte, wie einige seiner Manager vor kurzer Zeit für ihn eine Party gegeben hatten, um sein zehntes Jahr bei TRS zu feiern, und wie ihm auf jener Party eine Anstecknadel überreicht worden war, die genauso aussah wie die, welche die Männer und Frauen in jenem Raum gerade erhalten hatten. Diese Nadel sei, so erklärte er, eine Auszeichnung, auf die er sehr stolz wäre. Zweifellos war diese Feier zunächst einmal für die 26 Gewinner selbst ein freudiges und beflügelndes Ereignis. Aber nachdem die Einzelheiten der Zeremonie überall bei TRS durch häusliche Bulletins, Ansprachen und ebenso durch den normalen Büroklatsch verbreitet worden waren, entstand eine Wettbewerbssituation, die zu einer motivierenden Kraft zur Ausrichtung von Tausenden von Angestellten wurde. Die Botschaft des Managements, es wolle im Bereich Kundenservice *jeden anderen Konkurrenten* übertreffen, war mitreißend und sehr klar.

Eindrucksvolle Botschaften werden den Angestellten in den meisten großen Firmen fast ständig übermittelt – allein durch das Verhalten der Führungskräfte. Leider ist aber die Wirkung dieser Botschaften oft ganz anders als das, was bei TRS zu beobachten ist: Sie verhelfen häufig durchaus nicht dazu, Verständnis und Unterstützung für irgendeine zukünftige Richtung zu wecken. Vielmehr ist der Eindruck, der häufig vermittelt wird: Entweder es gibt hier überhaupt keine Vision oder Strategie, oder wir engagieren uns nicht wirklich für die Vision oder die Strategien, die man uns nahelegt. Die Wirkung ist in beiden Fällen tödlich.

Unternehmen haben oftmals Schwierigkeiten, sich an Veränderungen des Marktes oder an technologische Innovationen anzupassen, weil sehr viele Menschen in jenen Unternehmen sich relativ machtlos fühlen. Sie haben aus Erfahrung gelernt, daß sie selbst dann, wenn sie wichtige äußere Veränderungen richtig wahrnehmen und entsprechende Anpassungsmaßnahmen in die Wege leiten, von jemandem, der höher in der Hierarchie steht als sie selbst, in die Schranken gewiesen werden. Kritik kann in hundert verschiedenen Formen geäußert werden; bekannte Einwände sind: Das entspricht nicht der Firmenpolitik, wir können es uns nicht leisten, das zu tun, halt den Mund und tu, was man dir sagt.

**Schaubild 4.2**
Ausrichtung von Menschen

| | |
|---|---|
| *Ausrichtung* | Ein Zustand, in dem eine wichtige Gruppe von Personen eine gemeinsame Vision und eine Reihe von Strategien hat, die Richtigkeit der Richtung akzeptiert und bereit ist, auf ihre Realisierung hinzuarbeiten. |
| *Ausrichtung bewirken* | Wichtigen Personen die Richtung so oft wie möglich mitzuteilen und zu erklären (Wiederholung ist wichtig), und zwar allen denen (Untergebenen, den Untergebenen von Untergebenen, Chefs, Lieferanten etc.), deren Hilfe oder Mitarbeit gebraucht wird; eine solche Kommunikation möglichst mit Hilfe von einfachen Bildern, Symbolen oder Metaphern zu erreichen, die auf kraftvolle Weise eine Botschaft übermitteln können, ohne allzu stark benutzte Kommunikationskanäle zu verstopfen und ohne eine Menge der knapp bemessenen Managerzeit aufzubrauchen; die Botschaft glaubwürdig zu machen, indem man Kommunikatoren mit einem vorbildlichen Karriereverlauf und gutem Ruf einsetzt, indem man die Botschaften so vernünftig wie möglich formuliert und sichergeht, daß die Worte und Taten der Kommunikatoren kongruent sind, und indem man insgesamt ein tiefes Engagement für die Vision und die Strategien demonstriert (sogenannte »Führung durch Beispiel«). |
| *Mögliches Ergebnis* | Eine ausgerichtete Gruppe von Menschen hat das Potential, in Richtung auf eine bestimmte Zukunftsvision voranzuschreiten. |

Ausrichtung hilft dabei, dieses Problem zu überwinden. Man gibt dadurch nämlich Menschen in zumindest zweierlei Hinsicht Macht in die Hand.[6] Zunächst einmal: Wenn es gelungen ist, in einer Firma ein deutliches Engagement für eine bestimmte Vision zu wekken, dann können auch Angestellte auf den niedrigeren Stufen der Hierarchie den Anstoß zu bestimmten Handlungen geben; solange ihre Aktion der allgemeinen Vision dienlich ist, werden die entsprechenden Vorgesetzten Schwierigkeiten haben, sie dafür zu tadeln. Zweitens: Da jeder auf dasselbe Ziel hinarbeitet, ist es wenig wahrscheinlich, daß die Initiative eines einzelnen deshalb unterdrückt wird, weil sie mit der Initiative von jemand anderem in Konflikt gerät.

In einer relativ stabilen Umgebung können Menschen, die in dieser Weise Macht in die Hand bekommen, jeweils ihren Teil beitragen. In einer sich schnell verändernden Umgebung können gerade solche Personen von unschätzbarem Wert sein. Das ist ein weiterer Grund, warum Ausrichtung heute so wichtig ist.

# 5 Motivieren und begeistern

Bei dem Versuch, wichtige Veränderungen durchzusetzen, begegnen selbst Menschen, die sich auf sehr vernünftige Visionen hin ausgerichtet haben, fast immer ernsthaften Widerständen, von denen einige manchmal sehr schwer vorhersehbar sind. Die Schwierigkeiten können ökonomisch begründet sein; plötzlich braucht man eine Million Dollar, die nirgendwo aufzutreiben ist. Häufig kommen sie aus dem Bereich der Bürokratie oder der Politik, eine Behörde lehnt es ab, eine dringende Anfrage in weniger als der üblichen zweimonatigen Frist zu bearbeiten.

Hemmschwellen gegen Veränderung zu überwinden oder zu umgehen – das kann eine außergewöhnlich große Menge an Energie und Anstrengung erfordern. Um auf irgendeine Weise schnell an eine Million Dollar zu kommen, müssen Menschen vielleicht die ganze Nacht lang arbeiten und eine kreative Vorstellungskraft entwickeln, die den Rahmen des Normalen weit überschreitet. Eine träge Amtsmaschinerie dazu zu bewegen, innerhalb einer Woche anstatt innerhalb von zwei Monaten zu reagieren, erfordert möglicherweise eine noch größere Anstrengung. In der Tat: Bei einem nicht ganz außergewöhnlich engagierten Verhalten können diese Hindernisse eine Initiative in Richtung auf Veränderung vollkommen ersticken oder sie auf ein Minimum reduzieren – selbst wenn sehr tüchtige und gut ausgerichtete Personen diese Initiative eingeleitet haben.

Veränderung ist die primäre Funktion von Führung; daher ist die Fähigkeit, Menschen zu sehr kraftvollem Handeln zu inspirieren, hier ebenso wichtig wie die Definition einer Richtung und die Ausrichtung. In gewisser Weise wird durch eine angemessene Rich-

tungsvorgabe ein entsprechender Weg für die nun folgende Bewegung angegeben. Durch wirkungsvolle Ausrichtung werden Menschen dazu bewegt, die neuen Pfade zu beschreiten, und ein erfolgreiches Bemühen um Motivation kann Menschen so begeistern, daß sie Hindernisse, die auf ihrem Wege liegen, überwinden.
Um diesen Aspekt von Führung zu verstehen, ist es nützlich, sich das Phänomen Management noch einmal anzuschauen, denn dort ist Motivation ebenfalls ein wichtiges Thema. Aber die Art von Motivation, die im Bereich des Managements zum Tragen kommt, ist ganz anders als die Art, die bei Führung wichtig ist.
Die grundlegende Funktion von Management könnte man als homöostatisch bezeichnen; sie besteht darin, ein System dadurch am Leben zu erhalten, daß entscheidende Variablen fortwährend innerhalb tolerabler Grenzen bleiben.[1] Auf die Weise schafft es der komplexe Mechanismus, der den Körper steuert und verwaltet, die Temperatur immer auf etwa 37 Grad zu halten, und dies 24 Stunden lang, Tag für Tag, Woche für Woche. In ähnlicher Weise bewirken die Verwaltungsprozesse in einer gut geführten Firma, daß sich die Qualität der Produkte konstant innerhalb bestimmter Grenzwerte bewegt. Ähnliche Vorgänge in einer gut geführten Marketingabteilung sorgen dafür, daß sich die Projekte fortwährend ungefähr im Rahmen des Budgets halten.
Ein wichtiger Aspekt eines jeden homöostatischen Prozesses ist die Kontrolle. Nachdem man eine Zielvorstellung ins Auge gefaßt und ein System entworfen hat, durch das jenes Ziel erreicht werden kann, wird ein Kontrollmechanismus geschaffen, um fortwährend die Leistung des Systems im Vergleich zum Plan zu überwachen und bei jeder Abweichung aktiv zu werden. In einer gut geführten Fabrikation bedeutet dies, daß durch den Planungsprozeß vernünftige Qualitätsziele gesetzt werden, daß durch den Organisierungsprozeß eine Struktur entsteht, mit deren Hilfe jene Zielvorstellungen erreicht werden können, daß durch den Kontrollprozeß sichergestellt wird, daß ein Nachlassen der Qualität sofort und nicht in dreißig oder sechzig Tagen entdeckt und korrigiert wird. In einer gut verwalteten Marketingabteilung wird mit einem Projekt, das das Budget überschreitet, ebenso verfahren.
Eine Möglichkeit für das Management, Kontrolle zu erlangen, ist,

Menschen dazu zu »motivieren«, den Vorgaben oder dem Plan entsprechend zu arbeiten. Dies schafft man häufig durch ökonomische Anreize – das heißt, ein bestimmter finanzieller Anreiz wird davon abhängig gemacht, daß ein Mitarbeiter Abweichungen vom Plan, zumindest ungünstige Abweichungen, so gering wie möglich hält. Manchmal versucht das Management, dies auf eine informellere Art und Weise zu erreichen, durch Gruppennormen und Gruppenzwänge. Aber das Ziel ist dasselbe: Kontrolle.

Teilweise aus denselben Gründen, aus denen Kontrolle für das Management von so zentraler Bedeutung bleibt, ist hochmotiviertes oder inspiriertes Verhalten fast bedeutungslos. Da von der Verwaltung erwartet wird, fortwährend bestimmte Ergebnisse zu erbringen, müssen Managementprozesse so nahe wie möglich an den Zustand der Störungssicherheit und Risikofreiheit herankommen. Das wiederum bedeutet, daß sie nicht abhängig sein dürfen von dem, was ungewöhnlich oder schwer zu erhalten ist. Ein guter Finanzierungsplan erfordert gewiß keinen Einstein. Eine gut organisierte Personalabteilung braucht nicht jede Woche eine Nacht durchzumachen, um ihre Routineaufgaben zu erledigen. In gewisser Weise ist der eigentliche Zweck von Systemen und Strukturen, Menschen wie du und ich, die sich normal verhalten, dabei zu helfen, Tag für Tag mit Routineaufgaben fertig zu werden. All das ist nicht aufregend oder glänzend. Es ist eben Management.

Leadership ist etwas anderes: Es geht darum, trotz aller Hindernisse große Zukunftsvisionen zu realisieren, Führung erfordert immer wieder gewaltige Energien, und zwar ist jene Energie gefragt, die durch bestimmte Motivierungs- und Inspirierungsprozesse hervorgerufen werden kann. Die energieeinflößende Wirkung wird nicht dadurch erreicht, daß Leute in die richtige Richtung gestoßen werden, wie dies häufig durch einen Kontrollmechanismus geschieht, sondern dadurch, daß sehr grundlegende menschliche Bedürfnisse befriedigt werden: der Wunsch nach Leistung, Zugehörigkeit, Selbstachtung, einem Gefühl von Kontrolle über das eigene Leben und nach einem Leben, das den persönlichen Idealen entspricht. Dies sind sehr tief verwurzelte Bedürfnisse, und sie rufen eine sehr starke Reaktion hervor.

Der Motivationsaspekt von Führung kann sich auf vielerlei unterschiedliche Arten manifestieren. Meist jedoch wird die Motivation als eine Art Gesamtpaket wirksam, zu dem folgendes gehört:

1. die Artikulation einer Vision in einer Art und Weise, durch die die Werte der Zuhörerschaft angesprochen werden (so daß auf diese Weise die Arbeit für diese Personen eine besondere Bedeutung erhält);
2. das Einbeziehen jener Personen in die Entscheidung, wie man jene Vision realisieren kann oder aber den Teil der Vision, der für sie am relevantesten ist (den Menschen ein Gefühl der Kontrolle zu geben);
3. die begeisterte Förderung ihrer Anstrengungen, jene Vision zu erreichen, unterstützt durch Fortbildungsunterricht, Feedback und das eigene Rollenvorbild (alles dies hilft den Mitarbeitern, beruflich zu wachsen, und steigert ihre Selbstachtung);
4. die öffentliche Anerkennung und Belohnung aller ihrer Erfolge (ihnen Anerkennung zu geben, ein Gefühl der Zugehörigkeit zu einer Firma, der sie wichtig sind, und die Befriedigung, etwas erreicht zu haben).

Wenn all dies erreicht ist, dann wird die Arbeit an sich schon zu etwas außerordentlich Motivierendem.[2]
Diese vier Elemente sind allesamt an dem NCR-Beispiel zu entdecken. Sie sind auch in gewissem Grade in einer umfassenden Darstellung der TRS-, SAS- und Kodak-Geschichten nachweisbar. Sie haben Kräfte wachgerufen, die Adamson, Gerstner, Carlzon und Crandall dazu verhalfen, die Haupthindernisse, die zwischen ihnen und ihrer Vision standen, zu überwinden. Sie spielen bei wirklichen Erfolgen immer eine große Rolle, allerdings eine, die sich von der Rolle der Kontrollfaktoren des Managements vollkommen unterscheidet.
Durch einen Kontrollvorgang wird versucht, Abweichungen vom Plan möglichst gering zu halten, so daß dauerhafte Resultate erzielt werden können. Bei dem Motivationsprozeß, der für Führung relevant ist, versucht man den Output an Energie zu maximieren, so daß Hindernisse auf dem Weg zu einer Veränderung überwunden werden können. Kontrolle ist behutsam und konservativ, aber

alles, was mit Führung zu tun hat, ist kühn, vielleicht sogar draufgängerisch. Kontrollen werden einzig durch den Kopf gelenkt, Begeisterung dagegen kommt vom Herzen. Kontrolle konzentriert sich auf oberflächlich sichtbares Verhalten und dessen Folgen, Führung dagegen auf die tiefsten Schichten der menschlichen Seele. Beide können schwierig sein, und beide werden in modernen Unternehmen mehr und mehr gebraucht, aber sie sind sehr deutlich voneinander unterschieden (siehe Schaubild 5.1).

All dies mag geradezu schreiend offensichtlich sein, aber einige Leute scheinen es dennoch noch nicht verstanden zu haben. Ein Mensch, dessen Sozialisation dazu führte, daß er eine Verwaltungsmentalität entwickelt hat, wird das Problem der Motivation häufig so angehen, daß er nicht sehr viel Begeisterung zu wecken vermag. Um zu motivieren, wird er versuchen, bestimmte Personen zu vermehrten Anstrengungen zu bewegen, um genau das, was auf seinem Plan steht, zu erreichen, und zwar in einer sehr stark kontrollierenden Art und Weise, nach der Methode Zuckerbrot und Peitsche. Der Manager wird jedesmal, wenn die Leute etwas tun, was seinem Plan entspricht, lächeln oder Lob aussprechen. Er wird die Stirn runzeln oder bestrafen, wenn sie dies nicht tun. Er wird Meetings einberufen, in denen die Mitarbeiter nach ihren Meinungen gefragt werden; diese Meinungen werden dann so weit gedreht und gewendet, daß sie in den bereits zuvor bestehenden Plan genau hineinpassen, und all das in dem Bemühen, durch ein Zuteilen persönlicher Verantwortung ein Gefühl von Begeisterung zu erzeugen. Er wird besondere finanzielle oder andere Belohnungen anbieten, aber immer in Zusammenhang mit hundert Bedingungen, um das Verhalten genau dorthin zu lenken, wohin er es haben möchte.

Dieser Ansatz zur Motivation kann bei einer naiven Zuhörerschaft für kurze Zeit zu einem Energiezuwachs führen – aber das ist auch alles. Langfristig verpufft eine solche Energie schnell. Viele Menschen empfinden es als stark manipulativ, und schließlich widerstrebt es ihnen. Letztlich hat es eine demotivierende Wirkung.

Gewöhnlich jedoch wird ein solcher Erbsenzähler nicht einmal den Versuch machen, seine Mitarbeiter zu inspirieren.[3] Er fürchtet gewöhnlich, daß Begeisterung die Gefahr einer gewissen Explosion in sich birgt und daß sie deshalb schwer zu kontrollieren ist.

**Schaubild 5.1**
Ausführung: Management vs. Leadership

| | *Management: Kontrolle und Problemlösung* | *Führung: Motivieren und inspirieren* |
|---|---|---|
| *Funktion* | Abweichungen vom Plan möglichst gering zu halten und auf die Weise dabei zu helfen, vorhersagbare Resultate über wichtige Dimensionen hervorzubringen. | Menschen die Energie zu geben, wesentliche Hindernisse auf dem Wege zur Realisierung einer Vision zu überwinden, und so die Art von Wandel hervorzubringen, der nötig ist, um mit einer sich verändernden Umgebung fertig zu werden. |
| *Eine Kurzbeschreibung der Aktivität* | Das Überwachen von Resultaten im Gegensatz zu einem detaillierten Plan, sowohl formell als auch informell, mit Hilfe von Berichten, Meetings und anderen Kontrollmechanismen; Abweichungen vom Plan, gewöhnlich »Probleme« genannt, identifizieren und dann mit Hilfe von Planung und Organisation eine Problemlösung angehen. | Befriedigung sehr grundlegender, aber häufig sehr unerfüllter menschlicher Bedürfnisse – nach Leistung, Zugehörigkeit, Anerkennung, Selbstachtung, einem Gefühl der Kontrolle über das eigene Leben, einem Leben in Einklang mit den eigenen Ideen – und dadurch das Schaffen eines ungewöhnlich hohen Energiepegels bei den Mitarbeitern. |

Insofern wird er sich fragen, ob sie denn tatsächlich geweckt werden sollte oder ob sie jemals wirklich gebraucht wird. Und er wird ganz gewiß nicht wissen, wie man Menschen wirklich begeistert.

All dies bedeutet unter anderem, daß ein solcher Verwaltungsmensch eine Firma wie Mary Kay Cosmetics sehr befremdlich finden wird.

Mary Kay Cosmetics wurde 1963 von Mary Kay Ash gegründet.[4] Bis 1989 war die Firma zu einer der erfolgreichsten dieser Branche überall auf der Welt aufgestiegen. Im Zentrum ihres Erfolgs steht das außerordentlich effektive Verteilungssystem, das im wesentlichen aus Frauen besteht, die sowohl die Produkte der Firma verkaufen als auch neue Verkäuferinnen einstellen und ausbilden. Viele Firmen sind überzeugt, daß ihre Verkäufer ganz außerordentlich hoch motiviert sind. Aber eine einzige Fahrt nach Dallas, wo Mary Kay die jährlichen Zusammenkünfte abhält, kann deutlich

machen, daß dies nur bei vergleichsweise sehr wenigen der Fall ist.
Im Sommer 1988 landeten fast 32 000 Schönheitsberaterinnen und Verkaufsdirektorinnen aus allen Teilen der USA in Dallas; alle hatten ihren Flug selbst bezahlt.[5] 8000 Frauen kamen zu gleicher Zeit; dies ist die oberste Grenze an Teilnehmern für ein solches Fest. Es geht darum, voneinander zu lernen, Spaß zu haben, Auszeichnungen entgegenzunehmen und sich ganz allgemein ein wenig inspirieren zu lassen. Konferenzen von Vertretern und Verkäufern sind oftmals sehr deutlich erkennbar und ein wenig laut – diese war durchaus keine Ausnahme. Die Mary-Kay-Leute sind leicht zu erkennen, ob sie sich nun in einem Hotel oder in einem Laden in der Altstadt aufhalten. Es scheint, als höre man sie überall fröhlich singen, sogar in Flugzeugen, die von Dallas abfliegen oder dort landen. Aber normale Verkäufermeetings haben für den unbeteiligten Beobachter auch oftmals etwas sehr Ärgerliches. Es wird zuviel getrunken. Häufig gleiten solche Zusammenkünfte mit fortgeschrittener Stunde ins Ordinäre ab. Bei Mary Kay ist das nicht der Fall.
Bei den Verkäufer- und Vertreterkonferenzen von Mary Kay kann man wirklich fröhliche Menschen beobachten. Energie und Enthusiasmus sind unglaublich stark spürbar; sie wirken kraftvoll und ansteckend. Es ist kaum möglich, nicht selbst zu lächeln, wenn man solche Menschen erblickt, oder sich nicht von der freudig erregten Stimmung anstecken zu lassen. Sie sehen so aus, als könnten sie die Welt erobern, und manche tun dies auch wirklich; trotz all der schwierigen Hindernisse, die der direkte Verkauf und der Aufbau einer Direktverkaufsorganisation zu überwinden hat, arbeiten bei Mary Kay mehr Frauen, die mehr als 50 000 Dollar pro Jahr verdienen, als in irgendeinem anderen Unternehmen der Welt.[6]
Die Organisation des dreitägigen Ereignisses ist relativ simpel. Während der meisten Zeit werden Seminare abgehalten. Teilnehmer erfahren etwas über die Firma und deren Produkte ebenso wie über das Verkaufen, die Rekrutierung neuer, talentierter Mitarbeiter, die Einarbeitung von neuen Mitarbeitern und das Motivieren von Menschen. Es gibt auch eine Fülle von Feiern und Festen, und es scheint, als würden von morgens bis abends Auszeichnungen ver-

teilt. Das hauptsächliche soziale Ereignis ist die *Awards Night,* der Abend der Auszeichnungen und Preise, an dem die höchsten Preise den Beratern mit den besten Verkäufen ausgehändigt werden. Hunderte von Preisen werden verteilt. Einige sind sehr wertvoll, einige eher symbolischer Natur, aber immer wird die Preisvergabe von donnerndem Applaus begleitet. Dazwischen hört man rührend inspirierende Reden von ganz gewöhnlichen Leuten, die sehr erfolgreich geworden sind. An einem solchen Abend schlagen die Herzen schneller, und selbst die Augen des größten Zynikers werden feucht.

Die gestalterischen Details der Nacht der Preise sind einzigartig für das Mary-Kay-Unternehmen, aber die Idee einer großartigen jährlichen Preisverteilungszeremonie ist nicht neu. Was diese Firma jedoch vor so vielen anderen auszeichnet, ist ihre unkonventionelle Art und Weise im Umgang mit Menschen. Bei Mary Kay Cosmetics arbeitet das Management nicht drei, sondern 365 Tage im Jahr, um jene »90 Prozent« zu aktivieren, die, so meinen sie, bei den meisten Menschen brachliegen. Und sie tun das auf Dutzenden verschiedener Wege, die in unserem High-Tech-Zeitalter vielleicht sehr banal erscheinen mögen.

Jeder bekommt eine Geburtstagskarte. Wenn jemand mit einer Idee oder einem Problem zur Geschäftsführung kommt, dann hört man ihm auch wirklich zu. Wenn die leitenden Angestellten versprechen, etwas zu tun, dann tun sie's gewöhnlich auch – und zwar rechtzeitig. Wenn ein Mitarbeiter ein Problem mit seiner Arbeitsleistung hat, dann versuchen sie, ihm zu helfen oder, wenn das nicht vernünftig ist, ihm einen angemessenen Posten entweder in der Firma selbst oder sonst irgendwo zu verschaffen.

Was sie tun, tun sie mit Begeisterung. Man bekommt das Gefühl, daß sie an die Firma und deren Vision glauben und stolz sind, mit beiden in Zusammenhang gebracht werden zu dürfen, und daß man einander einfach mag. Fortwährend finden Feste statt, auf denen viele Menschen sich begegnen. Und bei diesen Ereignissen wird dann auch tatsächlich laut und fröhlich gefeiert.

Die führenden Leute bei Mary Kay bemühen sich sehr intensiv darum, gute Rollenvorbilder zu sein und Möglichkeiten zu schaffen, bei denen ältere Verkaufsdirektoren oder Schönheitsberaterinnen anderen als Rollenvorbilder dienen können. Immer wieder schaffen sie Gelegenheiten, bei denen erfolgreiche Leute anderen ihre Geschichten erzählen. Einige dieser Geschichten über Personen, die mit wenig Geld oder Hoffnung angefangen haben, sind wirklich außergewöhnlich. (Hier bringt der Führungsprozeß in der Firma die wirklich entscheidende Veränderung – er verändert das Leben der Menschen.)

Sie tun alles Erdenkliche, um Menschen zum Erfolg zu verhelfen. Die Verkaufsleiterinnen arbeiten die neu Eingestellten ein, um ihnen die ersten Schritte zu erleichtern und ihnen dabei zu helfen, realistische Ziele anzustreben. Sie bieten Training und Anleitung an. Sie strukturieren die Aufgaben der Schönheitsberaterinnen, um ihnen ein Gefühl der Kontrolle zu vermitteln.

Selbst in der Zeit zwischen den jährlichen Zusammenkünften werden Preise für hervorragende Leistungen vergeben. Beim jährlichen Treffen und auch sonst sind die Preise gewöhnlich qualitativ hochwertige Gegenstände, die wirklich begehrt und geschätzt werden: ein Luxusauto, eine Reise in der Concorde nach Europa, ein schönes Schmuckstück. Fast immer werden die Preise im Rahmen von öffentlichen Feiern vergeben, und lauter und aufrichtiger Applaus gehört ganz sicher dazu. In vielerlei Hinsicht ist dies alles durch und durch altmodisch. Aber die Methode ist sehr effektiv, denn durch sie wird an etwas appelliert, was so alt ist wie die Menschheit: die Grundbedürfnisse der menschlichen Natur. Mary Kay Ash und ihre Manager haben verstanden, daß sich die Menschen gern stolz und wohl in ihrer Haut fühlen möchten, aber daß dies häufig nicht der Fall ist, weil eine ganze Reihe grundlegender menschlicher Bedürfnisse unbefriedigt bleiben. Sie wissen auch, daß dann, wenn ein einzelner oder eine Firma es schafft, Menschen dabei zu helfen, eine Reihe dieser Bedürfnisse zu erfüllen, durchschnittlich begabte Menschen sich häufig in wahre Dynamos von Kraft und Energie verwandeln. Psychologisch gesehen ist die Situation etwa so, als wenn man einem verhungernden Mann, der nicht einmal mehr laufen kann, ausgewogene Mahlzeiten gibt.

Mary Kays Vorgehensweise erscheint uns häufig vollkommen spontan und willkürlich. Das ist sie nicht. Das Konzept ist gründlich durchdacht: Die Angestellten werden fortwährend über die Vision der Firma unterrichtet, und zwar in einer Weise, die begeisternd und inspirierend wirkt. Jeder einzelne wird ermächtigt, auf jene Vision hinzuarbeiten, indem man ihm wirkliche Verantwortung gibt, ihm hilft, mit jener Verantwortung auch fertig zu werden, und indem man versucht, nichts zu tun, was ihn entmutigen könnte. Der nächste Schritt ist die Anerkennung und Belohnung jeden Erfolgs. Anerkennung gibt den Menschen Selbstvertrauen, ein Gefühl, wirklich etwas geleistet zu haben, ihr Leben im Griff zu haben und für einen wertvollen Zweck zu arbeiten. Solche Gefühle erzeugen eine enorme Energie, die dabei hilft, die Schwierigkeiten zu überwinden, denen man fortwährend bei der Arbeit begegnet.

Die Art und Weise, wie diese Erfolgsformel in die Tat umgesetzt wird, ist ganz und gar typisch für Mary Kay. Aber die Grundprinzipien haben durchaus allgemeine Gültigkeit. Wo auch immer man kompetente Führung antrifft, findet man auch Aspekte des Mary-Kay-Phänomens.

Wal-Mart ist ein weiteres gutes Beispiel. Diese ungewöhnliche Firma ist in jüngster Zeit der zweitertragsstärkste Einzelhändler der Vereinigten Staaten geworden, obwohl das Unternehmen noch keine dreißig Jahre alt ist.[7] Es hat sich diese Auszeichnung verdient, da es Tausende kleiner Einzelhändler überrundete, ebenso K-Mart, Zayre, Penney's und Dutzende anderer großer Einzelhandelsketten. Die Geschichte von Wal-Marts Erfolg hat viele Facetten, aber keine ist wichtiger als die Motivation der Mitarbeiter: Der Energiepegel der Firmenangestellten ist wahrhaft beeindruckend. Wal-Mart wird gut verwaltet und gut geführt; das Unternehmen versteht das Mary-Kay-Phänomen auf eine Art und Weise, die heute in großen US-Firmen sehr selten ist. Und die Gewinnausschüttung für Kunden, Angestellte und Aktionäre ist wahrhaft phantastisch.

Ein anderes gutes Beispiel dafür, wie dieses grundlegende Motivationsschema bei den Mitarbeitern angewandt wird – und vielleicht noch viel typischer als Mary Kay oder Wal-Mart –, ist das von Kentucky Fried Chicken.[8] Hier hat diese Form des Motivierens CEO Dick Mayer geholfen, einer im Abschwung befindlichen Firma so weit wieder auf die Beine zu helfen, daß sie 1978 Einkünfte von 1,5 Milliarden Dollar hatte und daß sie sich von einem problembeladenen zu einem wachsenden und ertragsstarken Unternehmen wandelte, mit Einkünften von fast 5 Milliarden Dollar im Jahre 1988.

Die Wurzeln von Kentucky Fried Chicken gehen zurück auf das Jahr 1939, in dem Colonel Harland Sanders damit begann, in seinem Restaurant in Corbin (Kentucky) gebratene Hähnchen zu verkaufen, die er nach einem besonderen Rezept mit elf Kräutern und Gewürzen zubereitet hatte. Das Unternehmen mit der Konzession für das Rezept des Colonels wurde 1955 gegründet, und zu dem Zeitpunkt, zu dem er das Geschäft 1964 an eine Gruppe von Investoren verkaufte, waren 600 KFC-Restaurants entstanden. 1971 kaufte Heublein das Unternehmen auf. Die Restaurantkette gehörte jetzt zu einer Firma, deren Hauptprodukt Wodka war, und sah sich mit einer immer größeren Zahl von Problemen konfrontiert.

Um das Steuer herumzureißen, stellte Heublein Mike Miles und Dick Mayer[9] ein, die beide beträchtliche Erfahrungen in dem Geschäft mit Fast-food-Restaurantessen gesammelt hatten. Während des nächsten Jahrzehnts gelang es dem neuen Managementteam, die Talfahrt zu stoppen; man schaffte die Grundlagen für ein gut geführtes Unternehmen und begann dann mit Innovationen, um eine Phase größeren Wachstums und größerer Ertragsstärke einzuleiten.

Eine Episode in der Geschichte der Firma seit 1985 gibt einen bezeichnenden Einblick, wie Kentucky Fried Chicken es schaffte, die Hindernisse zu überwinden, welche die Fortschritte bei so vielen Firmen hemmen oder verlangsamen.* Zu dem Zeitpunkt hatte Mayer eines erkannt: Wollte er seine Zukunftsvision eines wachsenden und immer ertragsstärkeren Unternehmens realisieren, dann wäre es nötig, sehr gute Angebote vor allem zur Mittagessenszeit zu machen, um mehr junge Kunden anzuziehen. Eine Reihe von Ereignissen in jenem Jahr bewog ihn, einmal nachzuprüfen, was

* Die Episode ist jedoch nicht bezeichnend für die geschäftliche Entwicklung der Firma während der letzten Dekade; zum Zeitpunkt, wo ich dies schreibe, und aus einer Vielfalt von Gründen hat es das »Chicken Littles« nicht einmal geschafft, die Hälfte des Verkaufsvolumens zu erreichen, das ursprünglich angestrebt worden war.

andere Restaurantketten zur Mittagszeit anboten. Ermutigt durch das, was er sah, bat er Marktforschungsspezialist Harry Sunenshine, der Sache statistisch auf den Grund zu gehen. Im Januar 1986 dann trafen sich Mayer und Sunenshine, um einander die Ergebnisse ihrer Analysen mitzuteilen.

Im Hinblick auf die Daten, die sie gesammelt hatten, fielen ihnen zwei Umstände ganz besonders auf. Bei McDonald's, der erfolgreichsten Restaurantkette der Welt, erbrachte, vor allem bei den jungen Leuten, ein einziges Produkt 53 Prozent der Hamburger-Einkünfte: Es war nicht der relativ teure Big Mac oder Viertelpfünder, sondern der billigste, einfache Hamburger. Bei White Castle, einer erfolgreichen regionalen Kette mit 225 Läden, waren die Einkünfte pro Laden so gut wie die bei McDonald's, trotz der Tatsache, daß dort nur ein einziges Sandwich, ein 29-Cent-Hamburger, verkauft wurde. Zusätzliche Daten über die Erfahrungen, die andere Ketten gemacht hatten, bestätigten den Eindruck, daß ein gutes, preiswertes Sandwich vor allem für die jüngeren Kunden besonders attraktiv war. So schlußfolgerten Mayer und Sunenshine, daß ein billiges Hühnchensandwich wahrscheinlich den eigentlichen Anstoß geben könnte, um ein Mittagessengeschäft aufzubauen – als nächster Schritt würden dann andere Sandwiches zu unterschiedlichen Preisen angeboten werden. Sie entschieden auch, daß es am besten wäre, ihre neuen Ideen sehr schnell und ohne großen Wirbel in die Tat umzusetzen; in dieser Branche war es allzu leicht, etwas nachzuahmen, und bisher hatte Kentucky Fried noch keine große Erfolgsbilanz für neue Produkteinführungen vorzuweisen.

In der nächsten Woche traf sich Mayer allein mit Ed Dudley, dem Vizepräsidenten für den Bereich Einkauf und Herstellung, mit Phil Bouckaert, dem Vizepräsidenten für Technologie, mit Don Doyle, dem Präsidenten von KFC-USA, und Roger Kramer, dem Vizepräsidenten für strategische Planung. Er nahm auch mit Shelby Massey, dem Vizechairman bei Tyson, der riesigen Geflügel- und Fleischfirma, Kontakt auf. In jedem dieser Gespräche sprach Mayer ausführlich über das Konzept: Warum dies der richtige Zeitpunkt war, um ein besonderes Mittagsimbißangebot zu lancieren; warum bei einem Erfolg dieses Geschäfts dadurch in signifikanter Weise der Verkauf und die Ertragsstärke gesteigert werden könnten, worauf eine Analyse von Restaurantsandwich- und Mittagsimbißangebot hinzudeuten scheint; warum sie wahrscheinlich ein vollkommen neues Sandwich konzipieren sollten, etwas mit einem guten Preis-Leistung-Verhältnis, das die Menschen zum Mittagessen in diese Restaurants locken würde. Er sprach auch über seine Überzeugung, daß dies Projekt eine wichtige und aufregende Episode in der Geschichte von Kentucky Fried Chicken einleiten würde und daß dies wiederum nur den Anfang einer noch innovativeren Periode bedeuten könnte. Er schloß jedes Meeting, indem er betonte, wie außerordentlich wichtig der jeweilige Gesprächspartner für den Erfolg des Projekts sein würde: Dudley, der mit den Zulieferern arbeitete, die die Blätterteigpanade, die Semmel und die neuen Geräte, die man in den Restaurants brauchte, liefern würden; Bouckaert, der zuständig war für Operations Engineering auf Ladenebene und für die Entwicklung des Gesamtprodukts; Sunenshine, der die Verantwortung trug für die zusätzliche Wettbewerbsforschung, derer es bedurfte, um eine Marketingstrategie zu entwickeln; Massey, der den gesamten Sachverstand von Tyson in das Projekt hineinbringen sollte. Er betonte auch, wie wichtig es sei, die Angelegenheit geheimzuhalten; zur Zeit würde das Projekt unter dem Namen »Projekt X« laufen, und nicht einmal die Sekretärinnen der genannten Männer sollten darüber informiert werden.

Während des folgenden Monats begannen alle diese Führungspersönlichkeiten, ihre Ideen zum Projekt X auszuarbeiten und zu entwickeln, inspiriert und beflügelt durch einen begeisterten Dick Mayer. Noch einige weitere Leute wurden in diese Geheimgesellschaft eingeführt; dazu gehörte Bill Davis, der CEO von Hobart, einem Küchenausrüstungshersteller; John Bellert, der Chefingenieur für KFC, und Pat Hadden, einer von Bellerts Untergebenen. Mayer informierte auch den Verwaltungsrat der Firma. Jedesmal erwies sich Mayers Fähigkeit, die Fakten logisch und die Möglichkeiten enthusiastisch darzustellen, zusammen mit der Glaubwürdigkeit, die er sich bei KFC erworben hatte, als wirklich mitreißend. Blitzschnell gelang es ihm, fast jedermann von seinen Ideen zu überzeugen.

Mayer hielt weiterhin mit jedem einzelnen Mitglied des Teams engen Kontakt. Er stellte der jeweiligen Person frei, jederzeit zu ihm kommen zu können, wenn sie zusätzliche Hilfe oder Ressourcen brauchte. Mit dieser Ermutigung und Unterstützung kam die Entwicklung des Produktes und der technischen Ausrüstung im März 1986 sehr schnell voran; Hobart, Tyson und den KFC-Leuten gelang es, eine Reihe von technischen Problemen zu bewältigen. Zu diesem Zeitpunkt arbeitete Mayer persönlich mit John McGarry, dem Chairman der Werbeagentur Young & Rubicam (New York), zusammen, um einen Namen für das Produkt und eine Werbestrategie zu entwerfen. In dem Maße, wie die Sache allmählich an Schwungkraft gewann, wuchs bei all denen, die damit zu tun hatten, ein Gefühl von freudiger Erregung. Ende des Monats machte Mayer die Vollversammlung von KFC damit neugierig, daß er ankündigte, es würde an etwas Wichtigem gearbeitet, einem Projekt mit dem Potential für ein beträchtliches Wachstum über den gegenwärtigen Geschäftsumfang hinaus, aber er wollte noch keine Einzelheiten nennen.

Bis zum 8. April wurde die erste Werbeseite, auf der der Name »Chicken Littles« auftauchte, fertiggestellt und zusammen mit Ed Dudley überprüft. Unglücklicherweise mußte Steve Early, KFCs Berater, auf Grund einer Nachfrage feststellen, daß der Name bereits gesetzlich geschützt war und daß er zwei anderen Unternehmen gehörte. Mayer und seine Leute entschieden, der Name sei zu gut, als daß man ihn fallenlassen könnte, und so stellten sie Dudley ein Budget zur Verfügung und sagten ihm, daß es sehr wichtig wäre, die Rechte auf jenen Namen auf alle Fälle zu sichern. Während dieser Zeit wurden die Einzelheiten der Blätterteigpanade und dessen, was für die Semmel notwendig war, noch genauer ausgetüftelt, Hobard entwickelte ein spezielles Backblech, und in Columbus (Ohio) und Charlotte (North Carolina) wurden Markterhebungen über ein getoastetes Sandwich durchgeführt.

Die Resultate der Marktforschungen kamen am 15. Mai – leider waren sie nicht gut. Mayer verscheuchte sofort jedes Gefühl von Entmutigung oder Enttäuschung; er forderte umgehend Sunenshine und Bouckaert heraus, die Forschungsdaten daraufhin zu untersuchen, was sie über ein besseres Produkt aussagen könnten. Das geschah auch: Man entwickelte und testete eine Reihe von

Alternativen. Ein Grillsandwich wurde in dem Test ganz besonders gut bewertet. Mayer sicherte sich dann die Hilfe des Nahrungsmittelchemikers Dr. G. V. Rao, um jene Alternative weiterzuentwickeln.
Im Juni präsentierte Mayer dem Verwaltungsrat der Muttergesellschaft offiziell das Projekt X. Im Juli traf er mit zwei gewählten Gruppen zusammen, die die Konzessionäre vertraten, gab ihnen eine komplette Kurzdarstellung und bat sie, ihre Vorstellungen und Kommentare zu äußern. Im Laufe des August wurden noch einige weitere Leute in das Projektteam hereingeholt, die wesentliche, ganz spezielle Aufgaben bewältigen sollten.
Im September entdeckte das Team ein Gerät, das von Vulcan-Hart verkauft worden war und mit dessen Hilfe man die »Chicken Littles« erhitzen konnte. Dann entschloß man sich, den Semmellieferanten zu wechseln, da sich bei dem ersten Probleme ergeben hatten. Im Oktober wurde ein Test des neuen Produkts und der technischen Geräte in einem der Restaurants durchgeführt. Im November wurden dreißig Konzessionseigner nach Louisville gebracht, um sich einen Tag lang über Projekt X informieren zu lassen. Im Dezember wurden Vorbereitungen getroffen, um Chicken Littles in den 22 Imbißstuben in der Gegend um Louisville herum einzuführen. Diese Einführung wurde planmäßig in der ersten Woche des Januar 1987 über die Bühne gebracht. Zur Freude aller, die mit dem Projekt zu tun hatten, waren die meisten Kunden von dem Produkt begeistert.
Mayer lud so viele Konzessionseigner wie er konnte nach Louisville ein, damit sie selbst sehen konnten, wie die Kunden auf das Sandwich reagierten. Fast fünfzig kamen, unter ihnen die wichtigsten und einflußreichsten. Er und andere leitende Angestellte von KFC nahmen sie persönlich zur Zeit des Mittagessens mit in die Restaurantläden von Louisville, damit deutlich wurde, wie das Produkt sich verkaufte und wie jedermann davon begeistert war. Hinterher gingen alle voller Optimismus nach Hause, vor allem die Leute, die so hart dafür gearbeitet hatten, die Idee von Chicken Littles in die Tat umzusetzen.
Im Laufe des Februar wurde immer mehr Zeit dafür aufgewendet, mit Zulieferern an wichtigen logistischen Aufgaben zu arbeiten.

Tyson baute zusätzliche Geräte, um die Hühnchen-Blätterteigpanade herzustellen. Die Flowers-Bäckerei verbesserte ihre Semmelherstellung in Fresno (Kalifornien), Texarkana, Morristown (Tennessee), Atlanta und Orlando. Amana baute die Mikrowellenherde für die Restaurants, Delfield die Sandwichtische und Vulcan-Hart die Bratherde.

Im März präsentierten Mayer, Doyle, Sunenshine, Bouckaert und Dudley vor Wayne Calloway, dem Chairman ihrer neuen Muttergesellschaft, das neue Konzept und forderten einen Betrag von sechs Millionen Dollar, um das Projekt fortführen zu können. (Inzwischen war KFC an Pepsi-Cola verkauft worden.) Calloway reagierte voller Enthusiasmus auf das, was er zu hören bekam, lobte sie für ihre Anstrengungen und gab ihnen das Geld.

Im April kamen die Konzessionäre wie jedes Jahr in Louisville zusammen. Das Ganze war sehr eindrucksvoll. Mayer präsentierte das Chicken-Littles-Konzept. Er erzählte ihnen von den Testergebnissen. Er zeigte ihnen die Werbung, die man für das Produkt entwickelt hatte, und er stellte die entscheidenden Personen vor, die an Projekt X gearbeitet hatten, einschließlich der Repräsentanten der wesentlichen Zulieferer. Es war ein großes Schauspiel – und die Konzessionseigner waren begeistert. Schließlich war der Applaus verebbt, und Mayer bat um eine zusätzliche Geldsumme: für eine landesweite Werbekampagne für das neue Sandwich. Wie in solchen Fällen üblich, wurde abgestimmt. 90 Prozent waren dafür.

Im Mai gingen die KFC-Leute in die einzelnen Schnellrestaurants, um die Konzessionäre bei der Handhabung der neuen technischen Ausrüstung und des Produktes auszubilden. Sie machten sehr viele Überstunden und reisten überall in den USA herum, um die 4000 Restaurants der Kette zu besuchen. Als ihre Aufgabe im August zu Ende geführt war, gab Don Doyle für sie alle in Louisville eine große Party. Mayer und die anderen waren dabei, als bestimmte Mitglieder des »Reiseteams« ihre Lieblingsgeschichten über das, was ihnen in den letzten paar Monaten geschehen war, vortrugen. Einige der Geschichten waren tatsächlich urkomisch. Es war ein großartiges Fest.

Bis zum 8. August verkauften etwa 97 Prozent der KFC-Verkaufsstellen Chicken Littles. In einem Bereich, in dem es normalerweise zwei bis drei Jahre dauert, um ein gänzlich neues Produkt einzuführen,* hatte KFC dies in achtzehn Monaten geschafft. Einer Gruppe von sehr ehrgeizigen Menschen war es gelungen, Hunderte von technischen, ökonomischen, logistischen, legalen und politischen Hindernissen zu überwinden – und sie taten das mit einer erstaunlichen Begeisterung. Adamson wäre stolz auf sie gewesen. Sie hatten seinen Plan für eine schnelle Entwicklung nachgeahmt und ihn in dem komplexen Restaurantgeschäft erfolgreich realisiert.

Menschen für einen kurzen Zeitraum zu motivieren, ist nicht sehr schwer. Häufig ist es eine Krise, die zu höherer Motivation verhilft, oder ein sorgfältig geplantes besonderes Ereignis. Schwerer ist es, die Motivation über einen längeren Zeitraum hinweg aufrechtzuerhalten. Aber das genau ist im heutigen Geschäftsleben vonnöten.

Für eine Motivation über längere Zeiträume hinweg ist es erforderlich, daß die Visionen und Strategien den Mitarbeitern kontinuierlich mitgeteilt werden, nicht nur einmal oder gelegentlich. (Mayer hielt wahrscheinlich seine Rede zum Thema »Wir sehen eine große Chance für ein neues Mittagsimbißgeschäft« mehr als einhundertmal.) Jene Form der Kommunikation muß über die bloße Informationsvermittlung hinausgehen; sie muß Menschen insofern begeistern können, als etwas berichtet wird, was mit ihren eigenen Werten im Einklang steht. (Angefangen mit Mayers ersten Gesprächen mit Bouckaert und Doyle bis hin zu seinen Präsentationen ein Jahr später beim Treffen der Konzessionäre gelang es ihm, seine Zuhörer so weit zu beeinflussen, daß sie das Konzept nicht nur verstanden, sondern zudem davon auch noch begeistert waren.

Die Einbeziehung der Mitarbeiter in den Entscheidungsprozeß, in die Planung dessen, wie man die Zukunftsvision realisiert, muß aufrichtig, nicht manipulativ sein. (Mayer gab seinen Leuten immer ein wenig Spielraum, im Vertrauen darauf, daß sie ihre Versprechen erfüllen würden.) Die richtige Art von Unterstützung muß gegeben werden, so daß der einzelne erfolgreich in Richtung auf die Realisierung jener Vision voranschreiten kann. (Mayer

* Das heißt eines, für das neue Zulieferer und neue technische Geräte gebraucht werden.

**Schaubild 5.2**
Motivieren und begeistern

| | |
|---|---|
| *Motivierte/ begeisterte Personen* | Eine Gruppe von Menschen, die eine Menge an Energie und Entschlossenheit beweisen, und zwar weit mehr als das, was man als normal betrachtet. Bei einer erfolgreichen Führungsanstrengung wird eine solche Form von Motivation tendenziell über relativ lange Zeiträume hinweg aufrechterhalten. |
| *Schaffen von Motivation und Begeisterung* | Die Befriedigung sehr grundlegender menschlicher Bedürfnisse nach Leistung, Zugehörigkeit, Anerkennung, Selbstachtung, einem Gefühl von Kontrolle über das eigene Leben, einem Leben im Einklang mit den eigenen Idealen etc., indem man<br>1) eine Vision immer wieder in einer Weise artikuliert, daß sie auf die wesentlichen Werte der Menschen, mit denen man spricht, hin zugeschnitten ist; indem man<br>2) jene Menschen in der Weise einbezieht, daß auch sie entscheiden können, wie man die Vision oder einen Teil der Vision realisiert,<br>3) indem man ihre Anstrengungen unterstützt, durch Anleitung, Feedback, dadurch, daß man selbst eine vorbildliche Rolle spielt und eine Menge Enthusiasmus zur Schau trägt, und<br>4) indem man von Herzen öffentliche Anerkennung gibt und alle Erfolge belohnt. |
| *Potentielle Wirkung* | Eine hochmotivierte Gruppe, die auf eine bestimmte Vision ausgerichtet ist, kann größere ökonomische, bürokratische und politische Hindernisse überwinden. |

ermutigte die Leute, jederzeit zu ihm zu kommen, wenn sie Hilfe brauchten; er stellte immer finanzielle und menschliche Unterstützung zur Verfügung, wenn Bedarf danach bestand; es gelang ihm, andere mit seinem Enthusiasmus anzustecken, und er zeigte im allgemeinen die Art von Führungsqualitäten, die er sich auch von ihnen wünschte.) Die Belohnungen und die Anerkennung müssen wirklich von Herzen kommen. (Bei KFC waren es: das tägliche, ermutigende Schulterklopfen, das Lob für besondere Leistungen beim Treffen der Konzessionäre, die Party für das Entwicklungsteam – um nur einige wenige zu nennen.)

Noch einmal: In Firmen, die gut geführt sind, versteht man etwas von diesen Dingen (siehe Schaubild 5.2). Aber heute gibt es bei weitem zuwenig Firmen und Menschen vom Kaliber eines Dick Mayer.

# III

# Die Struktur von Führung

# 6 Multiple Rollen

Wenn wir das Phänomen Führung behandeln, dann denken wir zuerst einmal an eine Führungspersönlichkeit vom Schlage eines Lee Iacocca. Das ist mehr als logisch; es ist die einzelne Person, so glauben die meisten Menschen, die führt. In diesem kausalen Modell ist die Struktur von Führung, das heißt die Rollen, die dazugehören, und ihre Beziehungen untereinander, relativ einfach. Es gibt nämlich nur zwei Rollen: Führender und Geführter. Sie stehen auf fast hierarchische Weise durch den Prozeß der Führung zueinander in Beziehung. Die Führungspersönlichkeit gibt eine Richtung an, richtet die Gefolgsleute auf jene Richtung hin aus und inspiriert sie dann dazu, aktiv zu werden.

Diese Sichtweise der Struktur von Führung ist so beliebt, weil sie einfach und zugleich überzeugend ist. Es hat nämlich den Anschein, als könnte man dadurch sehr viele Situationen erklären. Die Adamson-Geschichte aus Kapitel 2 beispielsweise scheint offensichtlich in dieses Schema hineinzupassen. Das trifft auch auf TRS und SAS zu, auf die Wende bei Chrysler unter Lee Iacocca ebenso wie auf Tausende andere, weniger bekannte Geschichten. Aber der Schein kann trügen. Bei näherer Betrachtung entdeckt man, daß es nicht möglich ist, durch ein so einfaches Rollenmodell Führung in komplexen Situationen zu erklären. In vielen Fällen existieren mehr als nur zwei unterschiedliche Rollen, manchmal sogar sehr viel mehr.[1] Und das Beziehungsgeflecht zwischen diesen beiden Rollen, nämlich Führer und Geführter, ist bei weitem komplexer.

Wenn man dann noch genauer nachforscht, dann entdeckt man, daß das Grundmodell durchaus nicht alles erklärt, nicht einmal in

relativ begrenztem Rahmen. Es paßt beispielsweise nicht hundertprozentig auf das Adamson-Beispiel. Wenn dies der Fall gewesen wäre, dann hätte sich die Führungsstruktur, die er geschaffen hatte, als er in der Zeit von Januar 1986 bis Juni 1987 nicht in Dundee war, aufgelöst. Aber das passierte ja gerade nicht. Sie hat möglicherweise ein wenig an Intensität verloren oder in gewisser Weise ihre Form verändert, aber verschwunden ist sie nicht.
Um das Phänomen Führung in großen Unternehmen zu durchschauen, ist es wichtig, die strukturell komplexen Wege zu verstehen, durch die es sich manifestieren kann. Ein solches Verständnis wird dann sehr stark die Handlungen derer, die das Führungspotential in ihrem Unternehmen vermehren möchten, beeinflussen.
Der Erfolg, den ARCO in den 80er Jahren mit seinem sogenannten »Restrukturierungsprogramm« hatte, ist ein gutes Beispiel für eine Führung, die nicht in das Modell »Hannemann, geh du voran!« hineinpaßt.[2]
ARCO, das Energieversorgungsunternehmen mit Sitz in Los Angeles, wurde von dem legendären Ölunternehmer Robert O. Anderson aufgebaut. Das »Restrukturierungsprogramm bezieht sich auf eine Reihe von Maßnahmen zwischen 1982 und 1986, die insgesamt die ökonomische und finanzielle Struktur des Unternehmens dramatisch veränderten. Die Zeitschrift *Business Week* gab die Gefühle vieler Beobachter wieder, als sie das Programm »eines der kühnsten Schachzüge in den letzten Jahren (und) einen riesigen Erfolg« nannte.[3]
Die Restrukturierung wurde am 29. April 1985 als ein Gesamtpaket von Maßnahmen verkündet. An jenem Tag informierte die Geschäftsleitung von ARCO die Öffentlichkeit, daß man von Anaconda Copper fast alle Anteile verkaufen würde, ebenso wie die gesamten Ölraffinerien östlich des Mississippi. Dies waren Maßnahmen, die eineinhalb Milliarden Dollar an Abschreibungen verlangten, das Unternehmen aber von chronisch defizitären Geschäftsbereichen befreien würde. Darüber hinaus verpflichtete sich die Geschäftsführung, für die verbleibenden Unternehmensteile ein rigoroses Kostenmanagement einzuführen und Aktien ihres eigenen Unternehmens im Wert von vier Milliarden Dollar zurückzukaufen.

Daneben gab es zumindest fünf andere, weniger sichtbare Aspekte des Gesamtprogramms. Ein Aspekt wurde im August 1984 deutlich, als die Firma 750 Millionen Dollar abschrieb, vor allem in Zusammenhang mit abgestoßenen Teilen des Kupfergeschäftes und dem Rückkauf von Aktien im Wert von einer Milliarde Dollar. Zu einer anderen Maßnahme des Jahres 1984 gehörte die Fusion und die Reorganisation der Raffinierungs- und Chemiefabrik von Houston zu einer selbständigen Einheit, die Lyondell Petrochemical Company genannt wurde. Eine dritte Aktion folgte in den letzten Wochen des Jahres 1985, als die Geschäftsleitung eine Reihe marginaler Grundstücke, auf denen Öl gefördert wurde, verkaufte.

Da dies im Laufe von vier Jahren, von 1982 bis 1986, geschah und da sich das Ganze auf die Raffination und den Verkauf von Benzin im westlichen Teil der Vereinigten Staaten konzentrierte, waren die endgültigen Maßnahmen, die mit dieser Restrukturierung in Zusammenhang standen, ihrer Natur nach stärker zuwachsorientiert. Dazu gehörte das Abschaffen der Benzinkreditkarten im April 1982, eine aggressivere Umwandlung der Tankstellen in durchgängig geöffnete Selbstbedienungstankstellen mit Minilebensmittelläden sowie tausend kleine Veränderungen, um den Output in den Raffinerien in Los Angeles und Washington ohne größere Kapitalinvestitionen zu steigern. Insgesamt ermöglichten es diese Aktionen, daß ARCO seine Preise senken und seinen Marktanteil im Westen steigern konnte: von Platz vier im Jahre 1981 auf den ersten Platz im Jahre 1988.[4]

Als Resultat all dieser Bemühungen entstand eine sehr stark veränderte Firma. Nach der Restrukturierung war ARCO ein kleineres, konzentrierteres und effizienteres Unternehmen, das in der Lage war, höhere Renditen auf Vermögenswerte und Grundbesitz zu erwirtschaften, sogar in einer Welt, in der die Ölpreise sehr viel niedriger waren als in den frühen 80er Jahren. 1981 lag ARCOs ROE (Return on Equity, Eigenkapital-Rendite) 10 Punkte unter dem von Occidental Petroleum und fast gleich mit dem von Exxon, Chevron und AMOCO. Ende 1987, als die Ölpreise von einem Hoch von 32 Dollar auf nahezu 10 Dollar das Faß gesunken waren, war ARCOs ROE auf 23 Prozent angestiegen, während der aller anderen bergab marschiert war, so daß das Unternehmen nun um volle 7 ROE-Punkte vor dem zweitplazierten Exxon lag.[5] Viele andere Führungsinitiativen fielen mit dieser Restrukturierung zusammen, so daß die Eigenkapital-Rendite sich auch in den Jahren 1988[6] und 1989 verbesserte.

Ohne effektive Führung, das wird jeder bestätigen, der diese Entwicklung genau verfolgt hat, hätte es solche Ergebnisse nicht gegeben. Aber eine sorgfältige Prüfung der Fakten macht deutlich, daß Führungsinitiativen nicht von einem einzelnen Menschen ausgehen. Viele unterschiedliche Menschen haben dabei wichtige Rollen gespielt. Die Geschichte der Restrukturierung jedenfalls beginnt mit Ron Arnault.

Arnault kam 1969 zu ARCO, nachdem er das Wharton College (Texas) mit einem MBA abgeschlossen hatte. Von 1977 bis 1988 arbeitete er als Corporate Vice-President im Bereich Planung. Von 1980 bis 1984 war er Präsident von ARCO Ventures/Solar, und 1984 wurde er der Chief Financial Officer der Firma. Arnault war mehr als jeder andere für den Kurs der Restrukturierung verantwortlich. Da er im Bereich Finanzierung, Planung und Rechtsangelegenheiten mit einem Team von ARCO-Führungskräften und mit der Investmentbank Salomon Brothers zusammenarbeitete, konnte Arnault Fakten sammeln, welche die Notwendigkeit einer Restrukturierung bewiesen: in welchem Ausmaß die Firma überkapitalisiert war; wie renditeschwach Anaconda und bestimmte andere Vermögenswerte operierten; wie all dies ARCO zur potentiellen Beute eines Firmenaufkäufers machte. Arnault und sein Team zeigten auch verschiedene Wege auf, die man bei einer Restrukturierung gehen könnte; sie analysierten die möglichen ökonomischen Konsequenzen verschiedener Ansätze und arbeiteten dann daran, diese Ideen den entscheidenden Führungskräften bei ARCO mitzuteilen. Ihre Fähigkeit, Bill Kieschnick, den Präsidenten von ARCO von 1981 bis 1985, zu überzeugen, war dabei ein besonders wichtiger Aspekt.

Lod Cook, im Jahre 1983 Executive Vice-President und 1986 Chairman, brauchte nicht erst mühsam überzeugt zu werden. Fast von Anfang an erschienen ihm die Restrukturierungsideen sinnvoll, und er half dabei, einige von denen, die zwischen 1984 und 1986

Gestalt annahmen, in die Tat umzusetzen. Aber so wie Arnault die Führung darin übernahm, die Richtung für den Restrukturierungsprozeß anzugeben, so übernahm Cook die Führung darin, die Mitarbeiter für jene Ideen zu gewinnen und sie zu motivieren, bei der Realisierung zu helfen.

Cook, ein Mann mit dem weichen Akzent der Südstaatler, schloß sich ARCO an, kurz nachdem er an der Louisiana State University seinen Abschluß als Ölingenieur gemacht hatte. Er arbeitete fast vierzehn Jahre lang im Bereich Personalwesen, bevor er eine Reihe von Marketing- und Generalmanagementaufgaben übernahm. In der frühen Phase des Restrukturierungsprozesses hatte er wesentlich daran mitgewirkt, einige der leitenden Direktoren, einschließlich des Chairman Robert Anderson, für die Weiterentwicklung dauerhaft zu gewinnen. Später wurde er der Hauptsprecher der Firma, der den ARCO-Angestellten Restrukturierungsentscheidungen erklärte und Enthusiasmus über das gute Funktionieren von ARCO zu wecken vermochte.

Mitarbeiter einer Firma von Restrukturierungsmaßnahmen dieser Art zu überzeugen ist niemals einfach. Im Herbst 1985 begann Cook regelmäßige Treffen mit Gruppen von Angestellten überall in der Firma anzuberaumen. Er erklärte seine eigene Version der Restrukturierung, war sich der Schwierigkeiten bewußt, die sie für viele Angestellte mit sich brachte, aber drängte sie, vor allem die zukünftigen Vorteile zu sehen. Fast immer machte er längere Pausen, damit Fragen gestellt werden konnten, und er ermutigte seine Zuhörer, ihre Gedanken laut auszusprechen, selbst wenn das bedeutete, daß manchmal auch skeptische Äußerungen laut wurden. Sein offenes und ehrliches, zurückhaltendes, nicht einschüchterndes, zugleich aber selbstbewußtes und wohlinformiertes Auftreten während dieser Sitzungen hinterließ bei jedermann einen nachhaltigen Eindruck.

Robert O. Anderson, der Gründer von ARCO, der vor Cook Chairman gewesen war, spielte bei all diesen Ereignissen eine untergeordnete Rolle, verglichen zumindest mit der von Arnault und Cook. Aber es war eine Rolle von zentraler Bedeutung – und zweifellos für ihn selbst keine leichte. Restrukturierung bedeutete, die Richtung der Firma in einigen fundamentalen Aspekten zu verändern, eine Richtung, die beispielsweise von Anderson persönlich entwickelt und zwei Jahrzehnte lang verfolgt worden war. Ganz anders als der Prototyp einer starken, unternehmerischen Führungspersönlichkeit, beispielsweise ein Mann, der ein Unternehmen aufbaut, es dann aber für alle Zeiten ablehnt, die Notwendigkeit für eine Richtungsänderung einzusehen, half Anderson Arnault und anderen dabei, das Restrukturierungspaket zuzuschnüren. Er trug entscheidend dazu bei, den Verwaltungsrat davon zu überzeugen, diese Ideen zu unterstützen, gab dann aber die Zügel in die Hände von Cook und zog sich von ARCO zurück.[7]

Die Lorbeeren dafür, daß Anderson tatsächlich eine führende Rolle bei der Restrukturierung spielte – und sich in keiner Weise einer Veränderung entgegenstellte –, gehen zunächst einmal zu Anderson selbst, einem wahrhaft ungewöhnlichen Mann. Aber andere halfen ihm dabei, indem sie sich mit diesen Ideen vertraut machten und sich mit ihnen identifizierten, vor allem mit dem Gedanken, Anaconda, das Anderson selbst erworben hatte, wieder abzustoßen. Cook war in dieser Hinsicht wichtig – und ebenso Kieschnick.

Bill Kieschnick war unter Anderson von 1981 bis 1985 Präsident der Firma gewesen. Kieschnick, von Hause aus chemischer Ingenieur, freundete sich sehr schnell mit dem Gedanken einer Restrukturierung an und arbeitete hart, um den neuen richtungweisenden Prozeß am Leben zu halten und um Anderson, zusammen mit einigen bedeutenden ARCO-Führungskräften, ebenfalls dafür zu gewinnen. Besonders zu Anfang war Kieschnick der Motor, der den Prozeß in Gang hielt; es ist sehr gut möglich, daß die Restrukturierungsanstrengungen ohne ihn verpufft wären.

Nach Kieschnick, Cook, Arnault und Anderson gibt es noch eine Reihe von Personen, die sogar noch speziellere, aber dennoch wichtige Rollen in dieser Geschichte spielten. George Babikian und Jim Morrison waren starke Führungspersönlichkeiten für den Marketingbereich des Ölgeschäfts. Sie leisteten wichtige Arbeit, und zwar schon lange vor dem Zeitpunkt, zu dem Arnault begann, über den Restrukturierungsplan zu sprechen. Die Personalreferenten entwarfen und realisierten ein innovatives Frührentenprogramm, das den Restrukturierungsmaßnahmen zugute kam. Wieder andere bemühten sich darum, die Produktivität in den Raffinerien von Washington und Los Angeles zu steigern, damit die neue Lyondell Petrochemical Company profitabel arbeitete und damit die laufenden Overhead-Kosten in verschiedenen Belegschaftseinheiten reduziert werden konnten.

Es ist schwer, ganz genau festzulegen, wie viele Menschen bei diesem Beispiel in irgendeiner Form eine Führungsrolle spielten. Drei oder vier spielten ganz deutlich eine sehr bedeutsame Rolle. Zumindest ein weiteres Dutzend trug in anderer wichtiger Hinsicht etwas bei. Aber niemand von ihnen spielte die Führungsrolle des Einzelkämpfers, an die wir bei dem üblichen Modell von Führung denken. Statt dessen waren sie alle in gewisser Weise stärker spezialisiert. Einige waren spezialisiert in Hinblick auf einen bestimmten Aspekt des Führungsprozesses selbst und konzentrierten sich beispielsweise im wesentlichen auf die Richtungsvorgabe oder auf irgendein Element beim Ausrichten der Mitarbeiter. Andere zeigten ihre speziellen Fähigkeiten in bestimmten Abschnitten der Entwicklung – beispielsweise durch das Einbringen von umfassender Restrukturierungsführung für das Produkt(Gas/Öl)-Marketing der neuen Petrochemiefirma in Houston.

Das Gesamtmuster der Rollenspezialisierung ist komplex und sehr charakteristisch gerade für dieses Beispiel. Aber das Ausmaß und die Menge an Spezialisierung sind nicht im mindesten ungewöhnlich. Eine solche Spezialisierung findet sehr häufig aus einer Notwendigkeit heraus statt.

Die Rolle, die Jim Adamson in Dundee so gut spielte, war außerordentlich schwierig. Dennoch: Wenn man die Ausmaße betrachtet, so war die Hausforderung bei ARCO wesentlich größer.[8] Vielleicht ergibt eine Mischung aus einem Churchill oder einem Gandhi im Bereich des Geschäftslebens einen erfolgreichen Adamson bei ARCO. Aber es ist in einer solchen Situation bei weitem logischer, zu erwarten, daß eine Gruppe talentierter Leute die Führung stellt, alle in sehr stark differenzierten, unterschiedlichen Rollen. Die Größe der Aufgabe verlangt ganz einfach danach.

Es ist ganz ähnlich wie im Bereich »Management«. Unternehmen verlangen heute normalerweise nicht nur von einem einzigen, sondern von vielen Menschen, ihre Managementqualitäten einzubringen, da die gesamte Verwaltung einen riesigen und komplexen Bereich darstellt. In den letzten zehn bis fünfzehn Jahren ist aber auch die Führungsherausforderung in den meisten Branchen derart angewachsen, daß sie fast ebenso groß, wenn nicht größer geworden ist, und die notwendige Reaktion ist, wie der Fall von ARCO zeigt, durchaus vergleichbar. In der Tat: In Firmen wie ARCO sind immer mehr Mitarbeiter gefordert, sowohl Führungs- als auch Managementrollen zu spielen, obwohl die Anforderungen an die jeweilige Rolle in dem einen oder anderen Fall ganz unterschiedlich sind (siehe Schaubild 6.1).

Sogar in relativ kleinen Firmen füllen viele Menschen beide Rollen aus, und zwar im großen und ganzen aus denselben Gründen. Eine nähere Betrachtung des NCR-Beispiels ergibt dafür deutliche Anhaltspunkte. Als Adamson Dundee verließ, kam der Führungsprozeß deshalb nicht zum Stillstand, weil zum Zeitpunkt, als er fortging, die Strukturen von anderen in einem beträchtlichen Ausmaß weiterentwickelt worden waren. Diese Leute hatten von Adamson etwas über Führung gelernt, und sie waren von ihm ermutigt worden, ihre Führungsqualitäten zu nutzen. Es handelte sich nicht nur um ein oder zwei Personen, sondern es gehörten viele, wenn nicht die meisten Angestellten seiner gesamten Verwaltung dazu. Verglichen mit Adamson war das, was sie taten, bescheiden. Die Rollen, die sie spielten, waren spezialisiert und begrenzt, aber dennoch außerordentlich wichtig. Einige dieser Leute halfen dabei, sämtlichen Führungsbedarf für einige Bereiche der Firma bereitzustellen – für die Endmontage beispielsweise –, andere konzentrierten sich auf *einen* Aspekt des Führungsprozesses und halfen Adamson beispielsweise bei der Ausrichtung oder Motivierung. Ohne solche Helfer wäre Adamson allein wahrscheinlich nicht in der Lage gewesen, sämtliche Führung, die während der Wachstumsphase in Dundee benötigt wurde, zu gewährleisten, denn der Betrieb wurde fortwährend komplexer, zumal zusätzliche Produkte eingeführt wurden. Außerdem wäre ohne jene Leute, in dem Moment, als er ging, die Schwungkraft einfach dahingewesen.

Führung in einem eher bescheidenen Sinne ist weitaus verbreiteter und weitaus wichtiger, als die meisten Menschen denken.[9] Ohne

**Schaubild 6.1**
Management- und Führungsrollen

| | *Managementrollen* | *Führungsrollen* |
|---|---|---|
| *Zweck* | Managementprozesse zu schaffen und auf diese Weise dabei zu helfen, voraussehbare Resultate herbeizuführen. | Führungsprozesse zu schaffen und auf diese Weise zu helfen, Veränderungen herbeizuführen, die man braucht, um mit einem sich verändernden Wettbewerbsumfeld fertig zu werden. |
| *Anzahl* | Gewöhnlich 10% bis 20% der Gesamtzahl aller Arbeitsplätze in einer Organisation. Im allgemeinen ist es so: Je komplexer der Vorgang, desto mehr Managerrollen gibt es. | Kann sehr stark variieren: 1% bis 50% aller Posten in einer Firma, abhängig davon, wie stark das Unternehmen sich verändern muß. |
| *Inhalt* | Die Linienfunktionen befassen sich mit drei Aspekten des Managements (Planung, Organisation und Kontrolle) für irgendeinen Bereich. Stabsabteilungen befassen sich manchmal nur mit einem begrenzten Bereich des Gesamtprozesses (beispielsweise Budgetierung) innerhalb irgendeines Bereichs. Die Gesamtgröße der Arbeitsplätze kann von groß bis klein variieren. | Kann sehr stark variieren. Einige werden sich auf alle Aspekte des Führungsprozesses für irgendeine Aktivität oder Organisation konzentrieren. Andere werden sich auf einen einzigen Aspekt des Prozesses (beispielsweise Richtungsvorgabe oder sogar nur einen Aspekt der Richtungsvorgabe) konzentrieren. Die Größe der Aufgaben kann sehr stark variieren: solche, die erhebliche, und andere, die weniger große Führungsqualitäten erlangen. |
| *Aufgabe* | Bestimmten Menschen werden bestimmte Rollen zugeschrieben, und zwar als ein förmlicher Aspekt des Managementprozesses selbst. Leute mit Managementrollen können auch Führungsrollen innehaben, die größer oder kleiner sind als ihre Managementposten. | Rollen werden auf eher informelle Weise übernommen, bzw. sie werden bestimmten Personen auf eher informelle Weise zugeschoben, und sie können erheblichen Veränderungen unterliegen. Leute mit Führungsrollen übernehmen gewöhnlich auch bestimmte Managementrollen. |

besonders auffällig und dramatisch zu sein, zieht sie nur selten viel Aufmerksamkeit auf sich und wird häufig nicht einmal bemerkt. Aber man erkennt sie in allen Geschichten, in denen es um Führung geht. Man kann sie nicht nur bei NCR wiederfinden, sondern auch bei American Express, SAS, Kodak, Mary Kay und Kentucky Fried Chicken.

Viele der Beispiele über Menschen, die Spitzenleistungen vollbracht haben, lassen sich in »kleine« Führungsinitiativen zerlegen. In diesen Fällen geschieht etwas Unvorhergesehenes, häufig kommt es zu einer Art Krise. Jemand gerät in eine bestimmte Situation, findet heraus, in welche Richtung die Dinge sich bewegen müssen, ist fähig, dies einigen anderen Leuten, deren Hilfe gebraucht wird, verständlich nahezubringen, und macht dann einen energischen Anlauf, um eine Zielprojektion unter schwierigen Bedingungen zu realisieren. Beobachter neigen dazu, dies nicht als »Führung« anzusehen, da die Anzahl der Personen, die einbezogen sind, so gering und die Vision so bescheiden ist und da die Individuen nicht in unser Stereotyp von Führungspersönlichkeiten hineinpassen. Aber entsprechend den Maßstäben, die in den Kapiteln 3 bis 5 aufgestellt werden, ist dies gewiß ebenfalls Führung, allerdings von der eher bescheidenen Art.

Man kann manchmal diese Art von Führung in den Fabrikhallen bei Kodaks Copy Products finden. Hier hat einer der Arbeiter eine Idee, wie irgend etwas verbessert werden kann, teilt diese Vision einem Meister und ein paar Mitarbeitern mit und kann sie so sehr dafür begeistern, daß man beschließt, eben diese Idee in die Tat umzusetzen. Ein solcher Mann betrachtet sich gewiß nicht als Führungspersönlichkeit, aber er hat durchaus seine Führungsqualitäten zum Wohl des Unternehmens genutzt.

Wenn es nicht sehr viele solcher Menschen gäbe, dann könnte das Mary-Kay-Unternehmen überhaupt nicht bestehen. Es sind jene »normalen« Frauen, die sich Teilzeitjobs als Schönheitsberaterinnen gesucht haben und die versuchen, ihren eigenen Direktverkauf aufzubauen. Es ist keine leichte Aufgabe, Leute anzuziehen, sie auszubilden, ihnen zu helfen, sich realistische Ziele zu setzen und sie zu motivieren. Ohne Führung ist das gar nicht möglich. Einige dieser Frauen denken wahrscheinlich, daß diese Aufgabe etwas sei, was nur Mary Kay selbst zukomme und nicht ihnen. Aber mit großer Wahrscheinlichkeit können auch sie bestimmte Führungsqualitäten einbringen – und dies ist für das ganze Unternehmen enorm wichtig.

So tief verwurzelt in unserem Denken ist das traditionelle Führer-Gefolgsmann-Modell, daß viele Menschen Schwierigkeiten haben, sich in irgendeinem Geschäftsbereich auch nur zwei starke Führungspersönlichkeiten zugleich vorzustellen. Jedoch aus demselben Grund, aus dem es möglich ist, daß in einem Unternehmen vier Führungspersönlichkeiten aktiv sind, ist es auch möglich, daß vierzig, vielleicht sogar vierhundert Führungspersönlichkeiten ihre Talente einbringen. Die Decworld-87-Geschichte ist dafür ein anschauliches Beispiel.[10]

Decworld 87, ein Ereignis, das von der Firma Digital Equipment ins Leben gerufen wurde, fand in den ersten beiden Wochen des September 1987 in Boston statt. Decworld war eine gigantische Ausstellung für Firmenkunden, auf der die Mitarbeiter und die Produkte von Digital vorgestellt wurden. Wenn wir uns die vergleichbaren Fälle anschauen, wie etwa den Fall der Restrukturierung von ARCO und das NCR-ATM-Beispiel, dann war dies ein echter »Knaller«. Um so mehr, als in jenen anderen beiden Geschichten praktisch jede zugängliche Quelle dieselbe Auskunft gibt – daß Erfolg hier von sehr vielen Individuen gemeinsam geschaffen wurde, die allesamt ihre Führungsqualitäten einbrachten.

Zwischen dem 1. und 11. September 1987 kamen nicht weniger als 32 000 Menschen in das World Trade Center in Boston, um sich Decworld zweieinhalb Tage lang anzuschauen. Während ihres Aufenthaltes wurde den Besuchern auf überwältigende Weise demonstriert, welchen Nutzen Digitalprodukte für sie haben. Sie besuchten Vorträge über die Arbeit mit dem Computer und verwandte Themen, wobei sie aus einem Plan auswählten, der 125 Angebote umfaßte. Sie trafen mit Führungskräften von Digital zusammen und hatten bei verschiedenen gesellschaftlichen Anlässen Gelegenheit, mit ihren Kollegen aus anderen Firmen zu sprechen – einige von ihnen waren an Bord der »Queen Elizabeth 2« oder auf der »Starship Oceanic« untergebracht; beide lagen neben dem World

Trade Center vor Anker und waren für das große Ereignis in schwimmende Hotels verwandelt worden. Die Besucher hatten viele dutzendmal Gelegenheit, neue Produkte zu testen, neue Ideen zu hören, Fragen zu stellen und dazuzulernen. Die meisten verließen Boston außerordentlich beeindruckt.
Erfolgreiche Präsentationen von Menschen und Produkten sind überhaupt nichts Ungewöhnliches; in großen Firmen finden sie immer wieder statt. Ungewöhnlich in diesem Zusammenhang war die gigantische Dimension dieses Ereignisses; Decworld 87 war die größte Ausstellung, die jemals von einer einzelnen Firma ausgerichtet wurde, wahrscheinlich bei weitem die größte. In vielerlei Hinsicht war es auch die erfolgreichste Ausstellung dieser Art.
Allein die weltweite kostenlose Werbung, die zu einem guten Teil die beiden Ozeanriesen einbrachten, war wahrscheinlich Hunderte von Millionen Dollar wert. Mit Tausenden von Kunden, die Computerbudgets im Wert von vielen Milliarden Dollar verwalteten, wurden Kontakte geknüpft oder bereits bestehende Beziehungen gestärkt. In den dreieinhalb Monaten nach dem Ende von Decworld 87 schloß Digital neue Geschäfte im Wert von mehr als zwei Milliarden Dollar ab – jedesmal wurde die Ausstellung als ein Faktor erwähnt, der dazu beigetragen hatte.
Das eigentlich Ungewöhnliche dieses Ereignisses hat jedoch weniger mit den eben erwähnten Zahlen zu tun, sondern eher damit, daß die meisten großen Unternehmen noch nicht einmal davon träumen würden, irgend etwas Derartiges zu versuchen: 25 000 Angestellte, die nebenbei alle ihr reguläres Arbeitspensum bewältigen mußten, dazu zu bringen, ein wirklich großartiges und brillant konzipiertes Ereignis in Szene zu setzen.
Die Digital-Leute schafften es. Sie entwarfen und realisierten eine Kampagne persönlicher Einladungen, um Tausende dazu zu bringen, sich trotz aller Arbeitsbelastung die Zeit zu nehmen, an diesem gesellschaftlichen Ereignis teilzunehmen. Sie organisierten eine gigantische Ausstellung mit technischen Geräten im Wert von dreißig Millionen Dollar, auf der die Digital-Produkte so präsentiert wurden, daß Kunden deutlich erkennen konnten, was Digital ihnen zu bieten hatte. Sie schufen ihr eigenes, spezielles Fernsehübertragungsnetz mit vier Moderatoren von örtlichen Fernsehsta-

tionen und boten den Gästen in ihren Hotels täglich von 18 bis 23 Uhr entsprechende Programme an. Sie konzipierten und realisierten Hunderte spezieller Ereignisse und Treffen für bestimmte Branchen oder größere Kunden. Sie bekamen genau das in den Griff, was für Logistiker einen Alptraum darstellt: unter anderem täglich 10 000 Mittagessen zu organisieren. Und sie schafften das alles ohne größere Panne, mit einem Enthusiasmus und mit einer Eleganz, von denen jedermann begeistert war.

Die Führungsherausforderung, dieses Ereignis in allen Einzelheiten auszurichten, und die Managementherausforderung, dafür zu sorgen, daß die entsprechenden Pläne im Rahmen von Zeit- und Budgetmöglichkeiten realisiert wurden, waren gewaltig. Bewältigt wurden diese Herausforderungen allerdings nicht von einer Einzelperson, auch nicht von einer kleinen Gruppe von Leuten wie Cook und Arnault, sondern von einer sehr großen Gruppe von Managern der mittleren Ebene und von Profis, von denen die meisten begrenzte, aber wichtige Rollen spielten.

Im Zentrum dieser Gruppe standen zwei Arbeitsteams, ingesamt ungefähr vierzig Personen. Diese Teams stellten einen Großteil der Führung und des Managements für dieses Ereignis. Sie arbeiteten mit CEO Ken Olsen und mit den Topmanagern von Digital zusammen, um das grundlegende Konzept von Decworld 87 zu entwikkeln. Die angestrebte Richtung teilten sie dann den restlichen Angestellten der Firma mit. Sie stellten Gesamtzeitpläne und ein Budget auf und entwickelten eine Struktur, um ihre Ziele zu verwirklichen. Während das Ereignis immer näher rückte, hielten sie regelmäßige Treffen ab, um sicherzugehen, daß die Dinge auf dem richtigen Wege waren, und um den Enthusiasmus zu entfachen, den man brauchen würde, um die Ideen in die Tat umsetzen zu können.

Der Anführer dieser beiden Teams war Dallas Kirk, der einzige Angestellte von Digital, der seine Arbeitszeit ausschließlich der Vorbereitung von Decworld 87 widmete. Kirk, ein früherer Marketingmanager für die Elektronikmarketinggruppe, spielte mehr als jeder andere die Rolle des für alle sichtbaren Führers und Haupt-Cheerleaders. Dabei arbeitete er sehr eng mit Carmen Coletta zusammen. Coletta war ein Finanzmanager aus einer der Marke-

**Schaubild 6.2**
Teamwork bei Decworld 87

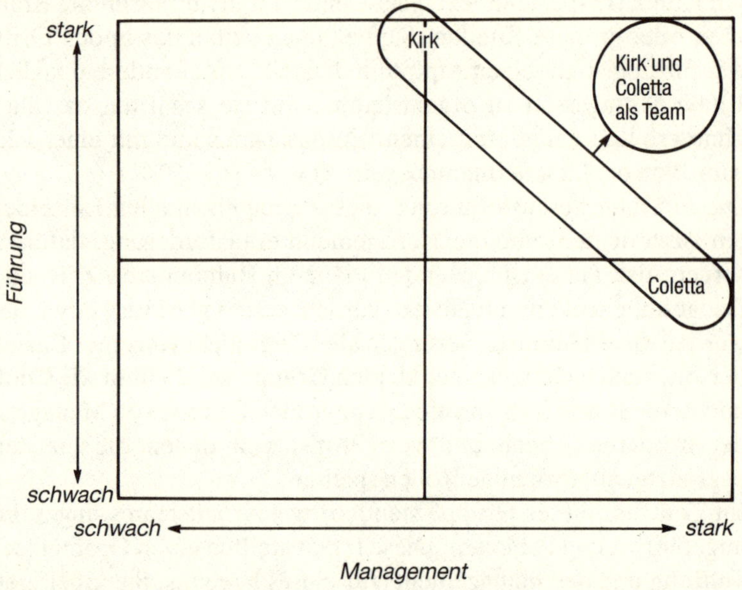


Indem sie eng zusammenarbeiteten, konnten Kirk und Coletta in einem Maße ihre kombinierten Führungs- und Managementqualitäten nutzen, wie es keinem von beiden als Einzelperson möglich gewesen wäre.

tingabteilungen und offiziell verantwortlich für die Finanzen bei Decworld, aber er spielte gegenüber Kirk, als der eigentlichen Führungspersönlichkeit, auch die Rolle des Verwalters. Er benutzte das Budget sowohl als Planungs- als auch als Kontrollinstrument und organisierte die Bestrebungen, Zielvorstellungen und Zeitpläne aufzustellen und dann deren Einhaltung zu überwachen.
Zur Kerngruppe gehörten auch Janet Shipman, Craig Zamzow, Elizabeth Strong und Kent St. Vrain. Shipman war verantwortlich dafür, alle Kommunikationshilfen zu entwickeln und zu produzieren – dazu gehörten etwa Programme, Einladungen, Schilder, Plakate, ein Fernsehnetz –, und ebenso dafür, den insgesamt visuellen Aspekt des Ereignisses zu gestalten. Zamzow war verantwortlich für die Ausstellungshalle. Es war seine Aufgabe, das World Trade

Center in Boston in ein gigantisches, untereinander verbundenes Mosaik von Computerausstellungsflächen im Wert von mehreren Millionen Dollar zu verwandeln. Strong trug die Verantwortung für sämtliche gesellschaftlichen Ereignisse. Dazu gehörte, daß über 1000 verschiedene Aktivitäten konzipiert und realisiert werden mußten, von reinen Info-Seminaren bis zu großen Picknicks. Und St. Vrain befaßte sich mit dem Einladen, der Registration und der Unterbringung der Gäste.

Einen Schritt von diesem Kern entfernt stand eine sehr viel größere Gruppe, etwa 3500 Menschen, die Shipman, Zamzow, Strong und anderen halfen. Diese Personen stellten ihre Verwaltungs- oder Führungsqualitäten für irgendeinen besonderen Aspekt des Ereignisses zur Verfügung – beispielsweise die Vorführungen, die für Kunden einer bestimmten Branche geplant wurden. Ihnen standen mehr als 11 000 weitere Angestellte von Digital zur Seite, die die verschiedenen Demonstrationsschauen konzipierten, die Systeme eigenhändig aufbauten und testeten, andere anleiteten, Vorführungen abzuhalten, und Hunderte anderer, ähnlicher Aufgaben übernahmen.

Schließlich gab es über 10 000 Menschen, die im Laufe der Decworld-Ausstellung eine Zeitlang vor allem körperlich präsent waren: Sie organisierten Vorführungen, hielten Reden, verteilten Programme, trafen sich mit Kunden und versuchten, Menschen, die diese oder jene Arbeiten verrichteten, zu dirigieren und zu motivieren. Die meisten dieser Mitarbeiter erfüllten mit ihrer Leistung eine bestimmte, eng definierte Aufgabe. Aber sehr viele von ihnen wurden auch gebeten, für die Durchführung des einen oder anderen weniger offiziellen Ereignisses Sorge zu tragen, ihre Führungsqualitäten für eine spezifische Aktivität zur Verfügung zu stellen oder aber beides zu tun.

Insgesamt brachte eine große Anzahl von Menschen in der einen oder anderen Form ihre Führungs- oder Managementqualitäten ein – ohnedem wäre diese Ausstellung nicht möglich gewesen. Sogar noch stärker, als dies offensichtlich bei ARCO der Fall gewesen war, übernahmen viele Personen eine Vielzahl von relativ kleinen Rollen. Diese Form von Führung mag im Falle vieler einzelner Menschen recht bescheiden erschienen sein, aber kollektiv gesehen war sie eine außerordentliche Kraftanstrengung. Denn diese vielen kleinen Beiträge waren es, die den Erfolg der Ausstellung bewirkten.

Unter den US-Firmen von vergleichbarer Größe – der Umsatz von Digital im Jahre 1988 betrug elfeinhalb Milliarden Dollar – ist dieses Unternehmen in seiner Fähigkeit, die Führungsqualitäten einer signifikanten Anzahl von Managern der mittleren Ebene zu nutzen, sehr ungewöhnlich. Aber verglichen mit den erfolgreichsten großen Firmen der letzten 20 Jahre war Digital in dieser Hinsicht durchaus nichts Besonderes.

Viele jener Firmen, und zwar weltweit die erfolgreichsten, sind in Japan angesiedelt. Dazu gehören Sumitomo (Banken), Matsushita (Elektronik), Toyota (Personen- und Lastwagen), Nomura (Versicherung), Canon (Kopiermaschinen) und viele andere. Wenn die Amerikaner an Japaner denken, dann denken sie nur selten an Führung. Jedoch haben jene Unternehmen auf ihre kulturell sehr deutlich profilierte Art wirklich Brillantes sowohl im Bereich Management als auch im Bereich Führung geleistet. Die Beweise dafür sind offensichtlich, sowohl im Hinblick auf Resultate (fortwährend den Erwartungen von Kunden, Bankern etc. zu entsprechen, während sie sich zugleich auf aggressive Weise verändern, um sich neuen Bedingungen anzupassen) als auch im Hinblick auf Faktoren, die jene Resultate hervorbringen (stimmige Pläne, Organisation und Kontrollen in Verbindung mit einem klaren Sinn für Vision, Ausrichtung auf jene Vision und hochmotivierte Mitarbeiter). Aber all dies ist nicht auf die traditionelle amerikanische oder europäische Art und Weise erreicht worden, bei der häufig eine unverkennbare John-Wayne-Mentalität an den Tag gelegt wird, sondern auf eine Art und Weise, die eher der Vorgehensweise von Digital entsprach.

Die Chefs erfolgreicher japanischer Unternehmen sind häufig Personen von ganz ungewöhnlichem Format. Aber ein großer Teil der Führung in diesen Firmen kommt eher von Gruppen als von Einzelpersonen, und diese Gruppendynamik ist gewöhnlich auf den mittleren Ebenen angesiedelt. Hunderte von Leuten spielen eine entscheidende Rolle, die aber häufig so bescheiden ist, daß man dann, wenn man irgendwelche Einzelpersonen anschaut, kaum jemals irgend etwas sieht, was Führung im westlichen Stil ähnelt. Aber um Führung handelt es sich tatsächlich, und insgesamt haben diese vielen individuellen Beiträge den Firmen geholfen, sich brillant an Ölcrashs, Yen-/Dollar-Krisen, Handelsschutzgesetzen und an sehr viel mehr vorbeizumogeln. Japanischen Firmen ist es gelungen, eine ganze Reihe destabilisierender Ereignisse zu überleben, die viele Konzerne in den Vereinigten Staaten und in Europa in den Abgrund gestürzt hätten.

# 7 Dichtgeknüpfte informelle Netzwerke

Wenn in einer bestimmten Situation verschiedene Personen ihre Führungsqualitäten unter Beweis stellen, so ergibt das nicht notwendigerweise ein sinnvolles Ganzes. Im Gegenteil: Sehr leicht können dabei Konflikte und Reibereien entstehen. In extremen Fällen kann ein so entstandener Konflikt verheerende Wirkungen auslösen; Individuen mit einem sehr starken Willen können eine kriegsähnliche Atmosphäre erzeugen: Ressourcen werden verschleudert, wichtige Arbeiten bleiben liegen, und zuletzt sind alle Beteiligten erschöpft und ausgelaugt.

Damit verschiedene Führungsrollen zum gegenseitigen Nutzen zusammenspielen, muß es eine Instanz geben, die die Handlungen der Menschen in jenen Rollen koordiniert. Vor allem braucht man einen Mechanismus, der dafür sorgt, daß die jeweiligen Zukunftsvisionen so aufeinander abgestimmt werden, daß sie harmonieren und nicht konkurrieren. Dies kann äußerst schwierig sein, aber es ist durchaus möglich. Betrachten wir nur einmal die Fälle von ARCO und Digital. Die Koordinierung verschiedener Führungsinitiativen sieht jedoch ganz anders aus als Koordinierung von Managementrollen. Bei der Koordinierung von Führungsrollen ist ein Element gefragt, das ganz spezifisch dem Charakter und der Funktion von Führung entspricht.

Wir betrachten es als mehr oder weniger selbstverständlich, daß am Verwaltungsprozeß verschiedene Personen mitwirken. Dafür müssen ihre Rollen in eine intelligente formale Struktur eingegliedert werden, in der Managerrollen klar definiert und durch eine Weisungskette untereinander verbunden sind. Eine solche Struktur hilft, Konflikte zu reduzieren beziehungsweise auf eine vernünftige

Art und Weise zu lösen. Festgelegte Arbeitsaufgaben, die relativ wenig anspruchsvoll sind und die einander nicht sehr stark überschneiden, können beispielsweise Reibereien vermindern, indem sie die Möglichkeiten für einen Kompetenzstreit verringern. Die Weisungskette hilft, letzteres zu erreichen, indem ein Mechanismus geschaffen wird, durch den Streitigkeiten beigelegt werden können; gleichgültig, welche Rollen miteinander im Konflikt stehen: In einer Weisungskette gibt es immer jemanden, der hierarchisch mit jenen Rollen verbunden ist und der für die notwendige Koordination sorgen kann. Ebenso wichtig ist die Tatsache, daß sowohl Arbeitsplatzbeschreibungen als auch die Weisungskette dabei helfen können, eine vollkommen integrierte Reihe von Plänen hervorzubringen, so daß ein Konflikt selbst schon bevor er an die Oberfläche kommt und sich zerstörerisch auswirken kann, gelöst wird.[1]

Es liegt nahe anzunehmen, daß durch die eben beschriebenen Mechanismen, vielleicht auch in leicht abgewandelter Form, Führungsrollen koordiniert werden können. Aber das können sie nicht, und zwar aus Gründen, die direkt auf die besonderen, charakteristischen Unterschiede zwischen Führung und Management zurückzuführen sind.

Noch einmal: Vieles hat mit dem Phänomen von Routine-Aktivitäten im Gegensatz zu Nicht-Routine-Aktivitäten zu tun oder, im weiteren Sinne, mit Stabilität im Gegensatz zu Veränderung. Durch eine formale Struktur kann man Routine-Aktivitäten außerordentlich gut in den Griff bekommen. Sie befaßt sich nicht mit neuen und unerwarteten Ereignissen, und das aus einem sehr einfachen Grund. Wenn alles einem fortwährenden Wandel unterworfen ist, dann ist es nicht möglich, Arbeitsplätze und Arbeitsaufgaben auf eine Art und Weise zu beschreiben, die vollkommen eindeutig ist und bei der Kompetenzüberschneidungen ausgeschlossen sind. Manchmal ist es nicht einmal möglich zu wissen, welche Arbeitsplätze in Zukunft benötigt werden. Infolgedessen gibt es sehr viel mehr Anlässe für Konflikte – die alle beherzt gelöst werden müssen. Wenn bestimmte Grenzen überschritten werden, dann ist plötzlich die Fähigkeit der Hierarchie, mit dieser Art von Situation fertig zu werden, nicht mehr gegeben. Führungskräfte verbringen schließlich immer mehr Zeit damit, mit immer heftigeren Disputen fertig zu werden. Es dauert immer länger, bis eine Entscheidung getroffen wird. Die Spannung steigert sich. Zu guter Letzt bricht dann das ganze System zusammen.[2]

Wenn Führungsrollen gut koordiniert sind, dann durch etwas, das flexibler und anpassungsfähiger ist als eine formale Struktur und das daher eher fähig ist, mit Nicht-Routine und mit Veränderung fertig zu werden. Dieses Etwas ist eher informell als formell, und es hat eher Ähnlichkeit mit einem Spinnennetz als mit einer Hierarchie.[3]

Sowohl bei ARCO als auch bei Digital gab es sehr viele gute Arbeitsbeziehungen zwischen Menschen in den verschiedenen spezialisierten Führungsrollen. Häufig kannten und respektierten sich diese Menschen. In einigen Fällen hatten sie schon jahrzehntelang zusammengearbeitet und standen einander persönlich sehr nahe. Sie teilten bestimmte Wertvorstellungen, die sie miteinander verbanden. In einigen Fällen hatten sie sogar eine ähnliche Weltanschauung.

Diese dichten Netzwerke von informellen Beziehungen helfen dabei, Führungsaktivitäten in ganz ähnlicher Weise zu koordinieren, wie eine formelle Struktur Verwaltungsaktivitäten koordiniert. Der entscheidende Unterschied ist der, daß durch dichtgeknüpfte informelle Netzwerke ein sehr viel größerer Teil der Koordinationsarbeit geleistet werden kann, der mit Nicht-Routine-Aktivitäten und mit Veränderung in Zusammenhang steht. Die zahlreichen Kommunikationskanäle und das zwischenmenschliche Vertrauen bewirken, daß bei der Entscheidung, wer welche Rolle spielen wird, ein fortwährender Anpassungsprozeß stattfindet. Wenn Rollenkonflikte entstehen, dann helfen eben jene Beziehungen zwischen den Parteien, die ein bestimmtes Wertesystem teilen, diese Konflikte auch zu lösen. Und was vielleicht am allerwichtigsten ist: Durch diesen Prozeß von Dialog und Anpassung können Zukunftsvisionen entstehen, die zusammenhängend und kompatibel sind, nicht bruchstückartig und wettbewerbsorientiert. Alles dies erfordert eine ganze Menge mehr Kommunikation, als für die Koordination von Managerrollen notwendig ist, aber im Unterschied zu einer formellen Struktur können dichtgeknüpfte informelle Netzwerke jene Art von Kommunikation erleichtern (siehe Schaubild 7.1).

**Schaubild 7.1**
Koordinierung von Managementrollen im Gegensatz zu Leadership-Rollen

| | *Multiple Managementrollen* | *Multiple Führungsrollen* |
|---|---|---|
| *Primäre Koordinierungsmechanismen* | Formale Struktur (Arbeitsplatzbeschreibungen und Weisungskette) und integrierte Pläne. | Dichtgeknüpfte informelle Netzwerke (gute Arbeitsbeziehungen zwischen vielen Menschen, denen ein bestimmtes Wertsystem gemeinsam ist) und teilweise übereinstimmende Visionen. |
| *Prozeß, der die Mechanismen lenkt* | Arbeitsplatzbeschreibungen definieren genaue Kompetenz- und Handlungsbereiche und reduzieren Konflikt, indem sie Überschneidungen zwischen einzelnen Arbeitsaufgaben auf ein Minimum reduzieren. Weisungsketten bringen alle Arbeitsplätze miteinander in Verbindung und dienen so als ein Mittel, um Konflikte zu lösen. Genau diese Mechanismen schaffen, wenn man sie auf den Planungsprozeß anwendet, eine integrierte Gruppe von Plänen, durch die zukünftige Konflikte ausgeschaltet werden. | Die Vielfalt von guten Kommunikationskanälen und das Vertrauen zwischen Menschen in dichtgeknüpften informellen Netzwerken ermöglichen es, daß ein fortwährender Prozeß der Anpassung in der Entscheidung, wer welche Rolle spielen soll, stattfindet. Rollenkonflikte werden dadurch frühzeitig beigelegt. Jene Kanäle helfen auch dabei, Visionen zu entwickeln, die untereinander verbunden und kompatibel und nicht bruchstückartig sind und die nicht miteinander konkurrieren. |

Wie wichtig es ist, daß einzelne Visionen bis zu einem bestimmten Grad zusammengewebt sind, kann nicht genug betont werden. Ohnedem würden der Dialog und die Anpassung, die notwendig ist, um alltägliche Handlungen zu koordinieren, schließlich die Möglichkeiten selbst des stärksten informellen Netzes überschreiten. Durch untereinander verknüpfte Visionen können Menschen selbst in spezialisierten Führungsrollen recht unabhängig agieren, ohne zugleich einen fortdauernden Konflikt mit anderen zu riskieren. In der Geschichte von Kentucky Fried Chicken beispielsweise gab es mindestens ein Dutzend Leute, die Visionen für ihre speziellen Aufgaben in dem Projekt entwickelt haben. Da jedoch diese Visionen mit Dick Mayers Gesamtkonzept übereinstimmten und da man Widersprüche und Meinungsverschiedenheiten miteinan-

der besprach und löste, waren diese Personen fähig, mit einer gewissen Autonomie zu handeln, und es war möglich, daß sich das ganze Projekt mit ungewöhnlicher Geschwindigkeit entwickelte.
Dichtgesponnene Netzwerke können sogar helfen, Führung und Management zu koordinieren, wenn Führung beziehungsweise Management von verschiedenen Personen ausgeht – wie im Fall von Dallas Kirk und Carmen Coletta von Digital.
Natürlich gibt es gewisse informelle Beziehungsnetze zwischen den Mitarbeitern in allen großen Unternehmen. Aber allzu häufig sind diese Netze allzu schwach. Einige Leute stehen untereinander in sehr enger Verbindung, aber bei den meisten ist das nicht der Fall. Oder sie sind nur abteilungsbezogen vorhanden – es gibt beispielsweise ein enges Netz innerhalb der Marketinggruppe und in der Abteilung für Forschung und Entwicklung, aber nicht zwischen den beiden Abteilungen. Durch solche nur punktuell vorhandenen Netze können unterschiedliche Führungsinitiativen in ihrer Komplexität nicht entsprechend unterstützt werden.
Dies sind die Gründe, warum dichtgeknüpfte informelle Netze für Führung so lebenswichtig sind; man findet sie überall dort, wo vielfältige Führungsinitiativen ein harmonisches Ganzes ergeben. So war es bei Dundee. Solche Verbindungen waren ein wesentlicher Aspekt des American-Express-Beispiels. Die Erfolge bei Kodak und Kentucky Fried Chicken sind entscheidend auf solche enggeknüpften Beziehungsnetze zurückzuführen. Dasselbe ist bei allen hervorragenden japanischen Unternehmen erkennbar. Ein solches Netz ist äußerst wichtig, und wenn es nicht oder nur unzureichend vorhanden ist, müssen sich die Verantwortlichen vor allem anderen darauf konzentrieren, seine Entstehung durch schlagkräftige Führungsmaßnahmen zu fördern.
Die Geschichte der Abteilung für Papierprodukte des Unternehmens Procter & Gamble Mitte der 80er Jahre ist ein gutes Beispiel für einen wirtschaftlichen Turnaround, eingeleitet durch vielfältige Führungsinitiativen, in einem Rahmen, in dem es zunächst kein adäquates informelles Netz gab.[4]
Zu den Papierprodukten bei Procter & Gamble gehörten gutbekannte Marken wie Bounty (Papierhandtücher), Pampers (Wegwerfwindeln) und Charmin (Toilettenpapier). Diese Abteilung des

Unternehmens trägt wesentlich zum Gesamtumsatz des Bereichs Lebensmittel, Seife, Gesundheits- und Schönheitsprodukte bei. P&G bestand schon länger als 150 Jahre, als die Abteilung für Papierprodukte 1956 ins Leben gerufen wurde, und zwar durch den Aufkauf der Charmin Paper Company. Charmin stellte ein Produkt, nämlich Toilettenpapier, her, das sich in bestimmten Gebieten der USA sehr gut verkaufte. P&G ging sehr aggressiv an die Erweiterung dieses Geschäftsbereiches und war damit im Laufe von 20 Jahren sehr erfolgreich. Das Unternehmen beschritt dafür drei verschiedene Wege. Man setzte Produktentwicklungsexperten ein, um das Produktsortiment zu erweitern: So wurden beispielsweise im Jahre 1961 Wegwerfwindeln eingeführt. Neue Herstellungstechnologien wurden entwickelt, um hochwertige Papierprodukte zu niedrigen Kosten herzustellen. Und schließlich griff man auf Expertenwissen im Bereich von Marketing und Verkauf zurück, um den Absatz der Produkte geographisch breiter zu streuen – erst auf nationale und dann auf internationale Märkte.

Zunächst gab es bei P&G nur wenig Konkurrenz für diese innovativen, qualitativ hochwertigen, preislich vernünftigen und durch gutes Marketing geförderten Konsumgüter. In den späten 70er Jahren hatte sich die Situation jedoch geändert. Durch die »Huggies« von Kimberly Clark erlitt der Marktanteil von Pampers gewaltige Einbrüche. »Northern« Toilettenpapier und »Brawny« Papiertücher, beides Produkte von James River, wurden immer erfolgreicher. Die Scott Paper Company erkämpfte sich auf aggressive und sehr effektive Weise einen größeren Marktanteil. Billige private Marken, die von Firmen wie Georgia-Pacific, Weyerhaeuser und Fort Howard hergestellt wurden, eroberten sich darüber hinaus einen relativ großen Marktanteil. Dieser Einbruch der Konkurrenten machte P&G schwer zu schaffen; Absatzanalysen schätzten, daß der Anteil von P&G von 75 Prozent Mitte der 70er Jahre auf 52 Prozent bis 1984[5] zurückging. Als die leitenden Führungskräfte das Ausmaß des Problems erkannten, schickten sie umgehend bewährte Mitarbeiter in die Papierproduktabteilung, von denen sie meinten, daß sie der Entwicklung eine andere Richtung geben könnten. Einer dieser neuen Leute war Richard Nicolosi.

Im April 1984 kam Nicolosi als Associate General Manager in den

Bereich Papierprodukte. Nach drei Jahren in P & Gs kleinerem und schnell beweglichem Soft-Drink-Geschäft fand er eine Organisation vor, die sehr funktional orientiert und sehr zentralisiert zu sein schien. Man konzentrierte sich intern auf funktionale Ziele und Projekte. Fast alle Informationen über Kunden wurden durch eine sehr stark quantitativ orientierte Marktforschung gewonnen. Die technisch orientierten Mitarbeiter wurden für Kosteneinsparungen belohnt, die im Bereich Handel konzentrierten sich auf Umsatz und Marktanteil, und beide befanden sich in einer Art Kriegszustand miteinander.

Im Spätsommer 1984 verkündete die Firmenleitung, daß Nicolosi im Oktober der Leiter des Bereichs Papiererzeugnisse werden würde. Schon im August übernahm er sämtliche Funktionen. Den ersten großen Schritt in die neue Richtung machte er im September, als er sich drei Tage lang mit seinen elf direkten Untergebenen irgendwo außerhalb der Firma traf. »Ich mußte es ihnen ganz deutlich klarmachen«, berichtete Nicolosi später, »daß sich die Regeln des Spiels geändert hatten.«

Es war ein schwieriges Treffen. Die zwölf Männer an der Spitze waren nicht daran gewöhnt, als ein Team zusammenzuarbeiten. Dennoch: Mit Hilfe eines Mannes, der Teamarbeit mit sehr viel Geschick einzuführen wußte, begannen sie einen Dialog. Sie verbesserten ihre Arbeitsbeziehungen und formulierten eine neue Vision für die Abteilung.

Im Rahmen der neuen Vision wurde sehr viel mehr Wert auf Teamwork gelegt; Nicolosi entwickelte die Strategie, bestimmte Personengruppen einzusetzen, um das Unternehmen und spezifische Produkte zu verwalten, und dies wurde von den meisten anderen akzeptiert. Ebenso wurde die Idee angenommen, daß die Abteilung sehr viel stärker und in sehr viel kreativerer Weise vom Markt bestimmt werden sollte; es sei engstirnig, lediglich darauf hinzuarbeiten, ein Niedrigkostenproduzent zu werden. Die Mitglieder des Teams diskutierten auch die Notwendigkeit, Innovationen sehr viel schneller in die Wege zu leiten, sich mehr auf Kunden und die Gesamtqualität zu konzentrieren, die Ertragskraft des Unternehmens zu verbessern und nicht fortwährend Analysen und funktionale Projekte zu diskutieren.

Im Oktober ernannten sich eben jene zwölf Manager zum Papierabteilungsausschuß (Board) und begannen, sich allmonatlich zu treffen. Sechs Monate später rief man sogar wöchentliche Treffen zusammen. Während dieser Zeit fanden Ausschußmitglieder, die offensichtlich Schwierigkeiten hatten, sich an die Gruppe und an die neue Richtung anzupassen, Aufgaben in anderen Bereichen von P&G.

Im November stellte der Ausschuß »category teams« (Gruppen mit bestimmten Zuständigkeitsbereichen) zusammen, die die wesentlichen Produktgruppen (beispielsweise Windeln, Papiertücher, Papierhandtücher) verwalten sollten. Nicolosi und ein paar andere bemühten sich viele Stunden lang darum, den Abteilungen und den neuen Teams ihre Vorstellungen über die zukünftige Arbeit der Abteilungen und die Rolle, die die Teams darin zu spielen hätten, zu erklären. Wendy Williams[6] organisierte ein Seminar, um Category-Team-Mitgliedern ein Konzept für die notwendigen neuen Führungskompetenzen entwickeln zu helfen. Zur selben Zeit begannen Nicolosi und sein Ausschuß, die Verantwortung an jene Category-Teams zu delegieren, und drängten sie, ihre Ziele hoch anzusetzen. »Pfeif auf den schrittweisen Zuwachs«, pflegte er zu sagen, »und versuch's mit einem Sprung.« Um die Menschen zu kreativem Denken zu ermutigen, begann Nicolosi auch, zahllose Schreiben zu versenden. »Haben Sie dies in Betracht gezogen?« – »Was ist mit dieser Idee?«

Im Dezember kümmerte sich Nicolosi intensiver um bestimmte Aktivitäten. Er traf sich persönlich mit den Leuten von der Werbeagentur und machte die Bekanntschaft der Kreativdirektoren. Er bat den Marketingmanager für Windeln, Peter Hemme, ihm direkt Bericht zu erstatten, obwohl dabei eine Ebene in der Hierarchie übergangen werden mußte. Er unterhielt sich sehr häufig besonders mit den Leuten, die an zwei neuen Entwicklungsprojekten für Produkte arbeiteten, die später als »Always Plus« und »Ultra Pampers« bekannt wurden.

Im Januar 1985 verkündete der Ausschuß die neue Organisationsstruktur, zu der nicht nur Category-Teams gehörten, sondern auch Busineß-Teams für neue Marken (siehe Schaubild 7.2).

Zunächst entstand eine beträchtliche Verwirrung über die Frage, wie diese Struktur funktionieren würde. Aber alle Beteiligten

Schaubild 7.2

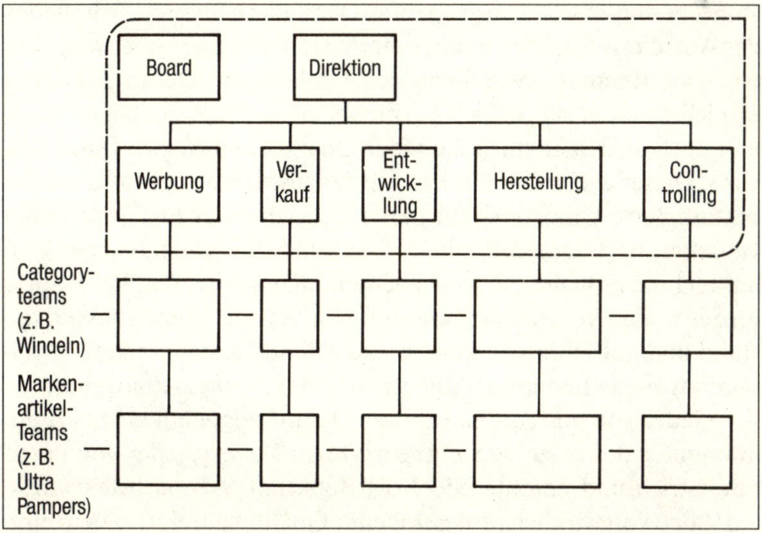


waren zugleich auch in ehrgeiziger Vorfreude. Um den Mitarbeitern zu helfen, ihre Rolle in der neuen Struktur zu reflektieren, begannen einige Mitglieder des Ausschusses, weniger über das Verwalten und sehr viel mehr über das Führen nachzudenken.
Im April begannen, mit Unterstützung durch die Mitglieder des Ausschusses, die Bereiche Herstellung und Entwicklung sich mehr auf den Aspekt der Qualitätsverbesserung (»Total Quality«) zu konzentrieren. Menschen wie Steve Brunner und Paul Kissling hielten nach systematischen Möglichkeiten Ausschau, um die gesamte Produktionsmaschinerie produktiver und profitabler zu gestalten.
Im Mai, nachdem die Beteiligten einen deutlicheren und klareren Richtungssinn für ihre Abteilung entwickelt hatten, plante der Ausschuß in allen Einzelheiten ein großes festliches Ereignis für den 4. Juni, um die gemeinsame Vision so vielen Menschen wie möglich nahezubringen. An jenem Tag trafen sich sämtliche in Cincinnati ansässigen Personen, die mit Papier zu tun hatten, sowie die Verkaufsgebietsleiter und die Papierfabrikmanager, insgesamt einige tausend Menschen, in der örtlichen Freimaurerkirche. Nicolosi sprach voller Leidenschaft über die sich verändernde Wettbewerbs-

landschaft und darüber, daß es notwendig sei, daß sie alle, die Zuhörer und er selbst, sich ebenfalls verändern müßten. Mitglieder des Ausschusses sprachen über ihre Vision von einer Abteilung, die einen bestimmten, berechenbaren Umsatz und Deckungsbeitrag erreicht, indem sie für den Verbraucher der Weltproduzent Nummer eins für Papier von gehobener Qualität und Wegwerfprodukte wird. Dieses Ziel sollte erreicht werden, indem man gemeinsam die bestmögliche Umgebung für persönliche Entwicklung, einen individuellen Beitrag und Produktivität schuf, auf ein peinliches Einhalten hoher Qualitätsnormen achtete, Kreativität und Innovation förderte, den Verbraucher und die Konkurrenz immer besser verstand und mit Hilfe von kurzen und offenen Kommunikationsverbindungen die Teamarbeit pflegte, und das in einer Atmosphäre, in der »jeder von uns ein Führer« ist. Darauf folgte ein kurzes Kommuniqué jedes einzelnen Category-Team-Leiters; jeder von ihnen unterstrich und betonte Nicolosis Botschaft. Als nächstes wurde ein Video von wirklich professioneller Qualität gezeigt, in dem einige der Redner als Gesangs- und Tanzstars auftraten.

Nach dem Video wurden alle zu einer Fahrt in einem Riverboat eingeladen, das den Ohio bis zum Vergnügungspark von Coney Island hinauffuhr. Dort wurden noch weitere Reden gehalten, man nahm gemeinsam ein festliches Essen ein und sah ein anderes Video zum Themenkreis »neue Vision«. Zur Unterhaltung spielte eine Brass-Band. Den Abschluß des Abends bildete ein Feuerwerk. Viele langjährige P & G-Angestellte äußerten sich über diesen Tag etwa in folgenden Worten: »Ich habe schon viele Jahre lang für diese Firma gearbeitet, aber etwas Derartiges habe ich noch nie erlebt.«

Das Fest vom 4. Juni wurde in ganzer Länge auf Video aufgenommen. Eine bearbeitete Version wurde an alle Verkaufsbüros und Einzelfirmen geschickt, und alle Angestellten der Abteilung, die dem Ereignis nicht direkt beiwohnen konnten, sahen zumindest das Video.

Nach diesem Fest begannen die Abteilungen und Category-Teams ihre eigene Vision und die entsprechende Strategie zu entwickeln. Eine Abteilung ging mit siebzig Leuten zwei Tage lang in Klausur, und eine andere entschloß sich, jedermann, »bis hinunter zu den Sekretärinnen«, einzubeziehen. Es gab bei solchen Treffen durch-

aus auch Schwierigkeiten, aber bei weitem keine solchen Spannungen wie beim ersten Treffen außerhalb der Firma, zu dem der Ausschuß im September des vorigen Jahres zusammengekommen war. Jetzt wirkten verschiedene Faktoren zusammen: die neue Struktur und die von der Abteilung entwickelte Vision, die beide Teamwork förderten, sorgfältig durchdachte Personalveränderungen, ein Training in Teamwork und eine Menge anderer teamfördernder Meetings, so daß sehr viel mehr harmonische Arbeitsbeziehungen innerhalb der Abteilungen und über die Grenzen verschiedener Abteilungen hinweg aufgebaut werden konnten.
Um diese richtungweisenden Handlungen zu verstärken und zu ermutigen, brachten Mitglieder des Ausschusses viele Stunden damit zu, über die Gesamtrichtung und über die erreichten Fortschritte zu sprechen – und all das mit großer Begeisterung. Nicolosi bereiste an zwei Tagen in der Woche Firmen und Verkaufsbüros. Jeder sollte sein Engagement für die Veränderungen, die in die Wege geleitet worden waren, miterleben. Die meisten steckte er mit seiner Begeisterung an.
Im August begann das Board nach ersten finanziellen Erfolgen, nach »early wins«, Ausschau zu halten, die den neuen Visionen Glaubwürdigkeit verleihen und helfen könnten, jedermann zu motivieren. Die Mitglieder beschlossen, über den Preis und die Werbung sich auf den Absatz von Toilettenpapier und Papierhandtücher zu konzentrieren. Der Ansatz war denkbar einfach: Man müßte für den Augenblick die Gewinnmarge vergessen und sich vor allem einen ordentlichen Marktanteil erkämpfen; erst wenn das Geschäft zu wachsen begänne, sollte man sich auf höhere Gewinnspannen konzentrieren. Die Mitglieder hatten inzwischen auch begonnen, mehr Zeit auf zwei neue Produkte zu verwenden: »Always Plus« und »Ultra Pampers«. Beide Investitionen machten sich sehr rasch bezahlt. In den letzten Monaten des Jahres begannen die Führungskräfte der Papierabteilung, konkrete Schritte zu planen, durch die neue Firmenmitglieder schnell mit der veränderten Orientierung vertraut werden konnten. Im Januar 1986 wurden alle neuen Manager für dreieinhalb Tage nach Cincinnati gebracht; in dieser Zeit trafen sie sich mit anderen Angestellten der Abteilungen und wurden über die Geschäftsrichtung informiert.

Um langjährige Angestellte dauerhaft zu motivieren und zu begeistern, begann Nicolosi damit, jede einzelne Leistung zusätzlich zu den gewöhnlichen Beförderungen und Gehaltserhöhungen mit kleinen persönlichen Schreiben, Blumen und Anstecknadeln zu belohnen. Andere Führungskräfte taten dasselbe, und Mitte des Jahres war das Wort vom »kulturellen Wandel« in der Papierabteilung in jedermanns Munde. In einem Bericht vom Sommer 1986 wurden folgende Fortschritte erwähnt: »bessere Kommunikation, Zusammenarbeit und Vertrauen und mehr Teamwork« (beispielsweise ein sehr viel dichteres informelles Netz von Beziehungen). Herausgehoben wurden auch: »mehr Konzentration und Richtung, mehr und bessere Strategien, bessere Ausrichtung, eine verbesserte Moral und häufigeres, besseres und schnelleres Handeln« (beispielsweise mehr Führungsinitiativen auf den verschiedenen Ebenen).

Zu jenem Zeitpunkt waren überall in der Abteilung deutliche Führungsimpulse spürbar. Den Entwicklungsingenieuren war schon seit Jahren die Substanz AGM (Absorbent Gelling Material – eine aufsaugende, gelierende Substanz) vertraut. Als drei japanische Firmen einen Weg fanden, diese Substanz zu einem Drittel der Summe herzustellen, die sie vorher gekostet hatte, entschlossen sich die Ingenieure von P&G, dies zu nutzen, um eine Windel zu produzieren. Die Fähigkeit dieser Substanz, Wasser in einer Menge vom 28fachen des eigenen Gewichts zu absorbieren, würde dabei helfen, ein dünneres, besser passendes und zweckmäßigeres Produkt herzustellen.

Das Projekt wurde 1983 in die Wege geleitet. Die Entwicklungsabteilung schuf eine leistungsstarke Windel, und im Oktober 1984 produzierte die Herstellungsabteilung eine erste Serie dieses neuen Produkts. Einigen Leuten in der Abteilung für Papierprodukte gefiel das Konzept, weil es einen Sprung nach vorn bedeutete. Als Jay Curry zum Markenmanager ernannt wurde, bekam er keine weiteren Aufgaben zugeteilt, damit seine Aufmerksamkeit nicht von dieser wichtigen Innovation abgelenkt würde.

Das neue Produkt war in zweierlei Hinsicht eine Herausforderung für den Markt. Zum einen: Was Windeln anbetraf, so hatte man den Verbrauchern die Devise »Je dicker, desto besser« beigebracht.

Zweitens: Man betrachtete es als unzulässig, Chemikalien irgendwelcher Art direkt an den menschlichen Körper, vor allem an den Körper eines Babys, zu bringen. Einige Manager vermuteten, daß man auf Grund dieser beiden »roten Ampeln« langsam und mit sehr viel Vorsicht an die Sache herangehen müsse. Aber man drängte alle, die an dem AGM-Projekt mitarbeiteten, weiter und schneller voranzuschreiten. Sämtliche beschleunigten Anstrengungen zur Entwicklung des neuen Produkts wurden vom Ausschuß unterstützt.

Um den Bedenken in Hinblick auf die Chemikalien entgegenzutreten, sponserte das AGM-Team klinische Studien des Produktes, das gerade in Benutzung war, und sammelte eine Reihe von schriftlichen Unbedenklichkeitsbescheinigungen von Ärzten – etwas, was auf dem Markt der Wegwerfwindeln nie zuvor getan worden war. Um mit dem »Dicker-ist-besser«-Problem fertig zu werden, änderte man die Werbung und beschloß, zu der Zeit, als das Produkt überall im Land verkauft werden sollte, Musterpackungen direkt zum Käufer und Verbraucher zu schicken – auch dies auf dem Markt der Wegwerfwindeln eine vollkommen neue Maßnahme.

Im September 1985 wählte das Markenteam, trotz der herkömmlichen Ansicht, daß man niemals ein Wort wie »ultra« im Zusammenhang mit einem Markennamen nennen sollte, da es in gewisser Weise das eigentliche Produkt herabsetzt, einen Namen für die neuen Windeln: »Ultra Pampers«.

Im Oktober wurde ein Testverkauf gestartet, und im darauffolgenden Februar begann überall in den USA die Verkaufskampagne. Statt der üblichen langsamen und methodischen Einführung wurde das Produkt überall gleichzeitig angeboten. Die dahinterstehende Idee war, wiederum recht ungewöhnlich, die Konkurrenz zu überrumpeln.

Die Ergebnisse waren eindrucksvoll: Mit Hilfe dieses neuen Produkts wuchs der Marktanteil der Pampersserie von 40 Prozent auf 58 Prozent, und ihre Rentabilität stieg vom Break-even-Punkt hin zu pechschwarzen Zahlen. Die früher eher schläfrige Papierprodukteabteilung hatte damit einen großen Sieg davongetragen.

Zur selben Zeit versuchte P & G ein Comeback in einem Bereich, in dem die Firma schon immer sehr stark gewesen war, bei den

Monatsbinden. Bei 75 Prozent aller Frauen kommt es während der Periode bei den von ihnen benutzten Binden oder Tampons immer wieder zu Pannen. Joe Makey in der Abteilung Produktentwicklung, Tony Jones im Bereich Herstellung und ein paar weitere Mitarbeiter dachten darüber nach und gingen daran, ein neues Produkt zu schaffen, das nicht nur den Schutz verstärkte, sondern eine grundlegende Neuerung bot.

Die P & G-Entwicklungsingenieure gingen in einer Reihe von Tests der Frage nach, wieso Monatsbinden sich immer wieder als undicht erwiesen. Sie entdeckten, daß die meisten Probleme darauf zurückzuführen sind, daß die entsprechenden Körperbereiche nicht ausreichend abgedeckt werden: Die Binden sind circa 5 cm breit, die Schrittweiten von Damenslips dagegen etwa 7,5 cm. Nach intensiven Bemühungen und vielerlei Experimenten fanden sie eine Möglichkeit, einen breiteren Bereich abzudecken und die Rate der Pannen von 75 Prozent auf 25 Prozent zu verringern. Das Produkt, das schließlich »Always Plus« genannt wurde, sah zwar seltsam aus, war aber, was seine Leistung anbetraf, erstaunlich fortgeschritten.

Zu Beginn des Jahres 1984 wurde eine Markengruppe beauftragt, das Produkt auf dem Markt einzuführen. Betsy Frye wurde zur Markenmanagerin ernannt. Als eine engagierte und in die Zukunft blickende Frau glaubte sie sehr fest an das Konzept und sein Potential. Aber sie erkannte, daß beim Verkauf ein Problem zu bewältigen war: zu vermitteln, worum genau es sich bei diesem seltsam aussehenden Produkt eigentlich handelte, was es bewirkte und wie die Frauen es zu benutzen hatten.

Die Mitglieder des Vorstandes waren von Anfang an von »Always Plus« sehr angetan; das Produkt paßte ganz eindeutig in ihre Vision von der Art von Erzeugnissen, die sie auf den Markt bringen wollten. Sie teilten Mrs. Frye dies deutlich mit und unterstützten nachhaltig ihre Anstrengungen.

Der ursprüngliche Testmarkt für »Always Plus« war Columbus (Ohio) im Februar 1985. Die Ergebnisse waren enttäuschend. In der Vergangenheit war es so gewesen, daß eine enttäuschende Testserie die Einführung eines neuen Produktes entweder verlangsamte oder ganz unmöglich machte. Der Ausschuß drängte das Markenteam, dies nicht zuzulassen, sondern die Erfahrung als etwas, woraus man lernen konnte, zu betrachten. Mrs. Frye nahm die Herausforderung an.

Im Laufe von zwei bis drei Monaten überzeugte Betsy Frye die Werbeagentur, daß die Anzeigen und Werbespots verändert werden müßten; wenn die Verbraucherinnen das Produkt kennenlernen sollten, dann mußte die Werbung ausführlicher und erklärender sein. Das bedeutete, daß man in Fernsehwerbespots tatsächlich das Wort »Slip« benutzen mußte – etwas, was nie zuvor getan worden war. Nach vielen Diskussionen folgte die Agentur Mrs. Fryes Vorschlägen. Das neue Werbekonzept wurde in einer zweiten Testserie ausprobiert, dieses Mal im Juli 1985 in Phoenix. Die Ergebnisse waren sehr viel besser.

Im Herbst jenes Jahres bereitete sich das Team auf eine Kampagne zur Einführung des neuen Produkts im ganzen Lande vor. Üblicherweise war es so, daß dieselben Spots und andere Marketingmittel, die man bereits in einer erfolgreichen Testserie verwandt hatte, auch auf nationaler Ebene eingesetzt werden sollten. Aber zwischen dem Sommer 1985 und dem Frühling 1986 entwickelte die Agentur noch einen weiteren Werbespot. Viele, die ihn sahen, meinten, daß dieser neue Werbespot besser sei. Man fragte Nicolosi nach seiner Meinung. »Vergessen Sie unsere Vorschriften«, sagte er, »und tun Sie, was richtig ist.«

Für die Kampagne, die im Mai 1986 begann, wurden die neuen Anzeigen und Werbefilme eingesetzt. Die Resultate waren anfänglich sehr gut und wurden immer besser. Die »Always-Plus«-Produktserie kletterte von anfänglichen roten Zahlen über »break even« hin zu einer substantiellen Rentabilität – und das sehr viel schneller als erwartet. Durch »Always Plus« stieg das P & G-Marktsegment von einem dritten, später zweiten Platz bis fast zum Gleichstand mit der Konkurrenzfirma, die den ersten Platz besetzt hielt. Insgesamt war dies ein weiterer eindrucksvoller Sieg.

Die meisten Initiativen in Richtung auf Innovation, die in dieser Zeit eingeleitet wurden, kamen von Personen, die sich mit neuen Produkten wie »Ultra Pampers« und »Always Plus« befaßten. Aber nicht alle. Einige Vorstöße orientierten sich mehr in Richtung auf funktionale Verbesserungen, und einige kamen von unteren Ebe-

nen der Hierarchie. Im Frühjahr 1986 knüpften einige Sekretärinnen der Abteilung, die sich durch die neue Firmenkultur gestärkt fühlten, ein Beziehungsnetz der Sekretärinnen untereinander. Ihr neu geschaffener Verbund gründete drei Unterausschüsse: einen zum Sachbereich »Sekretärin der Zukunft«, einen zum Bereich »Ausbildung« und einen zum Bereich »Gratifikation und Anerkennung«. Der Ausbildungsausschuß arbeitete beispielsweise mit der Personalabteilung zusammen, um Fortbildungsseminare für Sekretärinnen zu organisieren; das erste wurde im Herbst 1986 abgehalten. Der Sekretärinnenverbund sponserte auch ein Seminar im April 1987, »um bessere Kommunikation und größeres Vertrauen auf der Sekretärinnenebene zu fördern«. 187 Sekretärinnen nahmen an diesem Seminar teil. Untergruppen halfen dabei, ein Trainings- und Nachschlagehandbuch für Sekretärinnen zu schreiben, und ein regelmäßig erscheinendes Informationsblatt, »The Secretarial Agenda«, wurde herausgegeben. Eine Sekretärin sagte – und drückte damit die Gefühle vieler ihrer Kolleginnen aus –: »Ich sah nicht ein, warum wir nicht auch zu der neuen Vision unseren Teil beitragen könnten.«
Im Jahr 1987 gab es noch mehr neue Produkterfolge; im Mai wurde »Luvs Delux« eingeführt, und im Laufe von einigen wenigen Wochen wuchs der Marktanteil für die Warenmarke um 150 Prozent. Diese und andere Erfolge wurden in einem zwölfseitigen Heftchen propagiert, das im Sommer jenes Jahres an alle Angestellten der Abteilung verschickt wurde. Dies Büchlein wurde »A Celebration of Progress« (»Ein Loblied auf den Fortschritt«) genannt, und es wurde mit einem Brief von Nicolosi eingeleitet: »Am 4. Juni 1985 begann eine Reise in den Bereich der Spitzenleistungen ...« Dann kamen Dutzende von Kommentaren von Personen, deren Fotos ebenfalls veröffentlicht wurden. Alle Zitate handelten davon, was diese Personen zur Verwirklichung der Vision beigetragen hatten. Außerdem wurde die neue betriebliche Herangehensweise beschrieben und ein Konzept der Vision, der Botschaft und der Strategien für das Jahr 1987 entwickelt. Schließlich waren in dem Büchlein auch Fotos von Mitgliedern des Board abgebildet, und es schloß mit einem persönlichen Statement von Nicolosi über seine Ansichten und Wertvorstellungen.

Das eigentliche Fazit konnte man Interviews entnehmen, die spät 1987 gemacht wurden: »Wir haben in einer tiefverwurzelten Kultur erfolgreich einige Veränderungen bewirkt – das allein ist eine nicht zu unterschätzende Leistung –, und diese Veränderungen haben eine große Wirkung. Im Vergleich mit der Situation vor einigen Jahren haben wir mit unseren Ideen in allen unseren Abteilungen im großen und ganzen einen Marktvorsprung vor unseren sämtlichen Konkurrenten.« Die wirtschaftliche Situation des Unternehmens, wie sie sich Ende 1988 darstellte, sah folgendermaßen aus: Die Umsätze waren im Laufe von vier Jahren um 40 Prozent gestiegen, die Gewinne um 66 Prozent – und all das, obwohl die Wettbewerbssituation immer härter wurde.

Wirklich harter Wettbewerb schafft in einer Branche immer eine Dynamik der Veränderung, da die Firmen immer wieder darum kämpfen müssen, einen Vorsprung gegenüber den anderen zu erreichen. Wenn ein einzelner Geschäftsbereich ohnehin sehr komplex ist, wie dies bei der Papierabteilung von P&G der Fall war, dann wird er sich in tausenderlei Hinsicht verändern müssen, um sich an jene Bedingungen anzupassen, und für jene vielen Veränderungen werden die Führungsqualitäten und Führungsanstrengungen von vielen verschiedenen Menschen gebraucht. Nur solche gemeinsamen Anstrengungen können zum Erfolg führen.

Dies bedeutet nicht, daß die Rolle einzelner, hervorragender Persönlichkeiten nicht wichtig wäre. Nicolosi spielte in diesem Beispiel offensichtlich eine zentrale Rolle. Aber außer ihm wurden noch viele andere gebraucht, um die Abteilung auf einen neuen Weg zu bringen, Mitarbeiter auf diesen neuen Weg hin auszurichten und sie dafür zu begeistern. Es bedurfte mehr als nur einer einzelnen starken Führungspersönlichkeit und mehr als nur einiger weniger Handlungen, um das dichte informelle Netz zu schaffen, das man brauchte, um vielfältige Führungsinitiativen zu unterstützen: Ein Board trat zusammen und wurde zugleich zu einem Modell für Teamwork. Mitarbeiter überall in der Abteilung wurden dazu ermutigt, Visionen und Strategien zu entwickeln, und eine neue organisatorische Struktur wurde geschaffen, durch die die Menschen zum Teamwork gezwungen wurden. Die Vision auf der jeweiligen Abteilungsebene wurde fortwährend den Mitarbeitern nahegebracht,

wichtige Personen, die in diese Gruppe nicht hineinpaßten, wurden ersetzt, und große Feste wie das vom Juni 1985 wurden gefeiert. Mehr als nur einer mußte dazu beitragen, die Menschen zu ermutigen, ihr Führungspotential wirklich zu nutzen, vor allem, wenn jene Menschen dies durch jahrelange Bürokratie regelrecht verlernt hatten.
Letztlich war es Führung von allen Mitgliedern des Verwaltungsrates und auch von Dutzenden anderer Menschen, die die Wende bewirkte. Nur das und nichts anderes führte zum Erfolg.

# IV

# Der Ursprung von Führung

# 8 Erbfaktoren und Erziehung

Man ist heute allgemein der Ansicht, daß man, in Fortbildungsinstituten oder auch am Arbeitsplatz, Erwachsenen Managementfähigkeiten beibringen könne. Ebenso weit verbreitet ist die Meinung, daß Führungsqualitäten sehr viel schwieriger zu vermitteln seien, und man ist sich nicht einig, woraus genau sie eigentlich resultieren. Einige Menschen glauben, daß Führungspersönlichkeiten durch Vererbung und die Erfahrungen, die sie in ihren ersten Lebensjahren gemacht haben, bestimmt würden. Andere weisen stärker auf die Bedeutung prägender Ereignisse im späteren Leben hin. Tatsächlich gibt es kaum eine Frage, die im Laufe der Jahre die Gemüter mehr erhitzt hätte als diese: Werden Führer geboren oder gemacht?

Es ist nicht möglich, etwas ganz Definitives und Sicheres über die Ursprünge von Führung zu sagen. Dennoch ist ein Blick auf unseren derzeitigen Wissensstand in diesem Bereich sehr sinnvoll, da jeder Versuch, das Führungspotential in großen Organisationen zu steigern, auf bestimmten Annahmen über die Rolle von Vererbung und Erziehung aufbaut. Je präziser die Annahmen, desto erfolgreicher werden diese Anstrengungen sein.

In den späten 70er Jahren habe ich mich sehr intensiv mit der Rolle erfolgreicher Führungskräfte befaßt, die ähnliche Posten wie Adamson, Gerstner und Mayer[1] innehatten und die für neun verschiedene Unternehmen in sehr unterschiedlichen Branchen arbeiteten. Im Laufe von zwei Jahren wurden diese sehr gründlich in ihrer Arbeitsumgebung beobachtet, befragt und getestet. Die Kollegen dieser Person wurden ebenfalls interviewt, und auch relevante Firmenunterlagen sahen wir für die Untersuchung durch.

Obwohl das, was diese Führungskräfte taten und wie sie es taten, jeweils sehr verschieden war, gab es auch einige fundamentale Ähnlichkeiten, vor allem bei denen, die am besten und erfolgreichsten agierten. Vor allem stellten sie für sich selbst Zeit- und Zielpläne auf; diese bestanden aus einer lose untereinander zusammenhängenden Abfolge von Kurzplänen, mittelfristigen Strategien und langfristigen Zukunftsvisionen. Jeder von ihnen schuf sich dann ein Unterstützungsnetz, mit dessen Hilfe diese Pläne erfüllt werden konnten: Die Stellen der direkten Untergebenen wurden mit geeigneten Mitarbeitern besetzt, möglichst vielen Personen wurden die Pläne und Zukunftsvisionen nahegebracht, und kooperative Beziehungen zu einem breiten Spektrum von Menschen, deren Hilfe man vielleicht benötigte, wurden aufgebaut. Dann versuchten sie, ihre Unterstützer wenn notwendig aktiv zu beeinflussen, um sicherzugehen, daß ihre Pläne auch erfüllt wurden. Sie taten das auf verschiedene Arten, etwa indem sie versuchten, Menschen und Aktivitäten zu kontrollieren oder auch andere zu neuen Spitzenleistungen zu inspirieren. Insgesamt waren ihre Vorgehensweisen außerordentlich vielschichtig, und wie auch in anderen gründlichen Studien über Führungskräfte in ihrer Arbeit deutlich wird,[2] hatten sie nicht sehr viel Ähnlichkeit mit traditionellem Management.

Worauf diese Führungskräfte zurückgriffen, war, in Begriffen dieses Buches ausgedrückt, eine Kombination von Management, Führung und von weiteren Faktoren (darunter von vorrangiger Bedeutung die Erschließung von Machtquellen, die ihnen dabei helfen, zu verwalten, zu führen und befördert zu werden). Alle diese verschiedenen Aspekte waren untereinander sehr eng verbunden. Diese Männer und Frauen haben gewiß nicht fünfzehn Minuten lang verwaltet und dann eine halbe Stunde lang geführt. Eher war es so, daß sie im Verlauf eines fünfminütigen Gesprächs oftmals herauszufinden versuchten, ob irgendeine Aktivität in der Weise vorankam, wie es geplant war (ein Kontrollaspekt von Management), daß sie Informationen sammelten, die für ihre entstehende Vision relevant waren (der richtungweisende Aspekt von Führung), versprachen, jemandem einen Gefallen zu tun (ein Aspekt von Machtentwicklung), und daß sie sich auf eine Reihe von Schritten zum Erreichen eines bestimmten Ziels (der Planungsaspekt von Management) festlegten. Infolgedessen war dem Beobachter das, was sie taten, nicht besonders deutlich als Management oder als irgendeine andere kategorisierbare Aktivität erkennbar. Die Führungskräfte fanden sogar selbst ihr eigenes Verhalten schwierig zu beschreiben und zu erklären.

Trotz allem: Dies Verhalten war zwar sehr vielschichtig, aber es ergab doch, wenn man die besondere Qualität von Aufgabe und Anforderung in Betracht zog, im Grunde einen Sinn. In den Begriffen dieses Buches ausgedrückt: Man bat sie, konsistente kurzfristige Resultate hervorzubringen, damit die Hauptbeteiligten zufriedengestellt werden konnten – also verwalteten sie. Man bat sie weiterhin, ihren Unternehmen dabei zu helfen, sich auf eine veränderte Wettbewerbssituation, veränderte Technologien und Märkte einzustellen – also führten sie. Aber ihre Posten gaben ihnen nicht automatisch die Macht, zu verwalten und ganz gewiß auch nicht zu führen, und so bauten sie sich persönliche Machtbasen auf. Da es hundert oder mehr Stunden in der Woche dauern konnte, dies alles zu tun, fanden sie Möglichkeiten und Wege, durch einzelne Aktivitäten oder Interaktionen eine Zielbündelung zu verfolgen. Das Ergebnis: Die verschiedenen Optionen in Hinblick auf Management, Führung und die Entwicklung einer Machtbasis griffen sehr eng ineinander.

Bei einer Analyse der Frage, warum sie fähig waren, all dies zu leisten, entdeckte man eine Reihe scheinbar relevanter Charakteristika, von denen viele für Führungsaufgaben offensichtlich sehr nützlich waren.[3] Beispielsweise hatten fast alle diese Führungspersönlichkeiten ein besonderes Interesse an ihren Mitmenschen und ein besonderes Geschick im Umgang mit ihnen, und das befähigte sie, sich auf geschäftlicher Ebene auf ein breites Spektrum von Menschen einzustellen; es half ihnen auch dabei, Informationen im Bereich des richtungweisenden Aspekts von Führung zu sammeln, effektiv zu kommunizieren, um Menschen auszurichten, und in ihrem Bestreben, einzelne Leute zu begeistern und zu inspirieren, die richtigen Themen zur Sprache zu bringen.

Etwa ein Drittel der Charakteristika, die sie gemeinsam hatten, waren erblich bedingt oder auf frühe Lebenserfahrungen begründet. Ein typisches gemeinsames Charakteristikum wäre etwa eine überdurchschnittliche Intelligenz, eine Eigenschaft, die besonders beim richtungweisenden Aspekt von Führung in vielschichtigen Situationen zu Buche schlägt. Die restlichen gemeinsamen Charakteristika sind offensichtlicher mit Erfahrungen in Zusammenhang zu bringen, die erst nach der Pubertät gemacht wurden. Ein typisches Beispiel wäre ein außergewöhnlich erfolgreicher Karriereverlauf, der dem betreffenden Menschen besondere Glaubwürdigkeit verleiht und so die Ausrichtung der Mitarbeiter erleichtert.

Die erwähnte Untersuchung ist interessant, weil in einer Analyse der Führungsprozesse, die in den Kapiteln 3 bis 5 beschrieben werden, und der Menschen, die in diese Prozesse einbezogen sind, immer wieder ähnliche Aspekte zutage treten. Etwa fünfzehn bis zwanzig spezifische Eigenschaften scheinen allen Adamsons und Gerstners und Nicolosis dieser Welt gemeinsam zu sein, und vier dieser Eigenschaften sind wahrscheinlich angeboren, oder sie werden sehr früh im Leben determiniert.

Vielleicht die offensichtlichste Qualität, die sich schon vor der Pubertät herausbildet, ist die, die mit dem persönlichen Tatendrang, Ehrgeiz und dem Energiepegel zu tun hat. Menschen, die andere Menschen wirkungsvoll zu führen vermögen, scheinen immer über eine überdurchschnittliche Menge an Energie zu verfügen, häufig über sehr viel mehr als der Durchschnitt. Sie scheinen sehr viel Lebensfreude daraus zu gewinnen, daß sie etwas Wichtiges erreichen und in der Lage sind, andere zu beeinflussen, etwas zu erreichen und zu schaffen. Dieses innere Bedürfnis steht häufig in Zusammenhang mit hohen persönlichen Maßstäben, einer gewissen Unzufriedenheit mit dem Status quo und einer Tendenz, auf fortwährende Verbesserungen hinzuarbeiten (die Japaner haben dafür das Wort »Kaizen«). Wer Menschen wie Jim Adamson oder Jan Carlzon begegnet, spürt meist sehr schnell diesen rastlosen Ehrgeiz. Personen, die diese Leute gut kennen, erwähnen immer wieder diese Eigenschaft, selbst wenn sie auf den ersten Blick gar nicht so schnell erkennbar ist.[4]

Ein starker innerer Antrieb, etwas zu erreichen und Erfolg zu erringen, ist wahrscheinlich hier von wesentlicher Bedeutung, ganz einfach deshalb, weil Führung in Positionen wie der von Carlzon sehr fordernd sein kann. Man muß sehr viel und sehr lange arbeiten,

Probleme türmen sich riesig auf. Es bedarf oft einer jahrelangen und fortwährenden Anstrengung, diejenigen Veränderungen zu erreichen, die nur durch Führung erreicht werden können. Man kann sich kaum vorstellen, daß jemand mit einem nur durchschnittlich hohen Energiepegel mit der großen Menge an Arbeit und Problemen über einen so langen Zeitraum hinweg fertig werden kann.

Der Energiepegel kann durch alle möglichen Erfahrungen im Erwachsenenalter beeinflußt werden. Wenn man Lee Iacoccas erstes Buch liest,[5] dann spürt man deutlich, daß sein tiefes Bedürfnis, Chrysler zum Erfolg zu führen, teilweise aus der Demütigung, von Henry Ford II. hinausgeworfen worden zu sein, resultiert. Aber für die meisten Menschen steht der Grad an innerer Motivation schon sehr früh im Leben fest. Wer beispielsweise Lou Gerstner persönlich kannte, als Kind oder auch als junger Mann, weiß davon zu erzählen, daß er schon im frühen Alter eine ungewöhnliche Entschlossenheit und ungewöhnlich viel Energie bewies. Die Vererbung spielt vielleicht in diesem Zusammenhang eine entscheidende Rolle, aber ganz gewiß sind auch die persönlichen Beziehungen eines Kindes sehr wichtig: zur Mutter, zum Vater und zu anderen nahen Bezugspersonen. Eine ausgeprägte Intelligenz oder intellektuelle Befähigung scheint ein zweites relevantes Attribut zu sein. Was eigentlich Intelligenz ausmacht – das ist heute ein umstrittenes Thema. Insofern ist es nicht sinnvoll, darüber viel zu sagen, außer daß Menschen, die in Führungspositionen effektive Führung bieten, immer überdurchschnittlich intelligent zu sein scheinen. Genies findet man unter ihnen allerdings eher selten. Manchmal ist die Intelligenz ganz offensichtlich; Mayer und Gerstner haben eine eindrucksvolle intellektuelle Ausstrahlung. Manchmal ist sie subtiler; Mary Kay versteckt ihren beträchtlichen IQ hinter dem Charme der Südstaatlerin.

Intellektuelle Fähigkeiten sind wahrscheinlich für die Richtungsvorgabe ganz besonders bedeutungsvoll. Eine große Menge verschiedener Informationen aufzunehmen und relevante Muster in jenen Informationen zu erkennen ist eine Aufgabe, die beträchtliche kognitive Fähigkeiten erfordert.[6]

Solche Fähigkeiten können gewiß durch die Erziehung im Kindesalter weiterentwickelt werden, aber sie sind zweifellos auch biologisch, das heißt durch Vererbung und vorgeburtliche Betreuung begründet. Es ist ungewöhnlich, daß ein Mensch im Alter von zehn Jahren eine unterdurchschnittliche Intelligenz hat und dann eine überdurchschnittliche im Alter von vierzig (gemessen an allen vernünftigen Kriterien, nicht nur an einem IQ-Test oder einer Reihe von Schulnoten).

Mentale oder psychische Gesundheit scheint darüber hinaus ein weiteres wichtiges Attribut zu sein. Menschen wie Bob Crandall oder Lod Cook scheinen wenige »psychologische Päckchen« mit sich herumzuschleppen, und sie sind, wenn überhaupt, kaum jemals narzistisch, paranoid oder besonders unsicher.[7] Dies befähigt sie, mit der Welt um sie herum und besonders mit Menschen leicht Kontakt aufzunehmen – und zwar mit nur einem Minimum an Mißverständnissen und Problemen. In gewisser Weise ist wohl die emotionale Gesundheit der Nährboden für gute zwischenmenschliche Beziehungen. Wenn diese Basis fehlt oder nur schwach ausgeprägt ist, dann, so scheint es, wird die Fähigkeit zum sicheren Umgang mit anderen Menschen auch in späteren Jahren nur unter großen Schwierigkeiten zutage treten.

Die Fähigkeit, mit anderen Menschen in Kontakt zu treten, ist wahrscheinlich bei allen Aspekten des Führungsprozesses sehr nützlich, weil bei allen drei Aspekten von Führung die zwischenmenschliche Komponente eine entscheidende Rolle spielt.[8] Aber ganz besonders hilfreich ist sie gewiß dann, wenn es gilt, Menschen zu motivieren, da in dieser Hinsicht eine genaue Einschätzung von Gefühlen und persönlichen Wertsystemen wichtig ist. Und Eindeutigkeit und Gradlinigkeit sind vor allem auch dann wichtig, wenn man anderen Menschen eine bestimmte Richtung vorgibt; bei einigen der grausamsten Menschheitsführer scheinen deren tiefsitzenden persönlichen Gefühlsprobleme tragische Zukunftsvisionen ausgelöst zu haben.

Die mentale Gesundheit ist in gewisser Hinsicht in der biologischen Verfassung verwurzelt; Psychosen sind mit Stoffwechselstörungen in Zusammenhang gebracht worden, die möglicherweise erblich sind. Ein weiterer Aspekt der geistigen Gesundheit sind die Erfahrungen der ersten Lebensmonate und Lebensjahre; Freuds bahnbrechende Arbeiten haben demonstriert, daß bestimmte tragische Kindheitserlebnisse bisweilen neurotische Abwehrmechanismen hervorrufen, die möglicherweise das ganze Leben lang weiterbestehen.

Persönliche Integrität scheint ein anderes wichtiges Attribut zu sein, aus mindestens zwei Gründen. Viele Menschen sind erstaunlich gut dazu befähigt, einzuschätzen, ob einer bestimmten Person andere Menschen und ihr Wohlergehen am Herzen liegt; sie beobachten einfach nur, was diese Person tut und welche Bedeutung das hat. Jemand, dessen Integrität von anderen in Frage gestellt wird, kann, besonders beim Ausrichten seiner Mitarbeiter, große Schwierigkeiten haben. Die Menschen werden einfach nicht glauben, was er oder sie sagt, und sie werden zögern, sich einem solchen Menschen als Führungspersönlichkeit anzuschließen.

Integrität erleichtert auch das Durchsetzen einer Richtungsvorgabe. Ehrgeizige und energiegeladene Personen, die nicht besonders integer sind, werden häufig einen Weg wählen, bei dem es um Bewegung, Leistung und ein wenig Ehre geht, der aber letztlich nicht zum Erfolg führt, da die legitimen Bedürfnisse der anderen Beteiligten nicht berücksichtigt werden. Ein großes Potential an Energie kann sich, wie man weiß, auch verheerend auswirken, und wenn die Integrität fehlt, kann Führung dadurch pervertiert werden.

Integrität wird durch wesentliche Ereignisse im Erwachsenenalter beeinflußt. Fast jeder Mensch läßt sich durch bestimmte negative Einflüsse und Personen korrumpieren. Die Ursprünge der Integrität, wie auch der anderen drei Eigenschaften, lassen sich wahrscheinlich bis in die frühe Kindheit zurückverfolgen. Die Meinungen und Werturteile, die wichtige Bezugspersonen haben und zum Ausdruck bringen, sind besonders wichtig: die der Mutter, des Vaters und selbst der Grundschullehrer.

Zusammengenommen scheinen die vier Attribute – Intelligenz, Elan, mentale Gesundheit und Integrität (oder Eigenschaften, die ihnen weitgehend ähnlich sind) – etwa das Minimum der Fähigkeiten zu beschreiben, die für Führung in bedeutenden Positionen erforderlich sind. Ein Übermaß der genannten Eigenschaften ist nicht notwendigerweise hilfreich; oberhalb eines bestimmten

Niveaus scheint das doppelte Maß an Intelligenz oder geistiger Gesundheit nicht automatisch bessere Führungsqualitäten zu bewirken. Aber wenn eine der vier Eigenschaften fehlt oder nur rudimentär vorhanden ist, dann kann es sein, daß effektive Führung untergraben wird (siehe Schaubild 8.1).

Es gibt vielleicht noch das eine oder andere relevante Attribut, aber gewiß nicht viele. Insgesamt ist die Liste der erforderlichen Eigenschaften kurz, sehr viel kürzer, als einige Leute erwarten würden.

Was die einzelnen Aussagen in Schaubild 8.1 anbetrifft, so haben sie gewiß nichts Ungewöhnliches oder Phantastisches. Was auf der Liste fehlt, ist das eher rätselhafte Element, das viele Menschen hier vermuten würden: ein gewisses Charisma. Zwar verfügen einige Führungspersönlichkeiten über jene magnetische persönliche Attraktivität, aber es gibt auch viele, denen ein solcher strahlender Glanz fehlt. Bei den in diesem Buch genannten Persönlichkeiten gibt es nur eine oder zwei mit wahrhaft charismatischer Ausstrahlung.

Was ebenfalls in dieser Liste fehlt, ist eine Reihe von Attributen, die wir häufig mit Erbfaktoren oder Erziehung in Zusammenhang bringen, die sich aber vor allem bei Erwachsenen entwickeln. Ein gutes Beispiel wäre etwa eine gewisse Risikofreudigkeit. Zweifellos formen frühe Erfahrungen unsere Einstellung zum Risiko. Aber Erfahrungen, die wir im Laufe unserer Karriere gewinnen, oder Prägungen durch die Unternehmenskultur können eine noch tiefere Wirkung erzielen; wer von seinem Vorgesetzten jedesmal, wenn er oder sie ein Risiko eingeht, abgekanzelt wird, entwickelt oft eine negative Einstellung zum Risiko.

Aber trotz der Tatsache, daß die wesentlichen Eigenschaften nichts Ungewöhnliches darstellen, gibt es doch nur bemerkenswert wenige Menschen, die alle vier Eigenschaften teilen. Die Welt ist voller kluger Menschen mit emotionalen Problemen, mental gesunden Menschen mit einer nur durchschnittlich entwickelten Motivation, äußerst rechtschaffenen Persönlichkeiten, die nur durchschnittlich intelligent sind, und so fort. Natürlich ist es schwierig, hier zu schätzen: aber ich vermute, daß nicht einmal eine unter fünfzig Personen alle vier genannten Kriterien erfüllt.[9] Sollte diese Annahme richtig sein, dann würde dadurch die allgemeine Ansicht bestätigt,

**Schaubild 8.1**
Erbfaktoren, Erziehung und Führungsqualitäten

| *Charakterzüge auf Grund von Erbfaktoren oder Erziehung* | *Auswirkungen auf die Führungsqualitäten in Führungspositionen* |
|---|---|
| *Elan/Energiepegel* | Wenn jemand nicht wirklich von Elan und Enthusiasmus beflügelt ist, dann sind die Schwierigkeiten, die sich ergeben, wenn mehrere Jahre lang unter Volldampf auf Wandel hingearbeitet wird, oftmals so überwältigend, daß sie auf die entsprechende Person entmutigend wirken. |
| *Intelligenz/ intellektuelle Fähigkeiten* | Ohne ein ausreichendes Maß an intellektueller Tiefenschärfe ist es häufig schwierig, in einer komplexen Umgebung die richtige Vision auszumachen. |
| *Mentale/ emotionale Gesundheit* | Ohne ein Minimum an mentaler/emotionaler Gesundheit haben alle zwischenmenschlichen Fähigkeiten, die man für Führung braucht, die Tendenz zu verkümmern. Die Sichtweise, die durch emotionale Schieflagen hervorgerufen wird, kann den Blick auf tragische Weise trüben. |
| *Integrität* | Viele Menschen werden niemals jemandem glauben, von dem sie vermuten, daß es ihm an Integrität fehlt – und nur für kurze Zeit kann man sie hinters Licht führen. Und ebenso werden Menschen voller Elan, denen es an Integrität mangelt, häufig einen Weg weisen, der andere ins Unglück stürzt. |

daß nur relativ wenige junge Erwachsene das Potential besitzen, in Positionen einer Größenordnung wie etwa der von Carlzon mit dem entsprechenden Verantwortungsbewußtsein führen zu können. Aber das bestätigt nicht die »Führer-werden-geboren-nicht-gemacht«-Theorie, da nicht alle Führungspositionen der von Carlzon gleichen.

In vielschichtigen Unternehmen gibt es eine Vielzahl von unterschiedlichen Führungsrollen. An dem äußersten Ende der einen Seite sind die Rollen groß und umfassend, ähnlich denen, die Lou Gerstner und Dick Nicolosi gespielt haben. Am entgegengesetzten Ende sind sie klein und sehr spezialisiert, etwa die Rollen der »Great Performers« von Lou Gerstner oder auch einiger anderer Teilnehmer von Decworld. Wenn die Rollen groß und umfassend sind, dann braucht es eine bedeutende Persönlichkeit, um sie auszufüllen. Während man sich auf das andere Ende des Kontinuums zubewegt, werden die Erfordernisse immer bescheidener, und genauso verlieren die Kindheits- oder erblichen Ursprünge der jeweiligen Eigenschaften an Bedeutung.

Ein Manager der mittleren Ebene bei ARCO, der gelegentlich seine Führungsfähigkeiten nutzte und die Leistung der ARCO-Raffinerie an der Westküste steigerte, brauchte nicht die persönlichen Vorzüge zu besitzen, über die der gegenwärtige ARCO-Chairman Lod Cook oder sein Vorgänger Robert Anderson verfügen. Abhängig von der Rolle, die dieser Manager auszufüllen hatte, brauchte er insgesamt bei weitem nicht soviel Elan oder Intelligenz und nicht einmal eine ebenso stabile emotionale Gesundheit. Und ebensowenig benötigte der Arbeiter bei Kodak, der ein- oder zweimal im Jahr seine spezifischen, jedoch begrenzten Führungsqualitäten beitrug, die Eigenschaften des Raffineriemanagers auf der mittleren Führungsebene.

Wenn wir an Führungsrollen als an ein Kontinuum denken, mit den größten Aufgaben an dem einen und den kleinsten an dem anderen Ende, dann haben vielleicht nur ein oder zwei Prozent der Bevölkerung die Anlagen und die Kindheitserfahrungen, die am »großen« Ende gebraucht werden. Jener Prozentsatz wächst, während wir uns auf das »kleine« Ende hinbewegen, und er erreicht dort möglicherweise einen Gipfel von deutlich mehr als 50 Prozent. In der Mitte des Kontinuums, vielleicht bei Positionen wie dem eines Raffineriekontrollarbeiters, mag der Satz sich zwischen 10 und 30 Prozent einpegeln.

Dies bringt uns geradezu zum Kernpunkt des anscheinend nicht eindeutig klärbaren Meinungsstreites von »geboren« im Gegensatz zu »gemacht«. Menschen, die behaupten, daß es geborene Führungspersönlichkeiten gibt, stellen sich vor, daß die Führungsrollen tendenziell am »großen Ende« des Kontinuums angesiedelt sind. Wenn es richtig ist zu behaupten, daß weniger als ein oder zwei Prozent der Bevölkerung bereits durch Vererbung oder durch Kindheitserlebnisse über die entsprechenden Eigenschaften verfügen, um diese Rollen gut zu spielen, dann ist es genauso richtig zu sagen, daß diese Leute in Situationen hineingeboren werden, die mit Führungspotential in Zusammenhang stehen, während dies bei der großen Mehrheit der Menschen nicht der Fall ist. Wer der Meinung ist, daß Führer »gemacht« werden, denkt eher an kleinere und spezialisiertere Rollen. Wenn es zudem richtig ist zu behaupten, daß mehr als die Hälfte der Bevölkerung die notwendigen Anlagen besitzt und die entsprechenden Kindheitserfahrungen gemacht hat, um in bescheidenem Maße Führungsrollen zu übernehmen, dann müssen wir auch sagen, daß solche Menschen nicht für Führungsrollen geboren worden sind, sondern daß sie durch später gemachte Erfahrungen und durch ihre Sozialisation dort hineingelangen.

Dies ist nicht der einzige Grund, warum Menschen über die Ursprünge von Führungsqualitäten sehr unterschiedlicher Meinung sind. Wer das Argument vom »geborenen« Führer vertritt, nimmt im Grunde an, daß sich praktisch alle relevanten Eigenschaften schon in sehr frühem Alter entwickeln. Wer dagegen eher an die Wichtigkeit äußerer Umstände glaubt, wird dieselben Eigenschaften späteren Lebenserfahrungen zuschreiben. Aber das Spektrum der Führungsrollen schafft mindestens ebensoviel Verwirrung wie verschiedene Annahmen über den Ursprung dafür relevanter Eigenschaften.

Es ist unmöglich, diese Interpretation zu beweisen. Aber es ist möglich, die Schlüsse zu testen, die hier gezogen werden, indem man sich Unternehmen anschaut, bei denen in vielerlei Ausprägung ein überdurchschnittliches Potential an Führung gezeigt wird.

1986 habe ich eine Untersuchung über fünfzehn Unternehmen durchgeführt, die in dem Ruf standen, in der Ausbildung von Personen mit Führungspotential eine überdurchschnittlich glückliche Hand zu haben.[10] Diese Studie ist für unsere Zwecke hier sehr interessant, da das, was dabei herausgefunden wurde, durchaus mit den Schlußfolgerungen übereinstimmt (und sie weiter untermauert), die wir über die Rolle von Vererbbarkeit und Erziehung gezogen haben.

Alle außer einer dieser Firmen hatten bei ihren Neueinstellungen außerordentlich hohe Maßstäbe angelegt, obwohl einige, um den Anschein eines elitären Verhaltens zu vermeiden, dies nicht deutlich aussprechen wollten. Die Einstellungsprogramme dieser Firmen zielten darauf ab, junge Leute zu finden, die das Potential hatten, eines Tages in mittlere bis große Führungsrollen sich gut hineinzufinden. Diesen Unternehmen waren zwei Charakteristika gemeinsam. Zunächst einmal war ihre Einstellungspolitik sehr aggressiv. Es wurde vorausgesetzt, daß nur wenige Leute die Eigenschaften besaßen, die die Firma »einzukaufen« wünschte, und daß die Personalleiter deshalb, auf einem sehr stark vom Wettbewerb bestimmten Arbeitsmarkt, aggressiv und gut organisiert sein müßten, um solche Leute zu finden. Zweitens konzentrierte sich jeder einzelne dieser Personalleiter auf die vier Eigenschaften, die wir in diesem Kapitel als relevant beschrieben haben. Einige haben diese Charakteristika so benannt, wie wir es hier getan haben, andere etwas anders. Aber die Grundidee war dieselbe.

Die aggressive Einstellungspolitik manifestierte sich normalerweise in vierfacher Hinsicht. Die Firmen fanden heraus, wo potentiell gute Mitarbeiter zu finden waren, und versuchten dann, Beziehungen zu den entsprechenden Arbeitsmärkten aufzubauen. Hewlett-Packard konzentrierte sich beispielsweise zu dem Zeitpunkt, zu dem diese Studie durchgeführt wurde, auf dreißig Colleges und Universitäten, wo das Unternehmen unter anderem Kontakte zu entscheidenden Mitgliedern der Fakultät aufgebaut und Computerausrüstungen gespendet hatte. Diese Firmen hatten Manager auf den höchsten Ebenen gebeten, sich sehr intensiv an den Einstellungsbemühungen zu beteiligen. Selbst die Vorstandsvorsitzenden von Firmen wie General Mills und Merck waren einbezogen. Wenn sie jemanden fanden, der besonders vielversprechend zu sein schien, dann waren diese Firmen sehr geschickt darin, herauszufinden, auf welche Weise man zu einer Zusammenarbeit kommen könnte. Zumindest arbeiteten sie sehr sorgfältig darauf hin, die entsprechende Person davon zu überzeugen, ihr Angebot zu akzeptieren. Die meisten dieser Unternehmen bemühten sich auch intensiv darum, die sehr hohen Einstellungsmaßstäbe aufrechtzuerhalten, selbst in den untergeordneten Abteilungen. Morgan Guaranty brachte beispielsweise alle wichtigen, neu eingestellten Mitarbeiter zu einem umfangreichen Trainingsprogramm nach New York; so konnten die leitenden Angestellten des Unternehmens unter anderem schnell herausfinden, ob die Leistung in irgendeinem ihrer Büros nachließ.

Um auf einem wettbewerbsorientierten Arbeitsmarkt gute Leute zu bekommen, arbeiteten fast alle diese Firmen auch daran, ein positives Arbeitsumfeld zu schaffen und aufrechtzuerhalten. In einer solchen Arbeitsumgebung gab es relativ wenig Bürokratie und Machtrangeleien und ein entsprechend großes Maß an Kompetenz, Initiative, Integrität und menschlicher Würde.
Bei den meisten dieser Firmen fanden wir kein klar umrissenes Anforderungsprofil für die Personen, die eigentlich gesucht wurden. Dennoch ließen sich bei Gesprächen mit den leitenden Angestellten gemeinsame Kriterien erkennen. Gesucht wurden Menschen mit Kreativität und Geist; Examensnoten, Testergebnisse und die Fähigkeit zu kreativem Denken, die sich während des Einstellungsgesprächs zeigte, wurden allesamt als Indikatoren herangezogen. Wichtig war auch eine hohe Motivation der Kandidaten; Examensnoten, außerschulische Aktivitäten und alles, was trotz widriger Umstände erreicht worden ist, wird in dieser Hinsicht als relevant betrachtet. Man hält Ausschau nach Personen mit Integrität; alles im Lebenslauf eines Menschen, was vielleicht auf ein Fehlen dieser Charaktereigenschaft hinweisen könnte, wird als potentiell aussagekräftig angesehen. Mitarbeiter mit sozialer Intelligenz und Kompetenz waren gefragt. Dies zeigt sich in verschiedenerlei Hinsicht, aber durchgängig wurden die Kandidaten auf zwischenmenschliche Defizite, die durch gefühlsmäßige Schieflagen verursacht werden, abgeklopft.
Diese Unternehmen haben bei weitem nicht die gleiche Aufmerksamkeit an Zeit oder Ressourcen bei ihren restlichen Einstellungsbemühungen verwendet, obwohl sie auch hier im Durchschnitt mehr als die meisten Firmen investiert haben. Die Charakterzüge, nach denen man im allgemeinen bei den Einstellungsmaßnahmen Ausschau hielt, waren weniger eng definiert oder doch zumindest allgemeiner gefaßt als die Maßstäbe, die man beim Einstellen von Führungskräften anlegte. Man konzentrierte sich im wesentlichen auf technisch verifizierbare Anforderungen, um die entsprechenden, in der Hierarchie weniger weit oben angesiedelten Arbeitsplätze auszufüllen (beispielsweise ein Ingenieurexamen, um eine Ingenieurposition zu erhalten).[11] Dennoch gelten auch bei der Einstellung von Personen, die sich vielleicht eines Tages in mittleren

Führungspositionen befinden, die besonderen Kriterien der Intelligenz, Initiative/Motivation, der zwischenmenschlichen Kompetenz und der Integrität.

Wer an die überwältigende Bedeutung von Erbfaktoren und Erziehung im Hinblick auf Führungsaufgaben glaubt, betrachtet häufig das »Charisma« als die Variable, die die anderen Eigenschaften verbindet. Diese Logik liegt auf der Hand. Charisma ist das Holz, aus dem überzeugende Leader und Motivierer geschnitzt werden. Es ist nicht etwas, was man erst spät im Leben lernt, sondern gewiß zum Teil ein ererbter Faktor, und es steht mit den frühen, die Persönlichkeit formenden Jahren in Zusammenhang.

Der Glaube an das Charisma ist insofern von Bedeutung, als er häufig benutzt wird, um in der Unternehmenspolitik eine wohlwollende Gleichgültigkeit hinsichtlich der Entwicklung des Führungspotentials von Menschen zu rechtfertigen. Oft glauben auch einzelne Personen, meist unbewußt, an den Faktor »Charisma«, um vor sich selbst eine passive Haltung gegenüber ihrer eigenen Karriere zu rechtfertigen.

Es gibt, zumindest heute, keine Möglichkeit, wissenschaftlich zu beweisen, ob dieser Glaube an das Charisma richtig oder falsch ist. Aber die folgenden Beobachtungen sind immerhin sehr aufschlußreich. Zunächst einmal: Die Mehrzahl der hier beschriebenen Führungspersönlichkeiten werden von denen, die sie kennen, nicht als besonders »charismatisch« gesehen. Zweitens: Die einzige Persönlichkeit, die häufig als wirklich charismatisch beschrieben wird, Mary Kay, hat einige interessante Gedanken zu diesem Thema geäußert, die die weitverbreiteten Ansichten über dieses Attribut durchaus nicht unterstützen.

Wenn man bestimmte Personen fragt, warum Mary Kay eine so eindrucksvolle Führungspersönlichkeit ist, dann verweisen sie sehr schnell auf ihr Charisma. Wenn man weiterbohrt, warum sie der Ansicht seien, daß Mary Kay Charisma habe, dann verweisen sie darauf, wie sie mit bestimmten Menschen spricht und wie diese Menschen auf sie reagieren; das heißt, sie verweisen auf Mary Kays natürliche Fähigkeit, vor Menschen und mit Menschen zu reden – eine Fähigkeit, die ihr gewiß in die Wiege gelegt wurde.

Aber wenn man Mary Kay selbst zu diesem Thema befragt, dann

liegt das Schwergewicht ihrer Antwort auf einem anderen Aspekt. »Menschen sind häufig erstaunt, wie ich so natürlich und spontan über die Firma sprechen kann, ohne irgendwelche Notizen. Was sie nicht erkennen ist, daß es Jahre gedauert hat, bis ich so weit war, daß ich es so gut konnte wie jetzt. Oh, ich bin sicher, daß ich eine natürliche Begabung dazu habe, aber das ist nur ein Aspekt unter vielen anderen.«

Charisma ist für effektive Führung in vielschichtigen Unternehmen gar nicht so außerordentlich bedeutsam. Selbst bei Menschen, von denen man meint, daß sie Charisma besäßen, sind es häufig die im Erwachsenenalter gemachten Erfahrungen, die zu jenem Eindruck von persönlicher Ausstrahlung und Anziehungskraft beitragen.

# 9 Karriereerfahrungen

»Was Hänschen nicht lernt, lernt Hans nimmermehr« ist sicherlich kein sehr sinnvolles Sprichwort: Menschen verändern sich auch nach der Pubertät, vor allem hinsichtlich ihrer Fähigkeit, mit komplexen Aufgaben und Situationen fertig zu werden. Einzelne Ereignisse haben nur selten eine tiefgreifende Wirkung und Bedeutung, obwohl auch das gelegentlich der Fall sein kann. Dagegen haben die vielen im Laufe eines Jahrzehnts gesammelten Erfahrungen gewöhnlich einen sehr großen Einfluß. Dies klingt vielleicht wie ein Gemeinplatz, aber in Hinblick auf Führung ist es sehr bedeutungsvoll.

Das zu tun, was Nicolosi, Mayer und andere Führungspersönlichkeiten getan haben, erfordert sehr viel mehr als Intelligenz, Elan, Integrität und emotionale Ausgeglichenheit. Eine effektive Richtungsvorgabe verlangt nach einem sehr breiten Wissen über die entsprechenden Branchen, einer Wertschätzung der Elemente einer soliden und vernünftigen Geschäftsstrategie und einer gewissen Courage beim Eingehen von Risiken. Ausrichtung erfordert eine Reihe verschiedener Kommunikationsfähigkeiten, ein Verständnis für die unterschiedlichen Menschen, mit denen man kommuniziert, und Glaubwürdigkeit, die auf guten Arbeitsbeziehungen und einen positiven Karriereverlauf basiert. Um Menschen zu motivieren, bedarf es eines grundlegenden Verständnisses für die menschliche Natur, Einsichten in die wesentlichen Werte der Person, mit der man zusammenarbeitet, und eines ausgeprägten Einfühlungsvermögens. Alle diese Eigenschaften werden, zumindest in gewissem Maße, erst später, nach der Phase der Kindheit, entwickelt. Individuen, die relativ große Führungsrollen gut ausfüllen, haben häufig eine Reihe von Erfahrungen gemeinsam, die außerordentlich wichtig beim Entwickeln der genannten Fähigkeiten sind.[1]

Vielleicht ist die charakteristische und wichtigste Erfahrung in diesem Zusammenhang eine wirkliche Herausforderung zu einem frühen Zeitpunkt der Karriere. Menschen wie Carlzon und Cook haben in ihren Zwanzigern und Dreißigern fast immer Gelegenheit gehabt, ihre Führungsqualitäten zu entwickeln, ein Risiko einzugehen und sowohl aus Triumphen als auch aus Niederlagen zu lernen. Dieses Lernen scheint eine wesentliche Rolle beim Entwickeln eines breiten Spektrums von Führungsfähigkeiten und Führungsperspektiven zu spielen. Die Lernenden erfahren dadurch etwas über die Schwierigkeiten wirklicher Führung, aber zugleich auch über die Möglichkeiten, durch Führung eine Veränderung herbeizuführen. Die Lernsituation hilft ihnen zu erkennen, daß Managementtechniken allein nicht ausreichen, wenn es dazu kommt, Unternehmen an sich verändernde Umgebungen anzupassen. Sie vermittelt Menschen auch gewisse Einsichten in ihre eigenen Führungsstärken oder auch Führungsschwächen.

Adamson bekam seine große Lernchance, als er im Alter von zwanzig Jahren Mitglied der königlichen Marine war. Crandall mußte sich im Alter von dreiundzwanzig Jahren beim Militär einer ähnlichen Herausforderung stellen. Gerstner wurde der jüngste Gesellschafter in der Geschichte von McKinsey, und er mußte sich schon vor seinem dreißigsten Geburtstag einer Vielzahl größerer Herausforderungen stellen; der MBA-Absolvent Gerstner war beispielsweise der führende Berater bei der Restrukturierung der bankrotten Penn Central Corporation. Carlzon wurde im Alter von nur zweiunddreißig Jahren zum Präsidenten einer in Schwierigkeiten geratenen Firma namens Vingresor ernannt. Nicolosi leitete unter außerordentlich harten Wettbewerbsbedingungen mit vierunddreißig Jahren eine Getränkefirma.

Ob man solche Gelegenheiten erhält, ist manchmal weitgehend vom Zufall abhängig. Für Lod Cook beispielsweise wurde ein zufälliges Ereignis im Jahre 1977, ein Feuer auf einer der Alaska-Pipeline-Pumpstationen, zu einer tiefgreifenden Erfahrung und einem monumentalen Geschäftserfolg. Er entdeckte ein die Viskosität verminderndes Mittel namens Slickum, erhielt von einem früheren

Zulieferer einen guten Preis dafür, überredete eine zögernde Gruppe von Pipelinebesitzern, das Risiko einzugehen, dies Mittel dem geförderten Öl hinzuzufügen, und steigerte so die Pumpkapazität der Pipeline um ganze 50 Prozent.

Häufiger jedoch kam es vor, daß Menschen wie Cook mit solchen wichtigen Herausforderungen deshalb konfrontiert waren, weil irgend jemand von ihren Fähigkeiten beeindruckt und gewillt war, es mit ihnen zu versuchen. Der ehemalige Chairman von ICI, Sir John Harvey-Jones, spricht für viele, wenn er sagt: »Rückblickend bin ich fortwährend erstaunt und dankbar für die hohen Risiken, die andere eingingen, indem sie mir in den ersten Jahren meiner Karriere bei ICI Verantwortung übertrugen. Häufig habe ich mich selbst dafür kritisiert, wenn ich erkannte, daß ich den Maßstäben, die sie setzten, nicht entsprochen habe.«

Harvey-Jones erinnert sich beispielsweise daran, daß er, kurz nachdem er bei Heavy Organic Chemicals angefangen hatte, zum damaligen Abteilungsleiter Tom Clarke gerufen wurde, der ihn bat, im Auftrag der Firma den Preis von Naphtha herauszufinden. »Naphtha machte zu jener Zeit die Hälfte der gesamten Kosten der Firma aus, und es wurde zentral in London eingekauft. Die Abteilung, die sehr stolz war auf ihr Wissen über die Ölfirmen und die Welt des Öls, war der Meinung, daß die Firma mehr als nötig für Naphtha bezahlte.«

Und er fährt fort: »Zu jener Zeit hatte es bei ICI einen heftigen Streit gegeben, und man hatte sich darauf geeinigt, daß ein Ausschuß den Sachverhalt überprüfen sollte. Ich war nur ungefähr drei Monate lang in der Abteilung gewesen und wußte kaum, was Naphtha eigentlich war. Ich war nicht direkt dafür verantwortlich gewesen, es zu kaufen, und ich operierte in einem Bereich, wo alle anderen – die Firmen, von denen ich vielleicht kaufen würde, die, von denen wir jetzt kauften, und das Management der Abteilung – wirkliches Expertenwissen hatten. Dennoch übertrug mir der Abteilungsleiter trotz meiner mangelnden Erfahrung ohne Zögern die Verantwortung, die Kommission anzuführen. Und dies, so stellte sich heraus, wurde zu einem Wendepunkt in meiner Karriere. Vielleicht nur einfach, weil ich mir des enormen Umfangs dieser Aufgabe nicht bewußt war, ging ich mit unglaublichem Schwung und Elan an die Sache heran, und zusammen mit meinen beiden Kollegen, die von anderen Abteilungen der Firma nominiert worden waren, besuchte ich im Laufe von drei Wochen nicht weniger als zwanzig Firmen in acht Ländern. Die Resultate wurden in einem Bericht zusammengefaßt, der innerhalb eines Monats verschickt werden konnte und der zu weitreichenden Veränderungen in der Handhabung dieses Problems führte. Inzwischen lernte ich unglaublich viel dazu.«[2]

Nicht immer, aber meistens sind Menschen wie Harvey-Jones bei solchen Aufgaben erfolgreich. So haben sie eine positive Karrierebilanz vorzuweisen, die ihnen die entsprechende Glaubwürdigkeit vor ihren Mitarbeitern vermittelt, vor allem was die Ausrichtungsaspekte von Führung anbetrifft. Adamson hätte den Posten bei Dundee ebensowenig bekommen wie die anfängliche Unterstützung, wenn er nicht so überzeugende Erfolge bei Honeywell und ITT hätte vorweisen können. Und ebenso hätte Mayer niemals die Unterstützung von Zulieferern und Konzessionären für das Chicken-Littles-Projekt bekommen, hätte er nicht beweisen können, daß er der Entwicklung des Geschäftes von KFC eine entscheidende positive Wendung zu geben vermocht hatte.

Menschen wie Dick Mayer haben oft zu einem frühen Zeitpunkt ihrer Karriere Gelegenheit, andere Personen zu beobachten, die wirkungsvolle Führer sind, und durch diese Beobachtung und durch die Zusammenarbeit mit Führungspersönlichkeiten zu lernen. Dies kann besonders dann wichtig werden, wenn sie auf jemanden treffen, der in bestimmten Bereichen von Führung sehr geschickt ist, in denen sie Schwächen besitzen, beispielsweise wenn eine etwas kopflastige Persönlichkeit, die nicht weiß, wie man andere motiviert, einen wirklich mitreißenden Vorgesetzten bekommt.

Negative Rollenvorbilder können in gleicher Weise wichtig sein.[3] Manchmal machen die Ärgernisse, die durch schlechte Führung verursacht werden, die Lektionen ganz besonders eindrucksstark. Mary Kay beispielsweise hat jahrelang immer wieder betont, daß sie von lausigen Vorgesetzten sehr viel über Führung gelernt habe. Sie erzählt oft davon, wie sie zusammen mit siebenundfünfzig anderen Leuten aus der Verkaufsabteilung eine zehntägige Busreise von

Texas nach Massachusetts unternahm. Ihre Gruppe machte eine Fahrt zum Zentralbüro, die die Belohnung für hervorragende Leistungen sein sollte. Es war eine aufreibende Reise mit mehreren Buspannen, aber alle waren, so erzählt Mary Kay heute, fest entschlossen, sie durchzustehen, und zwar auf Grund des Lichts am Ende des Tunnels: vom Präsidenten des Unternehmens als Gast in seinem Haus empfangen zu werden. »Statt dessen besichtigten wir das Firmengelände. Nun kann natürlich eine Fabrik eine sehr interessante und schöne Arbeitsstätte sein – und unsere ist das auch. Aber ich war mitgefahren, um den Präsidenten zu treffen. Endlich, im Rahmen der Einladung in sein Haus, durften wir einmal durch seinen Rosengarten gehen, hatten aber nicht die Gelegenheit, ihn persönlich zu sehen. Was für eine Enttäuschung! Ich brauche nicht zu sagen, daß die Busfahrt zurück nach Texas für alle achtundfünfzig Verkäufer, die mitgefahren waren, in tiefem Schweigen verlief.«

Bei anderer Gelegenheit besuchte Mary Kay ein eintägiges Verkaufsseminar und wollte dem Verkaufsleiter, der eine mitreißende Rede gehalten hatte, gern die Hand schütteln. Nachdem sie drei Stunden lang in einer Schlange gewartet hatte, stand sie schließlich vor ihm. »Er hat mich nicht einmal angeschaut«, berichtet sie. »Statt dessen schaute er mir über die Schulter, um zu sehen, wieviel länger die Schlange noch war. Er war sich nicht einmal bewußt, daß er mir die Hand schüttelte. Zwar war mir klar, wie müde er sein mußte, aber ich war doch auch schon drei Stunden dort gewesen, und ich war ebenso müde! Ich fühlte mich gekränkt, denn er hatte mich behandelt, als wäre ich Luft. Im selben Augenblick faßte ich einen Entschluß: Wenn ich jemals zu den Menschen gehören sollte, vor denen sich nur wegen eines Händeschüttelns eine ganze Warteschlange aufreihte, dann würde ich der Person, die vor mir stand, meine ungeteilte Aufmerksamkeit widmen – gleichgültig wie müde ich sein sollte!«[4]

Rollenvorbilder, sowohl gute als auch schlechte, und Herausforderungen sind in den Karrieren solcher Männer und Frauen gewöhnlich recht früh nachweisbar. Später geschieht etwas gleichermaßen Wichtiges, was ihr persönliches Wachstum fördert. Menschen, die in wichtigen Führungspositionen effektiv führen, haben fast immer, bevor sie in jene großen Führungspositionen hineingekommen sind, eine Chance gehabt, über die schmale Basis hinauszuwachsen, die fast alle Managerkarrieren kennzeichnet. Dies ist meist auf ungewöhnliche Karrieresprünge zurückzuführen oder auch auf einen verantwortungsvollen Posten zu einem frühen Zeitpunkt der Karriere. Manchmal sind auch andere Einflüsse sehr hilfreich: bestimmte Aufgaben im Rahmen einer Projektgruppe oder ein ausgezeichneter Fortbildungskursus. Wie auch immer – das Wissen, das auf diese Weise erworben wird, scheint in jeder Hinsicht für Führungsqualitäten förderlich zu sein. Und ebenso ist es mit dem Netz von Beziehungen, das der einzelne häufig sowohl innerhalb als auch außerhalb einer Firma knüpft. Wenn viele Menschen derartige Gelegenheiten erhalten, dann werden die Beziehungen, die dadurch aufgebaut werden, auch dabei helfen, eben jene dichten informellen Netze zu entwickeln, die man braucht, um die verschiedensten Führungsinitiativen zu untermauern.

Adamson hatte Positionen inne, bei denen er sowohl Linien- als auch Stabsfunktionen zu erfüllen hatte, und ihm wurden Aufgaben im Bereich Herstellung und Entwicklung übertragen, und das alles in jungen Jahren. Gerstner war schon in seinen Zwanzigern mit einem sehr breiten Spektrum von Consultingaufgaben konfrontiert. Direkt nach seiner Ausbildung stand Cook bereits vor schwierigen Problemen: Forschungsentwicklung, Personalaufgaben, Marketing und allgemeines Management. Crandall, auch in Stab sowie Linie eingesetzt, erfüllte Aufgaben im Bereich Entwicklungsplanung, strategische Planung und Herstellung. Nicolosi war mit Entwicklungsaufgaben konfrontiert, mit Herstellung, Werbung, Verkauf, Marketing und allgemeinem Management, und all das bereits vor seinem fünfunddreißigsten Geburtstag.

Was diese Details anbetrifft, so ist kein einfaches Muster erkennbar. Die wesentlichen Erfahrungen, die diese Menschen machten, sind ebenfalls sehr unterschiedlich. Die genaue Art der Herausforderungen, mit denen sie sich auseinandersetzen mußten, und die zeitliche Folge dieser Herausforderungen ist ebenfalls unterschiedlich. Dasselbe läßt sich über die Mentoren oder Chefs sagen, von denen sie lernten. Aber immer wieder sind derartige Ereignisse im Laufe der Karriere eines Menschen zu beobachten – Ereignisse,

durch die man die Information, die Beziehungen, die Fähigkeiten und die positiven Karriereerfahrungen (Machtquellen[5]) erwerben kann, die man braucht, um mit den schwierigen Herausforderungen in Führungspositionen fertig zu werden.
Ein mehr oder minder typisches Beispiel dafür, wie diese Erfahrungen eine individuelle Karriere beeinflussen, ist der Mann, der weitgehend für den Erfolg von Pepsi-Cola in den letzten Jahren verantwortlich war. Sein Name: Roger Enrico. Er hat als Präsident von Pepsi-Cola dazu beigetragen, die Verkaufszahlen zu verdoppeln und die Rohgewinne zwischen 1984 und 1988 um 545 Prozent zu steigern.[6]
Enrico wurde 1945 in Chisholm (Minnesota) geboren und verbrachte dort seine Jugend. Er war ein recht guter Schüler, hatte Spaß am Laienschauspiel, wurde zum Sprecher seiner Oberstufenklasse gewählt und jobbte in einer örtlichen Flaschenabfüllfabrik. Während seiner Zeit im Babson-College in Wellesley (Massachusetts) zeigte er gute akademische Leistungen, leitete eine Studentenverbindung und das studentische Ehrengericht, gab das Jahrbuch heraus und machte nach drei Jahren sein Examen. Nach dem College trat er für kurze Zeit in den Personalbereich bei General Mills in Minneapolis ein, und während des Vietnamkriegs schrieb er sich in das Navy-Officer-Candidate-Programm ein.
Die US-Marine schickte ihn sechs Monate lang auf die Supply Officer School (Schule für Versorgungsoffiziere) und dann nach Südostasien. In Vietnam traf er auf den ersten Mentor nach seiner Schul- und Collegezeit: Lt. Commander Bill Alenderter, und er war im Rahmen seiner Rolle in Vietnam mit einer Reihe von Herausforderungen konfrontiert. Alenderter und seine Truppen waren für Treibstoffoperationen für I-Corps im nördlichsten Teil von Südvietnam verantwortlich. Es war ihre Aufgabe, jede Woche mehrere Gallonen Treibstoff aus verschiedenen, meist recht unzuverlässigen Quellen aufzutreiben und dann den Treibstoff zu wechselnden Orten verfrachten zu lassen, trotz Vietcong und Taifunen.
Alenderter brachte Enrico bei, wenn nötig kalkulierte Risiken einzugehen, um seine Aufgabe zu erfüllen, und er gab ihm auch die Gelegenheit zu solchen Risiken. Gewöhnlich hatte er Erfolg, bisweilen erlitt er auch einen Fehlschlag, aber in jedem Fall lernte er

dazu: wie wichtig es ist, kühn und innovativ zu denken, wenn man unter schwierigen Umständen arbeitet, wie notwendig, sorgfältig dem zuzuhören, was erfahrene Menschen zu sagen haben, und wie gefährlich es ist, an seine eigene Unfehlbarkeit zu glauben.

Von Vietnam aus ging er zur Sechsten Flotte im Mittelmeer und dann zurück zu General Mills, dieses Mal in den Bereich Markenmanagement. Als Assistent des Brand-Managers für Produkte wie Betty-Crocker-Pfannkuchenmix und dann, nach einer Beförderung, für Wheaties mußte Enrico plötzlich ohne förmliche Befugnis Verantwortung übernehmen, und ihm wurde die Notwendigkeit bewußt, in einer solchen Umgebung seine eigene Sache aktiv zu vertreten. Er fand einen anderen Mentor, Steve Chase, seinen Marketingdirektor. Aber er stieß sich auch an einer in vielerlei Hinsicht schlampigen Bürokratie und an einem Vorgesetzten in jener Bürokratie, mit dem er persönlich überhaupt nicht zurechtkam. Jung und ungeduldig, entschloß sich Enrico, seine Firma zu verlassen und einen Job bei Frito-Lay, einer Tochterfirma von Pepsi-Cola, anzunehmen.

In einer kleinen, aber gutgeleiteten Marketingabteilung von Frito-Lay in Dallas war er als Associate-Brand-Manager ganz ungewöhnlich tüchtig. Rasch hintereinander wurde er dreimal befördert; so bekam er als sehr junger Marketingdirektor Verantwortung für einen Umsatz im Wert von mehreren hundert Millionen Dollar. Während dieser Zeit lernte er von Jim O'Neal, dem Senior Vice President, eine ganze Menge über das Geschäft selbst. Und er lernte von Jimmy Sappington, dem Mann, der Fritos Route-Sales-System aufbaute, viel über das Motivieren von Menschen.

1975, nachdem er zwei Jahre lang die erfolglosen Transaktionen der Firma in Japan hatte mitansehen müssen, entschloß sich Enrico, Pepsi-Cola zu empfehlen, eine wesentliche Richtungsveränderung anzusteuern. Anstatt damit fortzufahren, weiterhin ein US-ähnliches Verteilungssystem aufzubauen, trat er dafür ein, daß die Firma die japanische Großhandelsdistribution benutzen und mit einer lokalen Firma ein Joint-venture versuchen sollte. Eines führte zum anderen, und Enrico wurde die Präsidentschaft von PepsiCo-Lebensmitteln in Japan angeboten. Bei Frito-Lay und bei den meisten Unternehmen wird im allgemeinen angenommen, daß ein Auslandsjob, weit weg vom Mutterhaus, sehr riskant ist. Eine solche Aufgabe entfernt den Menschen vom eigentlichen Ort der Handlung, von den Mentoren und von der schnell veränderlichen Entwicklung. Aber Enrico hatte schon gelernt, daß die übliche Lebensklugheit, die sich vor allem in einer Angst vor dem Risiko ausdrückt, nicht der beste Ratgeber ist. So nahm er die Position an.

Das Leben in Japan, Tausende von Meilen entfernt von den Vorgesetzten und den Kollegen in den Vereinigten Staaten, in einer ganz anderen kulturellen Umgebung und mit einem schleppend verlaufenden Geschäft, war hart. Nach sehr viel Arbeit gelang es ihm tatsächlich, ein Joint-venture, Fujiya-Frito-Lay, ins Leben zu rufen, und er lernte eine ganze Menge dabei. Während man sich noch sehr um den Erfolg des Projektes bemühte, wurde Enrico abermals befördert und ging nach Brasilien. Dort wurde er einer der Vizepräsidenten für den internationalen Bereich von Pepsi-Cola. In Brasilien war das Leben noch beschwerlicher. Er hatte sehr wenig über das Snack-food-Geschäft in Japan gewußt, aber noch weniger wußte er über das Soft-Drink-Busineß in Brasilien. Außerdem begegnete er dort einem Vorgesetzten, mit dem er große Schwierigkeiten bekam.

Während seiner fünfzehn Monate in Südamerika hatte Enrico die Entwicklung nur unzureichend in der Hand. Er kümmerte sich mehr als je zuvor und mehr als jemals danach um Firmenpolitik, und er hatte große Schwierigkeiten, Routinearbeiten zu erledigen. Er lernte tatsächlich etwas übers Geschäft, aber die wichtigsten Lehren erteilten ihm sein Vorgesetzter – wie man es nicht machen sollte – und seine eigenen Fehlschläge; du kannst scheitern, so fand er heraus, wenn du in eine schwierige Situation hineingerätst und dann dadurch zu überleben versuchst, daß du vorsichtig und diplomatisch vorgehst.

Seine Mentoren bei PepsiCo, vor allem Andy Pearson, holten ihn in die Staaten zurück und machten ihn zum Marketingvizepräsidenten für Frito-Lay. Im Vergleich zu dem, was er in der Vergangenheit hatte bewältigen müssen, war dies eine leichtere Aufgabe, und Enrico leistete Außerordentliches. Zwei Jahre später, 1980, wurde er zum Senior Vice President für Verkauf und Marketing der Pepsi-

Cola Bottling Group ernannt – wobei das Flaschenabfüllgeschäft Pepsi selbst gehörte. Er schlug sich auch dort wacker und lernte mehr von Menschen wie Pearson und PepsiCo-CEO Don Kendall. 1982 bat ihn der Präsident von Pepsi, John Sculley, Executive Vice President und Chief Operating Officer von Pepsi-Cola USA zu werden – der Konzessionärsgruppe für die Bottling Operations. In seinem Job wurde er in immer größere Umsatzverantwortung genommen und war auch bei den Medien ein gefragter Mann. 1983, als John Sculley zu Apple Computer ging, übernahm Enrico seine Position.

Nur wenige Monate nachdem er Präsident von Pepsi geworden war, unterzeichnete Enrico den teuersten Werbevertrag aller Zeiten für einen Popstar: über fünf Millionen Dollar für zwei Werbefilme und dafür, daß dieser Popstar Pepsi erlaubte, Sponsor einer seiner Konzerttouren zu werden. Es gab viele, die dachten, dieser Schritt wäre ein Fehler – das Risiko wäre allzu groß. Einige Leute hatten wenig über diesen Star gehört – oder zumindest höchst verwirrende Dinge. Enrico tat dennoch das, was er sich vorgenommen hatte, und vertraute seinem eigenen Urteil, das auf Erfahrung und Intuition aufbaute.

Das Ganze zahlte sich aus. Die Michael-Jackson-Filme gehörten zu den erfolgreichsten in der gesamten Werbegeschichte der nichtalkoholischen Getränke.

Enricos Karriere verlief ganz ungewöhnlich. Für die große Mehrzahl der Menschen heute, und dazu gehören auch die meisten Personen mit Führungspotential, scheinen On-the-job-Erfahrungen in der Tat die Entwicklung von Eigenschaften zu behindern, die man braucht, um Menschen zu führen. Die Ergebnisse einiger meiner Untersuchungen deuten stark darauf hin, daß in vielen Unternehmen Persönlichkeiten geformt werden, die in ihrer Sichtweise und ihrer Verständnisfähigkeit außerordentlich begrenzt sind, weitgehend risikoscheu, schwach in Hinblick auf Kommunikationsfähigkeiten und relativ blind für die Werte anderer. Diese Unternehmen formen einen Persönlichkeitstypus, der nur wenig Ahnung von wettbewerbsorientierten Geschäftsstrategien hat, der nur begrenzt glaubwürdig ist und mehr darüber weiß, wie man mit einem Budget jongliert, als darüber, wie besondere Leistungen der eigenen Leute zu feiern sind. Es ist die typische Erbsenzählerkarriere: mäßiger Durchblick im Bereich Management, Totalausfall in Sachen Führung.[7]

Vier Besonderheiten scheinen solche Resultate besonders zu fördern. Zunächst einmal beginnen diese Karrieren gewöhnlich in zentralisierten und spezialisierten Hierarchien, insofern auf Arbeitsplätzen, die von ihrem Horizont eher schmal angelegt sind und in denen im wesentlichen auf taktische Ziele hingearbeitet wird. Vor allem in Konzernen haben Menschen solche Arbeitsplätze oft für viele Jahre inne, selbst wenn sie häufig befördert werden. Insofern lernt der einzelne zwar, kurzfristige Ziele zu erreichen, verliert aber die langfristigen aus den Augen. Taktik und spezialisierte funktionale Probleme, nicht die Einsicht in das Geschäft als solches, werden so gefördert.

Im Zusammenhang hiermit steht die Tatsache, daß die Beförderungen in vielen Firmen fast ausschließlich eine enge, vertikale Hierarchie hinaufführen. Der Juniorbuchhalter wird Buchhalter, dann Chefbuchhalter und dann vielleicht Rechnungsprüfungsassistent. Infolgedessen sind das Wissen und die Beziehungsbasis erfolgreicher Menschen häufig außerordentlich schmal; sie verstehen nur einen Aspekt des Geschäfts und berücksichtigen nur bestimmte Interessen in ihren Unternehmen. Darüber hinaus scheint ihre Glaubwürdigkeit ebenfalls sehr begrenzt zu sein; wer mit ihnen zusammenarbeitet, kennt und respektiert sie vielleicht, aber ihre Glaubwürdigkeit strahlt nicht ins ganze Unternehmen.

Vor allem talentierte und ehrgeizige Menschen bewegen sich diese schmalen Hierarchieleitern oft mit großer Geschwindigkeit hinauf. Zehn Stufen in zehn bis fünfzehn Jahren zu nehmen ist nicht ungewöhnlich. Wenn sie alle zwölf bis achtzehn Monate die Jobleiter weiter hinaufklettern, dann haben diese Personen nur selten eine Gelegenheit, irgend etwas wirklich gründlich zu lernen, und sie sehen niemals die längerfristigen Folgen ihrer Handlungen. Dieses Karrieremuster bringt häufig eine kurzfristige Perspektive hervor, einen manipulativen Managementstil und eine Erfolgsbilanz mit rasch verblassender Leistung.

Das vierte Charakteristikum in vielen Unternehmen ist vielleicht das schädlichste. Allzuhäufig werden die entsprechenden Personen ausschließlich für kurzfristige Ergebnisse belohnt. Infolgedessen konzentrieren sich die meisten auf den Prozeß, der jene Resultate hervorbringt – Management. Dies gilt vor allem für ehrgeizige junge Leute. So lernen sie einige wichtige Lektionen über das Management, aber sie lernen wenig über Führung. Da das Führungspotential eines anderen Menschen nicht in wenigen Wochen entwickelt werden kann, werden gehobene Führungskräfte ebenfalls durch solche Belohnungssysteme ermutigt, keine Zeit in solche Aktivitäten zu investieren. Das Resultat kann verheerend sein.

Zusammenfassend müssen wir feststellen, daß durch übliche Karrieremuster talentierte Menschen zu Managern werden, allerdings nicht zu außergewöhnlichen Managern, eher zu Erbsenzählern und nach zwanzig Jahren zu Obererbsenzählern. Wer am erfolgreichsten ist, endet im Alter von vierzig oder fünfzig Jahren an einem Arbeitsplatz, an dem eine beträchtliche Menge an Führung gefragt ist, und in seinen vorherigen Positionen hat er gewöhnlich bestimmte Führungsqualitäten auch wirklich zeigen müssen. Aber es gibt Grenzen hinsichtlich dessen, wie schnell selbst die talentiertesten Menschen dazulernen können, und auch im Alter von fünfzig oder sechzig Jahren haben manche Menschen nur ein sehr begrenztes Führungspotential entwickeln können, im Vergleich etwa mit Leadern wie Dick Mayer und Lod Cook (siehe Schaubild 9.1). Diese Muster sind heute in vielen Unternehmen so stark, daß sie manchmal als unausweichlich erscheinen. Weit gefehlt.

Die Karriereerfahrungen von Enrico, Adamson, Gerstner und Carlzon sind heute relativ selten und vor allem nur in ganz bestimmten Unternehmen möglich. Enrico beispielsweise ist nur einer von vielen Männern und Frauen bei PepsiCo, die an ihrem Arbeitsplatz Wesentliches und Wertvolles lernten. Derartige Erfahrungen stehen in solchen Unternehmen direkt mit bestimmten Praktiken in Zusammenhang, die systematisch eine größere Anzahl jener glänzenden Karrieren ermöglichen, als dies bei den meisten anderen Unternehmen der Fall ist.[8] Plastisch formuliert: Ein Erbsenzählerunternehmen gebiert Erbsenzähler, und diese gründen dann wiederum eine neue Erbsenzähler-Company.

Es geht aber auch anders: Beispielsweise legen Unternehmen, die einen mehr als durchschnittlichen Erfolg beim Entwickeln von

**Schaubild 9.1**
Das Wachstum von Führungs- und Managementkapazität im Laufe einer Karriere

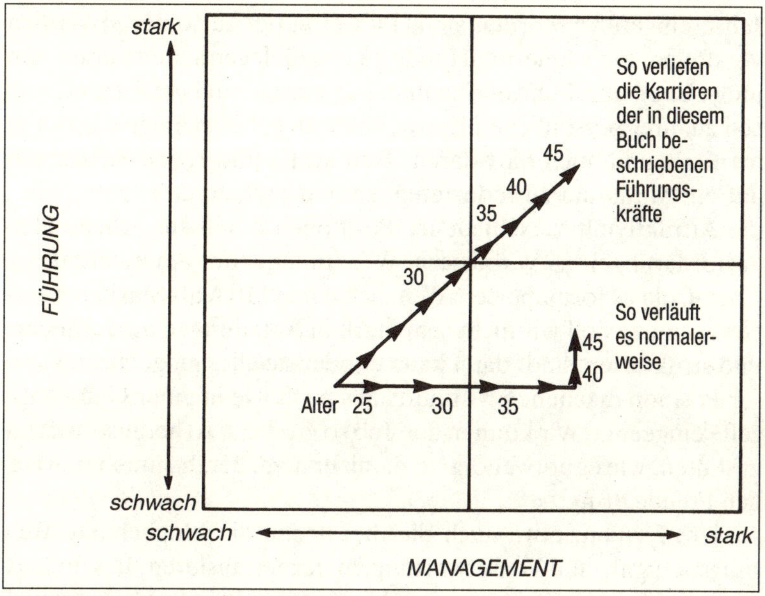


Führungspotential aufweisen können, besonderen Wert darauf, Karriereherausforderungen für relativ junge Angestellte zu schaffen. Sie tun das auf vielerlei Weise. In vielen Firmen ist Dezentralisierung der entscheidende Aspekt. Definitionsgemäß wird durch Dezentralisierung die Verantwortung in einem Unternehmen auf die unteren Ebenen verlagert, und dadurch entstehen auch auf niedrigeren Ebenen der Firmenhierarchie interessante, herausfordernde Posten. Johnson & Johnson, 3M, Hewlett-Packard, General Electric und eine Reihe anderer wohlbekannter Firmen haben jene Methode in der Vergangenheit sehr erfolgreich praktiziert. Einige jener Unternehmen schaffen so viele kleine Einheiten wie möglich, damit es auch auf niedrigerer Ebene eine Menge anspruchsvoller Managementjobs gibt. GE, HP und J&J haben durch diesen Ansatz im Laufe der Jahre sehr profitiert.

Manchmal bieten jene Firmen zusätzliche herausfordernde Möglichkeiten, indem sie das Wachstum durch neue Produkte und

Dienstleistungen fördern. Im Laufe der Jahre hat 3M folgende Firmenphilosophie entwickelt: Zumindest 25 Prozent seiner Einkünfte sollten von Produkten stammen, die im Laufe der letzten fünf Jahre eingeführt worden sind. Das ermutigt zu weiteren kleinen Vorstößen, die wiederum Hunderte von Gelegenheiten bieten, um junge Leute mit Führungsqualitäten zu testen und um ihnen Chancen zu ihrer persönlichen Entwicklung zu geben. Einige dieser Firmen arbeiten auch hart daran, Bürokratie und rigide Strukturen auf ein Minimum zu reduzieren, so daß es dadurch leichter wird, die Attraktivität verschiedener Positionen durch zusätzliche Herausforderungen zu verbessern. Wie ein leitender Angestellter bei Coca-Cola es formulierte: »Wenn ich einen MBA als Markenmanager anstelle, weil wir nicht sehr stark in Abteilungen untergliedert und strukturiert sind, dann kann er oder sie alles mögliche aus dieser Position machen. Er ist durchaus nicht wie in einer Gefängniszelle eingeengt. Wir können den Job so groß und so herausfordernd gestalten, wie es notwendig ist, damit er dem, der ihn innehat, wirklich Freude bringt.«

Andere Firmen, etwa auch die, bei denen die Möglichkeit, Weisungsbefugnis und Verantwortung zu dezentralisieren, beschränkt ist, schaffen Arbeitsplätze, um Menschen mit Führungspotential herauszufordern. Vielleicht ist das offensichtlichste Beispiel die Position eines Assistenten der Verwaltung oder eines Assistenten der Geschäftsleitung. Anheuser-Bush hat ungefähr dreißig solcher Jobs geschaffen. Bei IBM gibt es davon einige hundert.

Wenn durch all jene Positionen immer noch nicht genügend Möglichkeiten entstehen, vielleicht weil das Geschäft nicht expandiert, dann ergreifen diese Firmen die schmerzlichen Maßnahmen, die notwendig sind, um Beförderungsmöglichkeiten zu schaffen. Dies bedeutet bisweilen, daß manchen alteingesessenen Angestellten der Vorruhestand droht. Es bedeutet immer, eine Lösung für die »Blockierer« zu finden – Menschen, die keine Chance zu einer weiteren Beförderung haben, noch sehr weit von dem Zeitpunkt, zu dem sie in Rente gehen, entfernt sind, und deren Leistung zu wünschen übrigläßt.

Durch Praktiken, die Herausforderungen und Chancen für die Angestellten einer Firma schaffen, können, fast von selbst, Persönlichkeiten geformt werden, die für kleine und mittelgroße Führungsaufgaben qualifiziert sind. Menschen auszubilden, die anspruchsvolle Führungspositionen ausfüllen würden, erfordert mehr Arbeit, häufig über einen langen Zeitraum hinweg. Jene Arbeit beginnt damit, Menschen mit großem Führungspotential schon zu einem frühen Zeitpunkt in ihrer Karriere zu entdecken und zu schauen, was notwendig ist, um jenes Potential zu fördern und zu entwickeln.

Die Methoden dieser Unternehmen sind erstaunlich offen und durchschaubar. Man bemüht sich darum, daß die gehobenen Führungskräfte junge Angestellte und Menschen auf den niedrigeren Ebenen des Unternehmens deutlich fördern. Jene Führungskräfte beurteilen dann selbst, wer ein entsprechendes Potential besitzt und auf welche Weise er am besten in seiner Entwicklung gefördert werden sollte. Sie diskutieren dann ihre vorläufigen Beobachtungen unter sich, und zwar in dem Bemühen, zu immer präziseren Urteilen zu kommen. »Wissenschaftliche« Techniken scheinen dabei nur selten eine Rolle zu spielen. Der Schlüssel heißt: Beobachtung, Gespräch, Nachdenken.

Verschiedene Möglichkeiten stehen offen, damit die jüngeren Angestellten auch wirklich von den Führungskräften wahrgenommen werden können. Johnson & Johnson wählt regelmäßig junge Leute aus, von denen man annimmt, daß sie ein gewisses Potential haben, und konfrontiert sie mit speziellen Projekten und Aufgaben, deren Ergebnisse dann Führungskräften präsentiert werden. »Ich kann mich noch daran erinnern, daß ich im Alter von dreißig Jahren eine Präsentation vor einer Gruppe von Leuten hielt, zu denen auch der Vorstandsvorsitzende der Firma gehörte«, erzählt ein leitender Angestellter von J&J. »Einmal im Monat habe ich einen Termin zum Mittagessen mit einem meiner wichtigsten Manager, und ich bitte immer darum, daß er ein paar begabte oder vielversprechende Angestellte mitbringt. Bei manchen Meetings der Firmenangestellten tue ich dasselbe. Dadurch ist es mir möglich, eine Menge junger Leute kennenzulernen und meine eigenen Beobachtungen, was Potential, Stärken und Schwächen anbetrifft, zu machen«, sagt ein Spitzenmanager bei Coca-Cola. Ein leitender Angestellter bei Dow Jones meint: »Wir lassen es nicht zu, daß die

Organisationsstruktur uns hemmt und einengt. Wir gehen immer geradewegs auf den Menschen zu, der die Information hat, die wir brauchen. Dadurch kommen wir in Kontakt mit vielen Angestellten auf niedrigerer Ebene, und wir gewinnen einen klaren Eindruck, wer sie sind und wo ihre Stärken liegen.«

Bei General Mills gibt es viele derartige »Erkennungsprogramme«, durch die häufig begabte Leute ins Zentrum der Aufmerksamkeit der leitenden Angestellten gerückt werden. Auf diese Weise ist es möglich, gute Leute herauszufiltern – und das ist gewiß sehr nützlich. Bei Hewlett-Packard, so sagt ein leitender Angestellter, »machen wir eins: Wir schaffen Situationen, die unseren Abteilungen erlauben, ihre besten Leute auf das Eis zu bringen. Und dann schauen wir uns das Ganze sehr genau an. Auf die Art und Weise kannst du vielversprechende junge Leute entdecken, und wenn du erst einmal ihre Namen weißt, dann kannst du dich bemühen, sie besser kennenzulernen.« Bei Anheuser-Bush machen es sich die Topleute zur Gewohnheit, regelmäßig in die Werksanlagen hinauszufahren. Dies gibt ihnen eine Chance, jüngere Angestellte persönlich kennenzulernen und mit ihnen zu sprechen.

Durch diese Praktiken bekommen leitende Angestellte Informationen über Personen, die vielleicht Führungspotential besitzen. Diese leitenden Angestellten teilen einander dann jene Informationen mit und diskutieren regelmäßig darüber, entweder auf informeller oder formeller Ebene. Im Management Council bei Hewlett-Packard beispielsweise hat es immer regelmäßige Diskussionen über das mittlere Management der Firma gegeben, und es heißt, daß diese Diskussionen mit großer Offenheit geführt werden. Konzerne haben eine Tendenz, bei solchen Vorhaben sehr systematisch vorzugehen. Bei Du Pont treffen sich die sechzehn Abteilungsleiter einmal im Monat für zwei Stunden. Normalerweise gehört zu jedem Treffen eine Diskussion über etwa ein halbes Dutzend jüngerer Leute, die die Direktoren für außerordentlich beförderungswürdig halten. Vor diesen Treffen werden Bilder und Biographien jener sechs jungen Leute an alle Abteilungsleiter geschickt. Bei den Meetings soll jeder, der einen von ihnen kennt, sich äußern, vor allem die, die Fragen oder Bedenken haben. Von denen, die den Kandidaten, der gerade diskutiert wird, nicht kennen, wird erwartet, daß sie ebenfalls sehr direkte, aggressive Fragen stellen (beispielsweise: »Hat er die ihm aufgetragene Führungsaufgabe gut gelöst?«). Eine solche Diskussion kann zu sehr guten Ergebnissen führen. Allerdings lauern auch einige Fallen, in die man nicht plumpsen sollte: etwa zuzulassen, daß irrelevante persönliche Vorlieben oder Vorurteile die Diskussion beeinflussen oder bestimmte Personen auf Grund heutiger oder gestriger anstelle der zukünftigen Bedürfnisse auszuwählen oder Menschen in bestimmte Schubladen zu stecken oder sich selbst erfüllende Prophezeiungen zu machen.

Ausgestattet mit einem überdurchschnittlich feinen Gespür dafür, in wem erhebliches Führungspotential schlummert und wie man es entwickeln kann, beginnen dann leitende Angestellte der Firma, die individuelle Entwicklung der Talente sorgfältig zu planen. Manchmal geschieht das als Teil einer förmlichen Nachfolgeplanung oder als Vorbereitung auf ein außerordentlich wichtiges neues Arbeitsfeld. Häufig geschieht es auch auf formlose Art und Weise. Auf jeden Fall geht es im wesentlichen darum, einzuschätzen, welche Entwicklungsmöglichkeiten den Bedürfnissen eines jeden Kandidaten am besten entsprechen. Im Unterschied zu vielen anderen Firmen haben diese Unternehmen keine feststehenden Programme, um das Potential aller ihrer hochkarätigen Leute zu entwickeln (beispielsweise durch einen einjährigen Aufenthalt im Bereich Marketing und dann in der Finanzabteilung).

Zu den Entwicklungsmöglichkeiten der Führungstalente in dem Sinne, wie dieser Begriff hier benutzt wird, gehört:

- neue Aufgaben (Beförderungen und Versetzungen auf gleicher Ebene) bereitstellen,
- Training (in der Firma, bei einem öffentlichen Seminar oder an einer Universität) durchführen,
- bestimmte Projektgruppen oder Sonderaufgaben einrichten,
- persönliche Unterweisung durch eine leitende Führungskraft,
- Teilnahme an Meetings, die nicht direkt mit den eigenen Aufgaben zu tun haben,
- besondere Projekte initiieren,
- Arbeitsplätze mit besonderen Entwicklungschancen (beispielsweise als Assistent der Geschäftsleitung) zur Verfügung stellen.

Um ihre Führungskräfte dafür zu gewinnen, an allen diesen Aktivitäten teilzunehmen, haben solche Firmen die Tendenz, Entwicklungserfolge auch als solche zu erkennen und die Verantwortlichen dafür zu belohnen. Dies geschieht nur selten im Rahmen einer förmlichen finanziellen Zuwendung oder in Form eines Bonus, einfach weil es so schwierig ist, Entwicklungserfolge präzise zu messen. Aber sie werden zu einem wichtigen Faktor bei Beförderungsentscheidungen, vor allem in die oberen Bereiche der Hierarchie hinein. Und das scheint entscheidende Wirkungen zu haben.
Selbst Personen, die behaupten, daß man Führungseigenschaften nicht entwickeln könne, ändern oft ihre Meinung, wenn man ihnen sagt, daß zukünftige Beförderungen zu einem gewissen Grade von ebendieser Fähigkeit, nämlich Führungspersönlichkeiten heranzubilden, abhängen. Gewöhnlich versuchen sie dann, Karriereerfahrungen zu reduzieren, die nicht ein gewisses Führungspotential nähren, und natürlich auf der anderen Seite jene Erfahrungsmöglichkeiten zu vermehren, bei denen dies der Fall ist (siehe Schaubild 9.2).
Einige Menschen haben durchaus das Zeug zum ausgezeichneten Manager, aber nicht zum starken Führer. Andere haben großes Führungspotential, aber zugleich, aus vielerlei Gründen, große Schwierigkeiten, starke Manager zu werden. Kluge Unternehmen wissen den jeweiligen Typus gleichermaßen zu schätzen und arbeiten hart daran, ihn in das gesamte Team zu integrieren. Aber wenn bestimmte Personen für Führungspositionen herangebildet werden sollen, dann ignorieren solche Firmen die jüngste Forschung, die besagt, daß Menschen nicht sowohl verwalten als auch führen können, und konzentrieren ihre Anstrengungen auf Individuen, die anscheinend das Potential zu beidem haben. Das heißt, sie versuchen, mehr Führer-Manager-Persönlichkeiten heranzubilden als Manager und Führer, und zwar aus einem bestimmten Grund.
Führung und Management sind in wichtigen Bereichen voneinander verschieden und können deshalb leicht miteinander in Konflikt geraten. In einem Unternehmen, das im wesentlichen aus Führern und Managern besteht, kann man häufig beobachten, daß sie sich in zwei miteinander rivalisierende Lager aufspalten. Das endet dann gewöhnlich damit, daß eine Seite die Oberhand behält (meist

**Schaubild 9.2**
Karriereerfahrung und Führung

| | *Karriereerfahrung* | *Wirkung auf Führung* |
|---|---|---|
| *Unterstützt Führungs-stärke* | Herausfordernde Aufgaben zu einem frühen Zeitpunkt der beruflichen Laufbahn | Hilft Menschen, sich in vielerlei Richtungen zu entwickeln, von denen einige für Führung relevant sein werden; läßt es zu, daß einzelne Personen sich an Führungsaufgaben versuchen, so daß sie aus ihren Erfolgen und Fehlschlägen lernen. |
| | Sichtbare Führungsrollenmodelle, die sehr gut oder aber sehr schlecht sind | Von extremen Beispielen, sowohl guten als auch schlechten, läßt es sich leicht lernen, da die Lehre, die daraus zu ziehen ist, jedem einleuchtet. |
| | Aufgaben, die den Horizont und die Fähigkeiten erweitern | Die Wissensbreite ist besonders wichtig für die Richtungsvorgabe und für die Breite von Kontakten und Beziehungen für Ausrichtung und Motivation. |
| *Hemmt Führungs-stärke* | Ein Rattenschwanz von beschränkten und im wesentlichen mit Planung befaßten Aufgaben | Bewirkt, daß der einzelne sich nur auf kurzfristige taktische Ziele hin orientiert; verhilft nicht zur Entwicklung von langfristigen und strategischen Fähigkeiten. |
| | Vertikale Karrierebewegung | Produziert nicht die Wissens- und Erfahrungsbreite, die man braucht, um große Führungspositionen auszufüllen. |
| | Schnelle Beförderungen | Verhilft Menschen nicht dazu, langfristig zu denken oder die Wirkungen ihrer Handlungen langfristig kennenzulernen; kann einen manipulativen Stil fördern. |
| | Einschätzungen und Belohnungen, die nur auf kurzfristigen Resultaten basieren | Bringt Menschen dazu, den Verwaltungsaspekten ihrer Arbeit besondere Aufmerksamkeit zu widmen und die Führungsaspekte zu ignorieren; lehrt Management, aber nicht Führung. |

das Verwaltungslager, weil in der Überzahl) und daß dann auf der anderen Seite drastische Personalstreichungen vorgenommen werden. In Firmen, in denen es ein großes Kontingent von Führer-Manager-Persönlichkeiten gibt, tritt dieser Fall nur selten ein.
Ausreichend Führer-Manager-Persönlichkeiten heranzubilden, um dabei zu helfen, die große Zahl komplexer Organisationen zu verwalten, die unsere heutige Gesellschaft beherrschen, ist eine große Herausforderung. Es ist eine Herausforderung, die wir annehmen müssen. Die Pessimisten unter uns meinen, dies sei hoffnungslos. Einige vertreten sogar die Ansicht, daß es so etwas wie einen Führer-Manager gar nicht gebe. Sie haben ganz sicher nicht recht; die meisten Persönlichkeiten, die wir in diesem Buch beschreiben, übernehmen sowohl Führungs- als auch Managementaufgaben.
Augenblicklich ist es ganz einfach nicht klar, wie viele solcher begabten Persönlichkeiten sich entwickeln könnten, wenn die Umstände günstig wären. Es gibt nur einen Weg, dies herauszufinden: versuchen – und nochmals versuchen.

# 10 Unternehmenskultur

In allen Unternehmen, in denen eine minimale Kontinuität des Personalbestandes und der Zielvorgaben nachweisbar ist, entwickelt sich schließlich auch eine eigene Unternehmenskultur sowohl für das Unternehmen als Ganzes als auch für verschiedene Abteilungen. Diese Kulturen können sehr stark werden, wie etwa die bei Dow, Shell oder IBM,[1] wo zahlreiche Menschen bestimmte gemeinsame Werte teilen und ähnliche Vorstellungen besitzen. Sowohl starke als auch schwache Kulturen können die Menge an effektiver Führung in einer Firma beeinflussen, bisweilen sogar sehr weitgehend.

Die Unternehmenskultur ist für unsere Zwecke hier in zumindest dreierlei Hinsicht wichtig. Sie kann einen Einfluß darauf haben, ob Führungspersönlichkeiten nach Menschen mit Führungspotential Ausschau halten und sie fördern – oder ob sie das nicht tun. Sie kann weiterhin Einfluß darauf haben, ob Menschen mit Führungsqualitäten dazu ermutigt werden zu führen – oder ob man sie entmutigt. Sie kann feststellen helfen, ob eine Firma die Art von informellen Netzen aufgebaut hat, die man braucht, um vielfältige Führungsinitiativen zu koordinieren (siehe Schaubild 10.1).

Beispielsweise wurde in einer Untersuchung über Firmen, die besonders erfolgreich sind bei der Einstellung und Förderung von Menschen mit Führungspotential, die Unternehmenskultur als entscheidende Kraft hierzu gesehen. Dies war ein Faktor, der in Interviews mit den dortigen Führungspersönlichkeiten immer wieder zur Sprache kam.[2] Ein leitender Direktor bei 3M drückte das so aus: »Zunächst einmal empfinden wir eine Verpflichtung, Menschen zu helfen, sich zu entwickeln. So sind wir eben. Menschen,

**Schaubild 10.1**
Unternehmenskultur und Führung

*Unternehmenskultur*

Normen und gemeinsame Werte, die für Führung relevant sind:

- Die Persönlichkeiten, die im mittleren und oberen Management besonders geschätzt werden (ob sie nun Führungspersönlichkeiten sind oder auch nicht, Führungspotential haben oder auch nicht), und die üblichen Praktiken, um sie einzustellen und um ihre besonderen Fähigkeiten zu fördern.
- Das besondere Verhalten, das Menschen schätzen (Führungseigenschaften oder nicht), und die Verhaltensweisen und Praktiken, sie zu jenem Verhalten zu ermutigen.
- Die Quantität und Qualität von gemeinsamen Wertvorstellungen, die die Beziehungen, die durch die informellen Netze der Menschen untereinander geknüpft werden, verstärken, und die Praktiken, durch die neue Aufgaben auf jene Werte eingestellt werden.

↓

*Führung*

Die Menge an Führung in einem Unternehmen und wie gut sie koordinierbar ist (oder zu Konflikten führt).

die nicht so denken – Menschen, die nicht integer handeln und es beispielsweise nur auf ihren eigenen Vorteil abgesehen haben –, kommen hier nicht besonders weit. Wir versuchen, selbst wenn dies für uns ein Risiko bedeutet, jedem Talent die Chance zu persönlicher Entwicklung und Entfaltung zu geben. Wir finden es in Ordnung, Menschen ein wenig Spielraum zu lassen, sogar schon in einem frühen Stadium ihrer Laufbahn. Die Firmenkultur unterstützt das Eingehen von Risiken. Und wenn einmal etwas schiefgeht, dann wird niemandem der Kopf abgerissen. Man geht hier recht offen, fast familiär, miteinander um. Insofern ist es relativ leicht, Menschen um ihrer eigenen Entwicklung willen innerhalb der Abteilungen oder in einem bestimmten Bereich zu versetzen. Und junge Leute fühlen sich in dieser Umgebung frei, mit den Führungskräften außerhalb ihrer unmittelbaren Gruppe über potentielle zukünftige Arbeitsmöglichkeiten zu reden. Wir wissen, daß unsere Firmenkultur uns bereits in der Vergangenheit zu besonderen Erfolgen verholfen hat, und wir versuchen sehr bewußt, diesen Zustand zu erhalten und zu erneuern.«

Eine Führungskraft bei Citicorp meinte dazu: »Die Manager hier würden nicht im Traum daran denken, zweitklassige Leute einzustellen. Immer nach dem Besten Ausschau zu halten ist den Mitarbeitern dieser Firma wirklich in Fleisch und Blut übergegangen. Unsere Führungskräfte halten nach bestimmten Kriterien Ausschau. Wenn in einer Abteilung keine guten Leute eingestellt werden, dann kommt das sehr schnell heraus. Darüber hinaus gilt folgendes: Wenn Sie hier eine Weile lang gewesen sind, dann lernen Sie, wie wichtig es für den Erfolg ist, tüchtige Leute einzustellen und ihnen Entwicklungsmöglichkeiten zu bieten. Ich denke da an einige sehr talentierte Manager, die hier überhaupt nicht zurechtgekommen sind. Ein Teil ihres Problems war es, daß sie sich keine starke Basis von Untergebenen geschaffen haben. Sie sind nicht rausgegangen, um sich gute Leute heranzuziehen und ihnen dann Entwicklungschancen zu geben – so, wie es eigentlich hier gemacht wird.« Ein Manager von Morgan Guaranty kommentierte: »Unsere Firmenkultur, die auf Teamwork hin ausgerichtet ist, läßt es ganz einfach nicht zu, daß Menschen bestimmte Spielchen spielen, etwa ihre begabten, jungen Angestellten zu verstecken. Gegen ein solches Versteckspiel würden alle anderen Mitarbeiter aufbegehren. Die Firma fördert Entwicklungsmöglichkeiten durch oftmals unorthodoxe Versetzungen. Wir schätzen Menschen mit einer breiten Basis, und es gibt bei uns eine gewisse Tradition, solche Mitarbeiter zu fördern.«

Die Firmenkultur hat, abgesehen von ihrer Wirkung auf die Einstellung und Entwicklung von Menschen mit Führungspotential, auch einen Einfluß darauf, ob die Angestellten tatsächlich versuchen, ihre potentiellen Führungsqualitäten zu realisieren. In einigen Unternehmenskulturen werden bestimmte Aspekte ganz besonders geschätzt: das Eingehen von Risiken, eine gute Kommunikation, Erfolge feiern und vor allem Veränderung im Sinne einer schnellen Anpassung an das Neue. Das ist die Unternehmenskultur, die wahre Führungspersönlichkeiten hervorbringt.

Viele der ursprünglichen Aktivitäten von Gerstner und Nicolosi waren darauf ausgerichtet, auf eine Firmenkultur hinzuarbeiten, in der Führung gefördert wurde. Sie erkannten, daß ihre eigenen Aktivitäten bei weitem nicht ausreichten. Wenn man sich auf einem stark wettbewerbsorientierten Markt behaupten will, dann braucht man kompetente Führung auf jeder Ebene des Unternehmens. Sie wußten auch, daß es in ihren Unternehmen einige Leute mit Führungsqualitäten gab, vielleicht sogar viele. Die Herausforderung bestand darin, eine Umgebung zu schaffen, in der diese Personen ihre Führungsfähigkeiten auch wirklich einsetzen konnten.

Nicolosi und Gerstner hatten auch begriffen, daß einzelne Führungspersönlichkeiten und Führungsideen miteinander in Konflikt geraten können und daß ohne ein großes Maß gemeinsamer Werte und Teamwork die verschiedenen Führungsinitiativen nicht zusammenpassen könnten. Deshalb versuchten sie, eine bestimmte Firmenkultur zu fördern, in der nicht nur Führung eine eminent wichtige Rolle spielte, sondern in der auch folgende Aspekte betont wurden: gemeinsame Perspektiven und gute Arbeitsbeziehungen zwischen den leitenden Angestellten, deren Untergebenen und den Arbeitern. Sie waren in diesen Bemühungen weitgehend erfolgreich.

Dallas Kirk und sein Team bei Digital brauchten nicht eine neue Firmenkultur aufzubauen; die bestehende war bereits sehr tragfähig. Menschen, die das Unternehmen kennen, beschreiben es mit Worten wie informell, mit einem guten Kommunikationsnetz ausgerüstet, auf Handlungsmöglichkeiten hin orientiert, unternehmerisch, nichtdiktatorisch und ehrlich. Decworlds Firmenkultur war außerordentlich wichtig, wenn es darum ging, Führungsqualitäten zu fördern und zu bewirken, daß Führungsinitiativen sich in eine übereinstimmende Richtung bewegen. Man kann sich kaum vorstellen, daß man mit solchen Bestrebungen ohne diese Art von Kultur Erfolg haben kann, gleichgültig wie begabt die jeweiligen Führungskräfte auch sein mögen.

Eine gutentwickelte Unternehmenskultur hat das Potential, effektive Führung zu fördern. Entwicklungen wie die bei TRS (American Express) sind ein Beweis für diese These. Ein noch überzeugenderes Beispiel jedoch ist die Geschichte eines Lebensmittelriesen namens ConAgra in Omaha.[3]

Am Anfang der ConAgra-Firmengeschichte stand eine Getreidemühle. Die Ursprünge des Unternehmens gehen bis zum Jahr 1867 zurück. In jenem Jahr nach dem Bürgerkrieg bauten Henry Koenig und Frederick Wiebe eine mit Dampf betriebene Getreidemühle in Grand Island in Nebraska. 1883 kaufte Henry Glade die Mühle und baute im Laufe der folgenden siebenundzwanzig Jahre ein kleines Mühlengeschäft auf. Nach seinem Tod wurden seine Firma und drei ähnliche Unternehmen 1919 als die »Nebraska Consolidated Mills Company«-Aktiengesellschaft eingetragen, der Name, unter dem ConAgra bis 1971 lief.

NCMC expandierte durch eigenes Wachstum und auch durch weitere Firmenaufkäufe in den 20er und 30er Jahren erheblich. Das Unternehmen konnte durch Nutzung eines Nebenprodukts, das sich beim Mahlen von Getreide ergab, einen Zweig in der Getreidefuttermittelproduktion aufbauen. 1956 kam ein drittes Produkt – Geflügel – hinzu; ein Teil der Getreidefuttermittelerzeugnisse wurde an die Hühner verfüttert. Alle drei NCMC-Sortimentgruppen expandierten in den 60er und 70er Jahren beachtlich; durch einen weiteren Kauf kam noch die Wels-Verarbeitung (eine Fischart) hinzu. Um deutlich zu machen, daß die Geschäfte des Unternehmens weit über das Mehlmahlen hinausgingen, wurde 1971 der Name des Unternehmens in ConAgra verwandelt. Der Umsatz 1972, hundertfünf Jahre nach der Inbetriebnahme der ersten Mühle, lag bei 302 Millionen Dollar.

In den Jahren 1973 und 1974 machte die Firma eine schwierige Phase durch. Das Wirtschaftswunder der Zeit nach dem Zweiten Weltkrieg lag in seinen letzten Zügen, wenn es nicht schon erloschen war. Die Inflation nahm rapide zu. Viele Märkte erwiesen sich als extrem unbeständig. Nun stiegen ConAgras Zinszahlungen auf die Fremdfinanzierung, mit der die Neuerwerbungen erstanden worden waren, rapide an. Einige dieser Neuerwerbungen erwiesen sich vor dem Hintergrund einer schleppenden wirtschaftlichen Entwicklung als wenig ertragsstark. Die Preiskontrollen in Puerto Rico beeinträchtigten darüber hinaus einen von ConAgras ertragsstärksten Betrieben. Auf einem unsicheren Warenmarkt startete die Firma einige Diversifikationen, die sich allesamt als Fehlschläge erwiesen. Das Ergebnis war ein Verlust von 11,8 Millionen Dollar 1974.

Um eine weitere negative Entwicklung abzuwenden, machte der Verwaltungsrat im August 1974 Claude Carter, einen Mann, der bereits dreiunddreißig Jahre lang für die Firma gearbeitet hatte, zum Präsidenten. Carters erste entscheidende Handlung war, einen firmenfremden COO (Chief Operating Officer) einzustellen – Mike Harper. Am 1. Oktober 1974 fing Harper als Executive Vice President bei ConAgra an.

Harper war in Lansing (Michigan) und in South Bend (Indiana) aufgewachsen. 1949 machte er in Purdue sein Examen in Ingenieurwissenschaften. Nachdem er an der Universität von Chicago mit einem MBA abgeschlossen hatte, arbeitete er für General Motors. Fünf Jahre später zog er nach Pillsbury um. Dort begann er als Industrieingenieur und wurde dann Director of Engineering, Vizepräsident der Abteilung R&D (Research & Development, Forschung und Entwicklung), Leiter der Abteilung für Dienstleistungen im Lebensmittelbereich (Food Service Supply Division) und dann Konzernvizepräsident von »Fresh Poultry and Food Service Supply«.

Bei ConAgra stellte Harper zunächst fest, daß man dort sehr intensiv auf eine Niedrigkostenproduktion hinarbeitete – eine Zielsetzung, die von den meisten Führungskräften geteilt wurde. Er stellte auch fest, daß die Arbeitsmoral sehr gut war. Als negativen Aspekt bemerkte er: Die Firma war sehr stark zentralisiert, sie ließ auf Grund ihres Leistungsmaßstabs kaum zu, daß jemand Aufgaben wirklich delegierte, sie war sehr stark hierarchisch und formal, schwach im Bereich Marketing und Verkauf, und sie schien sich nicht in ausreichendem Maße um die Gewinnperspektive zu kümmern.

Sofort ließ Harper ein großes Pinnbord aus Kork an einer seiner Bürowände aufhängen und heftete daran alle möglichen Übersichtstafeln, die zeigten, wie sich alle seine Geschäfte in Hinblick auf Verkauf, Umatz, Lagerbestand und einige andere Parameter entwickelten. Als nächstes ließ er montags morgens jeden einzelnen seiner Hauptbetriebsleiter zu sich rufen, um jene Übersichtstafeln auf den neuesten Stand zu bringen. Zunächst konnten viele dieser Führungskräfte ihm nicht sagen, wie groß ihre Lagerbestände waren oder wieviel Umsatz in der vorausgegangenen Woche erzielt worden war, denn in der Vergangenheit hatten sie kaum Verantwortung getragen. Das änderte sich nun.

Während seines ersten Jahres bei ConAgra suchte Harper nach Gelegenheiten – und fand sie auch –, die Betriebsleiter zusammen-

zubringen und über das Geschäft zu sprechen. Durch seine Herangehensweise vermittelte er seinen Mitarbeitern, daß er sie als Unternehmer, nicht als Manager einer Fabrik ansah und daß er sie als wichtige Mitglieder der Führungsgruppe betrachtete. Er machte ihnen deutlich, daß sie verantwortlich waren – sowohl dafür, daß sie für ihre Gewinne und Verluste geradestanden, als auch dafür, daß sie ihre Budgets verwalteten. Er zeigte ihnen, auf welche Weise umfangreiche Lagerbestände und Außenstände ConAgras Bilanzen beeinträchtigten, und drängte sie dazu, beides zu reduzieren.
Durch den Verkauf einiger wenig vielversprechender und ertragsschwacher Vermögenswerte und die Verringerung von Lagerbeständen und Außenständen wurde dringend notwendiges Geld flüssiggemacht; man bezahlte fast die Hälfte der Schulden, und es gelang, die Firma wieder zurück in die schwarzen Zahlen zu führen. Die Wende kam schnell: Im Steuerjahr 1975 machte ConAgra einen Gewinn von 4,1 Millionen Dollar. Im März 1976 wurde Harper zum CEO ernannt.
Als die Firma wieder schwarze Zahlen schrieb, drängte Harper darauf, die Fragen nach der zukünftigen Entwicklung zu stellen: Wie sollte die Strategie aussehen? Und wie sollte man sich selbst verwalten? Durch seine Erfahrungen in Pillsbury hatte er eine genaue Vorstellung davon, wie ein Unternehmen im Bereich des Lebensmittelhandels zu führen sei. Einige dieser Vorstellungen waren an die Ideen früherer CEOs, etwa Bob Keith und Terry Hanold, angelehnt, andere wiederum waren auf dem Boden negativer Erfahrungen gewachsen.
Im Oktober lud Harper sieben Personen nach Vail (Colorado) ein, um diese Themen anzusprechen. Zweieinhalb Tage lang diskutierten sie miteinander – zwanglos, aufrichtig und äußerst intensiv. Dabei kamen sie in einer Reihe von Punkten zu einer allgemeinen Übereinstimmung. ConAgra, so meinten sie, sollte eine Firma für Grundnahrungsmittel sein, die ihre Produkte und Dienstleistungen im Rahmen der gesamten Lebensmittelkette anbieten sollte. (Dies entwickelte sich später zum Konzept einer »globalen Grundnahrungsmittelfirma«.) Das Unternehmen sollte danach streben, auf sein Eigenkapital eine Rendite von mindestens 15 Prozent pro Jahr, langfristig eine durchschnittliche Verzinsung des Eigenkapitals von

20 Prozent zu erzielen. Als Wachstumsziel nahm man sich vor, das Volumen des Unternehmens zu verdoppeln.
Nachdem er nach Omaha zurückgekehrt war, begann Harper, ein »White Paper« zu verfassen, in dem er die Ideen, die in dem Meeting erarbeitet worden waren, zusammen mit seinen eigenen Gedanken schriftlich niederlegte. Er ließ allen seinen leitenden Angestellten und Betriebsleitern einen Entwurf zukommen und bat sie dringend, ihn zu kommentieren. Und das taten sie auch. Das Dokument wurde viele Male diskutiert und umgeschrieben. Als seine Spitzengruppe zufriedengestellt war, ließ man den Managern der mittleren Ebene einen Entwurf zukommen und bat sie um Feedback. Nachdem es ein weiteres Mal umgeschrieben worden war, wurde dieses Papier im Juli 1977 als Broschüre veröffentlicht. Diese veröffentlichte Version des »White Paper« wurde an alle Angestellten bei ConAgra verteilt. Später gab man das Büchlein auch an Wertpapieranalysten und an Bewerber weiter.
Das Büchlein trug den Titel »ConAgras Philosophie«. Schriftliche Statements über Ziele, Werte, Zukunftsperspektiven und dergleichen haben häufig kaum einen realistischen Bezug dazu, wie Firmen wirklich funktionieren. Aber die Ideen in diesem bemerkenswerten kleinen Büchlein spiegeln sehr genau die Firmenkultur wider, die bei ConAgra entstanden ist.
»ConAgras Philosophie« beginnt mit einem Brief von Mike Harper. (Eine auf den neuesten Stand gebrachte Version des Büchleins, die 1984 veröffentlicht wurde, enthält einen Brief der acht leitenden Führungskräfte.) Harper beginnt: »Die Perspektiven, die Sie in diesem Büchlein finden, wurden entwickelt, um uns alle dahin zu führen, ein besseres ConAgra zu bauen. Die positive Wende, welche die Entwicklung von ConAgra 1975 nahm, nachdem das Steuerjahr 1974 fast eine Katastrophe gebracht hätte, wurde von vielen Einzelpersonen eingeleitet, [durch ein] Zusammenspiel von entscheidenden, langjährigen Firmenangestellten und von Personen mit Erfahrung, die neu hinzukamen. ConAgra ist daraus als eine ›neue‹ Firma hervorgegangen, gut und solide finanziert, mit mehr Ertragskraft und mit einer neuen Arbeitsphilosophie. Nach der vollzogenen Wende waren wir in der Lage, unsere Aufmerksamkeit im Steuerjahr 1976 der Zukunft der Firma zu widmen.

Es ist unser Ziel, die Rentabilität des Unternehmens über einen längeren Zeitraum hinweg zu verbessern, um die Rendite für unsere Aktionäre zu steigern und ebenso die Sicherheit unserer Angestellten zu erhöhen. Hohe Zinsen auf investiertes Kapital zusammen mit steigenden Einkommen erzeugen das Geld und die Finanzkraft, die wir brauchen, um das zukünftige Wachstum der Firma zu unterstützen. Es liegt auf der Hand, daß das Wachstum der Erträge mit unserer öffentlichen und sozialen Verantwortlichkeit Hand in Hand gehen muß, aber letztendlich muß unser eigentliches Ziel darin bestehen, entschlossen auf ein Gewinnwachstum hinzuarbeiten, [durch] das Bereitstellen von Qualitätsprodukten und Dienstleistungen für die Kunden.
Mit Hilfe unserer Planungsanalysen haben wir bestimmte Geschäftsmöglichkeiten und Vermögenswerte klassifiziert, die das Fundament für ein sehr viel größeres und stärkeres ConAgra legen werden. Wir haben Risikoentscheidungen getroffen und strategische Pläne entwickelt, und wir sind an die Aufgabe herangegangen, stetige Gewinne zu erzielen. Wir suchen nach weiteren Möglichkeiten für Wachstum und Rentabilität – und wir werden sie in Zukunft auszumachen und zu nutzen wissen. Eine Zunahme an Rentabilität wird das Ergebnis folgender Faktoren sein: eine Kombination von innovativem Marketing, aggressivem Verkaufen, einer positiven Geschäftsentwicklung und Planung, ein rigides Kostenmanagement bei der Herstellung – und das alles zusätzlich zu einem wachsamen Controlling. Die entscheidende Ressource, die es beim Aufbau eines Unternehmens zu nutzen gilt, sind die Menschen und die Art und Weise, wie diese Menschen mit den anstehenden Problemen fertig werden. In dieser Broschüre ist folgendes dargestellt: unsere allgemeinen Ziele, die Geschäftsphilosophie, das besondere Klima und die Organisationsstruktur, in der wir operieren, sowie eine Definition des Persönlichkeitstypus, den wir brauchen.«
In einem relativ kurzen Abschnitt über »Ziele« listet das Büchlein eine Reihe von meßbaren finanziellen Zielen auf: eine Durchschnittsrendite für Aktienbesitz zusätzlich zu den 15 Prozent (das 1984er Büchlein setzt die Zahl auf 20 Prozent herauf), ein durchschnittliches Wachstum von Trend-line-Gewinnen von 10 Prozent pro Jahr (1984 auf 14 Prozent erhöht) und die Erhaltung einer kon-

servativen Ausgabenpolitik. Ein sehr viel längerer Abschnitt über »Geschäftsphilosophie« beginnt mit dem sehr bezeichnenden Satz: »Unser Grundsatz: Der Erfolg der Firma ist abhängig von unternehmerischen Führungsqualitäten gepaart mit professionellem Management, das in einer Atmosphäre von Offenheit operiert, in der hochqualifizierte, innovative, gewinnorientierte Persönlichkeiten dazu ermutigt werden, ihr Bestes zu geben.« Darauf folgen Erörterungen zu folgenden Themen: »Unser augenblickliches Geschäft«, »Wachstum des gegenwärtigen Geschäftsvolumens«, »Wachstum über unser bestehendes Geschäftsvolumen hinaus« und »Wie wir unsere Geschäfte führen«.

In einem Abschnitt über »Das Unternehmensklima« betont Harper, daß das Schaffen der richtigen Umgebung wahrscheinlich die wichtigste Aufgabe des Managements sei. »Unsere Ziele sind folgende: eine Unternehmenskultur zu schaffen, die das Streben nach hohen Zielen und hohen Standards erleichtert, bei der große Betonung auf die Förderung von Menschen und Ideen gelegt wird, die ein großes Maß an Teilnahme und Kontakt zwischen den Führungskräften und deren Untergebenen fördert und in der man auf Zusammenarbeit und enge berufliche Beziehungen Wert legt – während die Rivalität zwischen den verschiedenen Abteilungen abgebaut wird und wir uns auf die Ziele konzentrieren, die uns vereinen, anstatt auf die, die Zwietracht säen könnten.« Dann folgt eine Erörterung all dessen, was man braucht, um diese Kultur zu schaffen: die Freiheit zu handeln, die Verantwortung für wirtschaftliche Ergebnisse, die Freiheit, anderer Meinung zu sein und eine Herausforderung zu schaffen, die Förderung des einzelnen, die Kompetenz, etwas aufzubauen und Individualität anzuerkennen. Diesen letzten Punkt betreffend führt das Büchlein aus: »Dies sind einige unserer Grundüberzeugungen:

1. Die meisten Menschen möchten sich in ihrer Arbeit sinnvoll engagieren.
2. Die meisten Menschen möchten spüren, daß sie mit einem größeren Teil der Welt in Verbindung und zugleich ein Teil davon sind (ein Gefühl der Dazugehörigkeit).
3. Die meisten Menschen möchten sich Ziele setzen und ihre Energien nutzen, um diese Ziele zu erreichen.

4. Die meisten Menschen möchten gern sie selbst sein und das Gefühl haben, daß sie Verantwortung tragen. Sie möchten darüber hinaus das Gefühl haben, daß sie persönlich einzigartig sind und die Freiheit haben, so zu sein, wie sie sind.«

In dem Büchlein wird dann weiterhin über wertvolle Charaktereigenschaften von Menschen diskutiert. Unter anderem wird dort gesagt: »Wir werden besonderes Gewicht auf die Führungsqualitäten eines einzelnen Managers legen und ebenso auf seine Fähigkeit, auf allen Ebenen seines oder ihres Unternehmens hervorragende Leute heranzuziehen, zu halten und zu fördern. Wir müssen uns, bei der Förderung der ConAgra-Angestellten, dazu verpflichten, bessere Arbeit zu leisten als unsere Konkurrenten.« Schließlich beschreibt das Büchlein noch die Organisation des Unternehmens, das Management Executive Committee und den Management Council, den strategischen und den Jahresplan, die vierteljährlichen Bestandsaufnahmen und die Treffen am Montagmorgen. Es schließt mit der folgenden Passage: »ConAgras organisatorische Struktur ist eine mit sehr wenigen Ebenen, bei der es eine große Menge an Dezentralisierung geben muß, mit adäquaten Kontrollen und sehr viel Flexibilität.«

1977 und 1978 begannen Harper und sein Führungsteam damit, diese Philosophie zu realisieren. Es gab mehrere Gründe, warum sie weitgehend erfolgreich waren. Die entscheidende Persönlichkeit war wohl Harper, dessen Handlungen fast immer mit den wesentlichen Punkten in dem Büchlein kongruent waren. Dieser große, warmherzige Mann von der Statur eines Bären war fähig, sehr effektiv Führungs- als auch Managementaufgaben zu übernehmen. Mit der Zeit half ihm dies, eine Reihe von Werten in die Organisation hineinzutragen und eine starke Firmenkultur zu schaffen. In einer vergleichenden Studie des Jahres 1988 über Führungspersönlichkeiten im Lebensmittelbereich wurde deutlich, daß unter den elf größten Firmen ConAgra die stärkste Firmenkultur in jener Branche entwickelt hatte.[4] Es entstand dadurch sogar eine neue ConAgra-Kultur: Es wurden Unternehmen aufgekauft, die gewohnt waren, in ganz anderer Weise Geschäfte zu machen. Der Fall Banquet ist ein gutes Beispiel.

Die Geschichte von Banquet Frozen Foods geht zurück auf das

Jahr 1898, als ein Lehrer aus Missouri namens Finis Stamper damit begann, sein Einkommen durch den Verkauf von Geflügel und Eiern aufzubessern. 1903 baute er eine Geflügelverarbeitungsfabrik in Clifton Hills (Missouri), und 1913 kaufte er zu dieser Fabrik noch eine Molkerei hinzu. Ein Jahrzehnt später begann die F. M. Stamper Company mit der Verarbeitung von gefrorenem Eiweiß für Bäckereien; das gefrorene Eigelb wurde an Mayonnaisehersteller verkauft. 1928 wurde der Firma eine Futtermittelfabrik für die Ernährung von Schweinen, Geflügel und Rindern hinzugefügt. Während des Zweiten Weltkriegs produzierte die Fabrik Geflügelprodukte in Dosen für die amerikanischen Soldaten. Nach dem Krieg begann das Unternehmen gefrorene Hühnchenpasteten zu verkaufen, und zwar in neu entwickelten und billigen Aluminiumverpackungen. Bald kamen andere gefrorene Produkte hinzu, alle unter dem Namen Banquet: Fleischpasteten, fertige warme Mahlzeiten, Fruchtpasteten und gebratene Hühnchen. Die gefrorenen Nahrungsmittel erfreuten sich schon bald großer Beliebtheit.
1970 kaufte RCA die Stamper Company für 116,5 Millionen Dollar und änderte ihren Namen in Banquet um. Nach zehn verheerenden Jahren verkaufte dann RCA für 55 Millionen Dollar den Großteil der Firma an ConAgra.
RCA ist die Elektronikfirma, die vor allem von David Sarnoff aufgebaut wurde. Als er 1966 starb, geriet die Firma in eine Art Akquisitionsrausch: Neu hinzu kamen Hertz (Autovermietung), Random House (Verlag), Cushman & Wakefield (Immobilien) und Coronet (Möbel und Teppiche) und auch Banquet. Der Versuch, diese verschiedenen Bereiche zu verschmelzen, schlug jedoch fehl, und RCAs Umsatz fiel in den Keller. Während dieser Zeit gab es fortwährende Veränderungen an der Spitze. Hinzu kamen eine sehr umfangreiche Bürokratie und vielerlei Grabenkämpfe im zentralen Firmenbüro im Rockefeller-Center. Das Management hechelte nunmehr nur noch kurzfristigen Zielen hinterher, und nichts anderes als das finanzielle Desaster wurde mit Tochterfirmen wie Banquet besprochen. Tatsächlich gab es auch wenig anderes, was man hätte diskutieren können; nur wenige Leute im Rockefeller-Center hatten Erfahrung im Lebensmittelgeschäft.
Unter RCA zog bei Banquet der Schlendrian ein. So begann die

Arbeit gewöhnlich erst um 9.00 Uhr und endete bereits um 16.30 Uhr. Immer mehr Firmenwagen wurden angeschafft. Unternehmerische Impulse gab es immer weniger: In den 70er Jahren gelang es der Firma nicht, neue Produkte einzuführen. Und obwohl der Markt für Tiefkühlkost boomte, begannen Verkauf und Umsatz von Banquet zu schrumpfen.

Kurz nachdem ConAgra Banquet aufgekauft hatte, konnte man, nach den Worten eines seit langem für Banquet tätigen Direktors, »den Unterschied sofort sehen«. Innerhalb einer Woche nach dem Kauf rief Harper ein zweitägiges Meeting der Führungskräfte zusammen und sprach mit ihnen über ConAgras Philosophie. Sie konnten es einfach nicht glauben: »Sich jetzt, nachdem wir zehn Jahre lang Memos an gesichtslose Vorgesetzte in New York geschrieben hatten und dafür vierteljährliche Rundbriefe erhalten hatten, in denen von nichts anderem als von kurzfristigen Zahlen die Rede war, zusammenzusetzen und über Philosophie, die Unternehmensvision und über Strategien im Lebensmittelgeschäft zu sprechen – nun, das war ein Schock, aber gewiß ein heilsamer Schock.«

Im Laufe von wenigen Monaten suchte und fand Harper den Mann, von dem er annahm, daß er die »Nummer-eins«-Führungspersönlichkeit im Bereich Tiefkühlkost in den Vereinigten Staaten war. Sein Name war John Phillips, und er hatte für Campbell in dessen Swanson-Tochterfirma gearbeitet. Harper bat ihn, Banquet zu leiten. Fasziniert von Harpers Stil und ConAgras Firmenkultur, nahm Phillips an. Er begann seine Arbeit am 6. Januar 1981.

Nach seinem Examen in Wirtschaftswissenschaften 1958 an der Utah State University blieb Phillips bis zum Jahre 1981 bei Campbell. Er hatte seine berufliche Laufbahn in einem Unternehmen für Lebensmittelkonserven in Sacramento begonnen, wo er im Bereich Einkauf, Herstellungsplanung, Produktkontrolle und Buchhaltung arbeitete. 1964 begann er mit dem Aufbau eines neuen Unternehmens in Texas und arbeitete schließlich als Assistant Superintendant im Bereich Herstellung. Von dort ging er in Swansons Abteilung für Geflügelgeschäfte und dann als Werbemanager zum Unternehmensmarketing. Als nächstes verwaltete er vier Fabriken für Tiefkühlkost in Nebraska, leitete die Pepperidge-

Farm-Tochtergesellschaft, arbeitete als Personalleiter des Unternehmens und wurde schließlich Präsident von Swanson.

Bei Banquet bauten Phillips und sein Team die Marketingabteilung neu auf, reorganisierten den Verkäuferbereich, verbesserten die Qualität einiger Produkte und veränderten gewisse Produktionsmethoden, durch die tendenziell unerwünschte Lagerbestände geschaffen worden waren. Sie richteten eine Marktforschungsdatenbank ein, änderten die Werbung und steigerten zugleich das Budget für Werbungsausgaben ganz dramatisch. Nachdem zehn Jahre lang keine neuen Produkte eingeführt worden waren, begannen sie auch, zunächst einmal sehr vorsichtig, neue Geschmacksrichtungen und dann neue Produkte auszuprobieren.

Ihre erste, vollkommen neue Serie von Erzeugnissen nannte sich »Saucy Chicken« (Anm. d. Übers.: würziges oder auch »flottes« Hühnchen), fünf oder sechs Hühnchenstücke, entweder in Barbecuesauce, Knoblauch oder Butter. Das Produkt war ein Reinfall. Ohne sich abschrecken zu lassen, probierten sie andere Ideen aus, und schon bald stellten sich die ersten Erfolge ein.

In kurzer Zeit konnte Banquet wieder positive Salden vorweisen. Nach nur drei Jahren amortisierte sich die Summe, die für den Kaufpreis bezahlt worden war, und die neue Kultur, die ConAgra eingeführt hatte, war fest etabliert. Stärkeres Management und stärkere Führung (die zentralen Dogmen der Firmenkultur) wurden auf verschiedenen Ebenen deutlich erkennbar.

1982 schuf Harper ein »Office of the President« im Hauptbüro des Unternehmens in Omaha und beförderte Phillips dorthin. Dann stellte er Phil Fletcher ein, der lange für Campbell, Heinz und Heublein gearbeitet hatte, damit er Phillips' Platz einnähme. Fletchers erste Reaktion, nachdem er nach Banquet und ConAgra gekommen war: »Ich habe niemals, nirgendwo, in keinem Unternehmen eine derartige Situation vorgefunden. Mike Harper hat eine einzigartige Firmenkultur geschaffen.«

Fletcher und seine Gruppe von Geschäftsführern waren auf der Höhe ihrer Macht und ihres Erfolgs. Sie konzentrierten sich darauf, den Bereich Marketing und Verkauf zu verbessern. Unter der Führung von Fletcher und der seines Nachfolgers, Scott Rahn, brachte Banquet noch weitere neue Produkte auf den Markt und expandierte rasch. Verschiedene große Firmenaufkäufe kamen 1984 und 1986 hinzu. 1988 hatte das Unternehmen einen Umsatz in Höhe von einer Milliarde Dollar, seit 1980 ein Zuwachs von immerhin 300 Prozent.

Wer das Zentralbüro von Banquet in St. Louis im Herbst jenes Jahres besuchte, spürte dort bei den Führungskräften eine freudig erregte Stimmung. Auf einer sehr gut sichtbaren Tafel, die in den Büros vieler Manager hing, war folgendes zu lesen: »Effektive Führung: Eine Führungspersönlichkeit hat eine Zukunftsperspektive und die Überzeugung, daß ihr Traum verwirklicht werden kann. Und sie erfüllt andere mit der Kraft und der Energie, dabei zu helfen.«

Bis 1988 war Banquet eine von fünfzig »unabhängigen Betriebsgesellschaften« innerhalb von ConAgra, denen jeweils ein »Präsident« vorstand, von dem man erwartete, daß er führte, verwaltete und alle anderen dazu brachte, dasselbe zu tun. Das Unternehmen hatte in jenem Jahr einen Gesamtumsatz von zehn Milliarden Dollar. Die Einnahmen waren seit der Veröffentlichung der ersten Philosophie-Broschüre um mehr als 1000 Prozent gestiegen. Und ebenso war der Marktwert des Unternehmens in die Höhe geschossen. Die früher eher kleine Firma mit Basis in Omaha (Nebraska) hatte sich zum achtgrößten Lebensmittelunternehmen der Welt gemausert.[5]

Es gibt nicht wenige Menschen, die erkennen, wie wichtig Führung ist und wie selten sie heute zu finden ist, und die doch zugleich nicht daran glauben, daß die Menge an Führung auf realistische Weise gesteigert werden kann. Nach ihrer Meinung ist die Fähigkeit zur Richtungsvorgabe, Ausrichtung und Motivation immer nur einigen wenigen Auserwählten vorbehalten. Situationen wie die eben beschriebene bei ConAgra widerlegen diese pessimistische Sichtweise. Solche Fälle zeigen, daß Führung heute noch weit außerhalb dessen zu finden ist, was als Norm betrachtet wird. Sie zeigen, daß durch sorgfältige Personalauswahl, das Fördern von Talenten und durch Ermutigung viele Dutzend Menschen wichtige Führungsrollen in einer einzelnen Organisation spielen können. Die entscheidende Rolle dabei spielt die Firmenkultur.

Die richtige Art von Unternehmenskultur kann sowohl die Qualität der Führung als auch des Managements fördern, trotz der Unterschiede in Funktion, Prozeß und Struktur, die ein Konfliktpotential schaffen. Sie kann Hunderten von Leuten dabei helfen, die kurzfristigen Erfolge zu erreichen, die von den Mitgliedern einer Organisation erwartet werden, und ebenso den langfristigen Wandel, der für die Anpassung an einen sich verändernden Wettbewerb nötig ist.

Eine Firmenkultur zu entwickeln, durch die eine starke Führung und ein starkes Management geschaffen wird, ist schwierig. In großen, alteingesessenen Unternehmen kann das Schaffen der richtigen Zukunftsvisionen und entsprechender Werte, wenn sie nicht bereits existieren, eine mühselige Aufgabe sein. Eine solche Kultur muß institutionalisiert werden, damit sie nicht auseinanderfällt, nachdem ihr Schöpfer gegangen ist – und das ist sogar noch schwieriger zu erreichen.[6] Es erfordert nämlich großes taktisches Geschick, Durchhaltevermögen und eine Menge Mut. Aber die, die Erfolg erringen, werden reichlich belohnt: durch die Arbeitszufriedenheit der Angestellten, durch die hochwertigen Güter und Dienstleistungen, die man den Kunden im Laufe eines Jahrzehnts oder über einen noch längeren Zeitraum hinweg anbietet, durch das Gesamtwohl des Unternehmens.

Niemals wird dies deutlicher als zur Zeit einer Krise, dem Extrembeispiel für einen instabilen und veränderlichen Wettbewerb, in der kompetente Führung gefragt ist. Viele Unternehmen heutzutage machen einen unfähigen, wenn nicht gar vollkommen hilflosen Eindruck, wenn eine größere Krise hereinbricht. Da ihnen eine breite Zukunftsperspektive hinsichtlich ihrer Verantwortung und ihrer Möglichkeiten fehlt und zudem die Ausrichtung ihrer Angestellten auf eine solche Vision oder die Fähigkeit, Menschen zu motivieren, nie vorhanden war, erstarren diese Firmen unter dem Druck einer Krise, oder sie entscheiden sich zu einer Handlungsweise, durch die sie letztlich sich selbst und andere schädigen. Gutgeführte Unternehmen nehmen unter solchen Umständen eine ganz andere, herausragende Position ein; man denke nur an Johnson & Johnson, eine Firma, die den Ruf hat, überdurchschnittlich gut geführt zu sein, und ihre Reaktion auf die Tylenol-Tragödie (Anm. d. Übers.: Johnson & Johnson mußte sämtliche Packungen

des Schmerzmittels Tylenol aus dem Verkehr ziehen, da ein Geisteskranker giftige Stoffe hineingeschmuggelt hatte).
Eine Firmenkultur zu schaffen, bei der starke Führung und starkes Management entwickelt wird, verlangt, daß man ähnlich handelt, wie Harper und sein Team von Führungskräften gehandelt haben (bis zu einem gewissen Grade kann man dasselbe über Adamson, Gerstner, Carlzon oder Nicolosi sagen). Dies bedeutet zunächst einmal, eine Vision von der in dem bestimmten Fall erforderlichen Firmenkultur zu entwickeln. Es bedeutet auch, in Hinblick auf das, was man von anderen erwartet, ein sichtbares Rollenvorbild vorzuleben. Es bedeutet, daß man Menschen verständlich macht, was Führung ist, warum sie wichtig ist, in welcher Weise sie sich von Management unterscheidet und wie man sie schaffen kann. Es bedeutet auch, Menschen die Gelegenheit zu geben, zu führen und zu verwalten. Es bedeutet, bestimmte Anstrengungen zu unterstützen, und zwar mit so viel Kraft und so viel Enthusiasmus, wie es die gewünschte Kultur erfordert. Es bedeutet, Erfolge anzuerkennen und zu belohnen. Es bedeutet, Führung im Bereich Firmenkultur anzubieten.[7]
Führung und Firmenkultur sind Bereiche, die genauso eng miteinander verbunden sind wie Management und Struktur (oder Systeme). Es bedarf einer starken Führung, um eine nutzbringende Kultur zu schaffen. Und wenn die Firmenkultur dementsprechend gestaltet ist, dann kann sich überall in einem Unternehmen kompetente Führung entwickeln.
Genauso wie wir ganz eindeutig mehr Menschen brauchen, die kollektiv den komplexen Organisationen, die unsere Welt heute beherrschen, ihre Führungsqualitäten zur Verfügung stellen, brauchen wir dringend mehr Menschen, um die Kulturen zu entwickeln, die jene Führungsqualitäten ermöglichen und hervorbringen. In gewisser Weise ist die Institutionalisierung einer führungszentrierten Kultur der eigentliche und höchste Akt von Führung.

# Zusammenfassung

Die Schaubilder auf diesen Seiten fassen die zentralen Gedanken dieses Buches nochmals zusammen.

**Schaubild**
Vergleich zwischen Management und Leadership

| | *Management* | *Führung* |
|---|---|---|
| *Entwicklung eines Zeitplanes* | Allgemeine und Finanzplanung: Aufgaben und Ziele für die Zukunft festlegen, typischerweise für einen Monat oder ein Jahr; die einzelnen Schritte definieren, um jene Ziele zu erreichen, eventuell unter Einschluß von Zeitplänen und Richtlinien; anschließend Bereitstellung der finanziellen und sonstigen Mittel. | Vorgeben der Richtung: Eine Vision, häufig bis weit in die Zukunft hineinentwickeln, zusammen mit Strategien für den Wandel, der zur Erreichung des Zieles notwendig ist. |
| *Ein menschliches Netzwerk entwickeln, um Planvorgaben zu verwirklichen* | Organisation und Mitarbeiter: Eine Organisationsstruktur festlegen und die Arbeitsbereiche zur Erfüllung der Planerfordernisse einrichten, qualifizierte Mitarbeiter unter Bekanntgabe der Planvorstellungen einsetzen, Verantwortung für die Planerfüllung delegieren und Mechanismen einführen, mit deren Hilfe die Durchführung überwacht wird. | Ausrichten der Mitarbeiter: Die Richtung all denen bekanntgeben, deren Mitwirkung erforderlich sein könnte, um Gruppen und Gemeinschaften mit Verständnis für die Vision und zugleich mit Engagement für die Erreichung des Zieles zu bilden. |
| *Durchführung* | Rechnungsprüfung und Problemlösungen: Ergebnisse mit den Planvorgaben vergleichen, Abweichungen davon – normalerweise Probleme genannt – erkennen und Pläne entwickeln, um diese Probleme zu lösen. | Motivieren und begeistern: Dafür sorgen, daß die Mitarbeiter trotz erheblicher politischer, bürokratischer und finanzieller Hürden auf dem Weg zum Wandel vorankommen, indem sehr grundlegende, aber oft verborgene menschliche Bedürfnisse befriedigt werden. |
| *Ergebnisse* | Bewirkt ein bestimmtes Maß von Berechenbarkeit und Ordnung sowie die Möglichkeit, dauernd entscheidende Resultate zu erbringen, die von verschiedenen Beteiligten erwartet werden (beispielsweise bei Kunden genaues Einhalten von Terminen, bei Aktionären das Einhalten der Budgetvorhaben). | Erzeugt Wandel, Bewegung, oft in einem dramatischen Ausmaß, und hat das Potential, außerordentlich nützliche Veränderungen zu bewirken (wie z. B. neue, von der Kundschaft dringend gewünschte Produkte, neue Arbeitsbedingungen für die Mitarbeiter, um eine Firma wettbewerbsfähiger zu machen). |

**Schaubild**

Die Beziehungen von Wandel und Komplexität zu dem Maß an Führung und Verwaltung, das in einem Unternehmen gebraucht wird

| *Die Stärke des Wandels* (abhängig von umweltbedingter Instabilität, raschem Wachstum etc.) | | |
|---|---|---|
| *hoch* | Leadership in beträchtlichem Ausmaß, aber wenig Management nötig. | Sowohl Leadership als auch Management in beträchtlichem Ausmaß erforderlich (wie heutzutage in den meisten Unternehmen und Organisationen). |
| *niedrig* | Wenig Management und wenig Leadership nötig (wie in den meisten Unternehmen und Organisationen bis zu Beginn dieses Jahrhunderts). | Sehr viel Management, aber wenig Leadership erforderlich (viele erfolgreiche Unternehmen in den 50er und 60er Jahren). |
| | *niedrig* | *hoch* |

*Die Komplexität eines Vorhabens*
(abhängig von Größe, Technologie, geographischer Ausbreitung, Anzahl der Produkte, Dienstleistungen etc.)

**Schaubild**

Konsequenzen eines starken Managements mit schwacher Führung in den 80er und 90er Jahren

| |
|---|
| Eine starke Betonung liegt auf kurzen Zeiträumen, Details, Vermeidung von Risiken und peinlich genauer Rationalität; wenig Beachtung schenkt man Langzeitplanungen, dem Gesamtbild, Strategien, die überschaubare Risiken beinhalten, und den Wertvorstellungen der Mitarbeiter.<br>Man konzentriert sich auf Spezialisierung, auf die richtige Personalauswahl für bestimmte Aufgaben und die Erfüllung vorgeschriebener Regeln. Wenig Betonung liegt auf Integration, Ausrichtung und Engagement.<br>Stark hervorgehoben wird ein starkes Festhalten an Vorgaben, Kontrolle und Voraussagbarkeit, dagegen weniger Gewicht gelegt auf Wachstum, Delegation und Inspiration. |

↓

| |
|---|
| Es entsteht eine Firma, die unflexibel ist und nicht innovativ und deshalb nicht in der Lage ist, auf Veränderungen des Marktes, auf Wettbewerbsveränderungen oder eine technologische Entwicklung zu reagieren. Die Leistung der Firma verschlechtert sich langsam, wenn sie eine starke Marktposition innehat, und ganz rapide, wenn sie diese nicht besitzt. |

**Schaubild**

Konsequenzen einer starken Führung und eines schwachen Managements in einer komplexen Organisation

Starke Betonung auf einer langzeitorientierten Vision mit wenig Kurzzeitplanung und Budgetierung sowie
eine fast kultähnliche Unternehmenskultur ohne großes Spezialistentum, Strukturen und Reglementierungen sowie
inspirierte Mitarbeiter, die keine Kontrollsysteme und Problemlösungen in Anspruch nehmen

Eine Situation, die bald außer Kontrolle gerät. Wichtige Termine, Budgets und Vorgaben werden nicht eingehalten – und die Existenz der gesamten Firma wird in Frage gestellt.

**Schaubild**
Wie leitende Angestellte in einem Dutzend erfolgreicher US-amerikanischer Unternehmen die Mitarbeiter in ihren jeweiligen Managementhierarchien beurteilen

| *Führung* | | |
|---|---|---|
| *stark* | Fast die Hälfte sagt, sie hätte »zu wenige«* solcher Leute. | Praktisch alle Antworten besagen, daß es »zu wenig« Leute für dieses Portfolio-Feld gäbe. |
| *schwach* | Fast die Hälfte sagt, sie hätte »zu viele« solcher Leute. | Fast zwei Drittel der Antworten besagen, daß es »zu viele« dieser Kategorie gäbe. |
| | *schwach* | *stark* |
| | *Management* | |

* Zur Auswahl standen drei Antworten, nämlich (1) »zu wenige«, (2) »zu viele« und (3) »etwa die richtige Anzahl«.

**Schaubild**
Einen Zeitplan erstellen: Management im Vergleich zur Führung

| | *Management: Planung und Budgetierung* | *Führung: Festlegen der Richtung* |
|---|---|---|
| *Primärfunktion* | Dabei zu helfen, in bestimmter Hinsicht (beispielsweise hinsichtlich des Zeitplans und des Budgets) zu vorhersagbaren Ergebnissen zu kommen, indem man im Hinblick auf jene Ereignisse plant. | Veränderungen in die Wege zu leiten, die nötig sind, um mit sich verändernden Wettbewerbsbedingungen fertig zu werden (beispielsweise neue Produkte oder die Neugestaltung der Beziehungen zu den Gewerkschaften). Dies geschieht im wesentlichen dadurch, daß man eine Richtung für die Veränderung festlegt. |
| *Kurzbeschreibung der Aktivität* | Einen Plan zu entwickeln: eine detaillierte Skizze anzufertigen, schriftlich, falls sie kompliziert und schwer zu behalten oder mitzuteilen sein sollte; und zwar darüber, wie man Ergebnisse erzielt, die gegenwärtig von wichtigen Beteiligten wie Kunden und Aktieninhabern erwartet werden, zusammen mit Plänen darüber, was wann und von wem getan werden muß und wieviel das kosten wird; das Ganze mit Hilfe eines deduktiven Prozesses zu erreichen, der von den nötigen Ergebnissen ausgeht und dann die notwendigen Schritte, Zeitpläne und Kosten festlegt. | Die Vorgabe einer Richtung. Eine Vision, in der Schlüsselaspekte eines Unternehmens oder einer zukünftigen Aktivität beschrieben werden, zusammen mit einer Strategie, um jenen zukünftigen Prozeß zu ermöglichen: das Sammeln eines breiten Spektrums von Informationen über das Geschäft, die Firma oder die Aktivität, das Beantworten von grundlegenden Fragen über die jeweilige Branche, das Testen von Alternativen, möglicherweise das Experimentieren mit einigen der Optionen, schließlich die Entscheidung für eine dieser Möglichkeiten. |

**Schaubild**

Die Wechselbeziehungen von Richtungsvorgabe und Planung in einem komplexen Unternehmen

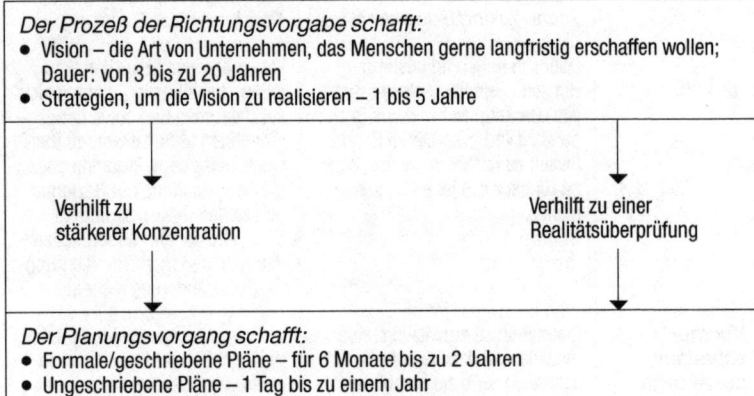

*Der Prozeß der Richtungsvorgabe schafft:*

- Vision – die Art von Unternehmen, das Menschen gerne langfristig erschaffen wollen; Dauer: von 3 bis zu 20 Jahren
- Strategien, um die Vision zu realisieren – 1 bis 5 Jahre

↓ Verhilft zu stärkerer Konzentration ↓

↓ Verhilft zu einer Realitätsüberprüfung ↓

*Der Planungsvorgang schafft:*

- Formale/geschriebene Pläne – für 6 Monate bis zu 2 Jahren
- Ungeschriebene Pläne – 1 Tag bis zu einem Jahr

**Schaubild**
Eine Richtung angeben

| | |
|---|---|
| *Richtung* | Eine Beschreibung von etwas, was sich in der Zukunft, häufig in der fernen Zukunft, ereignen soll (eine Vision), und eine Strategie, um dorthin zu gelangen. Eine gute Vision muß zwei Tests bestehen: Sie ist wünschenswert und realisierbar. Die Tatsache, daß sie wünschenswert ist, bedeutet: Die Bedürfnisse der Beteiligten, die das Geschäft oder das Unternehmen unterstützen (beispielsweise Kunden, Aktieninhaber, Angestellte), werden erfüllt. Realisierbarkeit bedeutet, daß es eine vernünftige Strategie gibt, um dorthin zu kommen, eine, die den Wettbewerb und die Stärken und Schwächen der Firma, die technologischen Trends etc. in Betracht zieht. Die Richtung, die eine Firma einschlägt, kann sehr ungewöhnlich sein – ist es aber sehr oft auch überhaupt nicht. |
| *Eine Richtung schaffen* | Sammeln eines breiten Spektrums von Informationen über eine Aktivität oder ein Geschäft, ganz besonders mit Hilfe der Kunden. Konventionelle Denkschemata herausfordern und nach Mustern Ausschau halten, die sehr grundlegende Fragen zu jener Aktivität oder zu jenem Geschäft beantworten (beispielsweise: Was ist notwendig, um mit jenem Geschäft Erfolg zu haben? Wie sehen Kunden unsere Produkte/Dienstleistungen?). Entwickeln und dann Testen von alternativen Denkrichtungen, vielleicht sogar das Herumexperimentieren mit verschiedenen Möglichkeiten. Schließlich die Wahl einer guten Richtung (also einer, die sowohl wünschenswert als auch vernünftig ist). All dies mit einer Dynamik durchzuführen, die nie wirklich abbricht (obwohl der Prozeß Perioden von großer Aktivität und Perioden relativer Inaktivität durchmachen kann). |
| *Veränderungsmöglichkeiten* | Eine klare Richtung hilft dabei, eine nützliche Veränderung herbeizuführen, vor allem eine signifikante oder nicht allein auf Zuwachs hin angelegte Veränderung, indem sie zeigt, wohin sich eine Gruppe bewegen sollte und wie sie dorthin kommt, und indem sie eine Botschaft vermittelt, die potentiell motivierend und beflügelnd ist. |

**Schaubild**
Entwicklung eines Netzwerkes: Management vs. Leadership

| | *Management: Organisieren und Mitarbeiter richtig einsetzen* | *Führung: Mitarbeiter ausrichten* |
|---|---|---|
| *Primäre Funktion* | Schaffung einer Organisation, die Pläne umsetzt und auf diese Weise dabei helfen kann, vorhersehbare Resultate hinsichtlich wichtiger Größen (beispielsweise Kosten, Lieferpläne, Produktqualität) zu erzielen. | Menschen auf eine Zukunftsvision strategisch auszurichten, um den Wandel zu bewirken, der nötig ist, damit man in einem sich verändernden Wettbewerb (beispielsweise neue Produkte, neue Herangehensweisen an die Beziehungen zwischen Arbeitnehmern und Arbeitgebern) konkurrenzfähig bleibt. |
| *Kurzbeschreibung der Aktivität* | Ein Organisationsprozeß; welche Struktur am besten zu einem bestimmten Plan paßt, welche Person am besten zu jedem einzelnen Arbeitsplatz in der Struktur paßt, welcher Teil des Plans auf jede einzelne Person zugeschnitten ist und ihm oder ihr übertragen werden sollte, welches Vergütungssystem dem Plan und den Menschen, die damit zu tun haben, am besten entspricht. | Eine wichtige Kommunikationsherausforderung: Menschen dahin zu bringen, die Vision und die Strategien zu verstehen, indem man allen Mitarbeitern, deren Kooperation oder Einverständnis gebraucht werden, so klar und glaubwürdig wie möglich nahelegt, jene Vision auch zu verwirklichen. |

**Schaubild**
Ausrichtung von Menschen

| | |
|---|---|
| *Ausrichtung* | Ein Zustand, in dem eine wichtige Gruppe von Personen eine gemeinsame Vision und eine Reihe von Strategien hat, die Richtigkeit der Richtung akzeptiert und bereit ist, auf ihre Realisierung hinzuarbeiten. |
| *Ausrichtung bewirken* | Wichtigen Personen die Richtung so oft wie möglich mitzuteilen und zu erklären (Wiederholung ist wichtig), und zwar allen denen (Untergebenen, den Untergebenen von Untergebenen, Chefs, Lieferanten etc.), deren Hilfe oder Mitarbeit gebraucht wird; eine solche Kommunikation möglichst mit Hilfe von einfachen Bildern, Symbolen oder Metaphern zu erreichen, die auf kraftvolle Weise eine Botschaft übermitteln können, ohne allzu stark benutzte Kommunikationskanäle zu verstopfen und ohne eine Menge der knapp bemessenen Managerzeit aufzubrauchen; die Botschaft glaubwürdig zu machen, indem man Kommunikatoren mit einem vorbildlichen Karriereverlauf und gutem Ruf einsetzt, indem man die Botschaften so vernünftig wie möglich formuliert und sichergeht, daß die Worte und Taten der Kommunikatoren kongruent sind, und indem man insgesamt ein tiefes Engagement für die Vision und die Strategien demonstriert (sogenannte »Führung durch Beispiel«). |
| *Mögliches Ergebnis* | Eine ausgerichtete Gruppe von Menschen hat das Potential, in Richtung auf eine bestimmte Zukunftsvision voranzuschreiten. |

**Schaubild**
Ausführung: Management vs. Leadership

| | *Management: Kontrolle und Problemlösung* | *Führung: Motivieren und inspirieren* |
|---|---|---|
| *Funktion* | Abweichungen vom Plan möglichst gering zu halten und auf die Weise dabei zu helfen, vorhersagbare Resultate über wichtige Dimensionen hervorzubringen. | Menschen die Energie zu geben, wesentliche Hindernisse auf dem Wege zur Realisierung einer Vision zu überwinden, und so die Art von Wandel hervorzubringen, der nötig ist, um mit einer sich verändernden Umgebung fertig zu werden. |
| *Eine Kurzbeschreibung der Aktivität* | Das Überwachen von Resultaten im Gegensatz zu einem detaillierten Plan, sowohl formell als auch informell, mit Hilfe von Berichten, Meetings und anderen Kontrollmechanismen; Abweichungen vom Plan, gewöhnlich »Probleme« genannt, identifizieren und dann mit Hilfe von Planung und Organisation eine Problemlösung angehen. | Befriedigung sehr grundlegender, aber häufig sehr unerfüllter menschlicher Bedürfnisse – nach Leistung, Zugehörigkeit, Anerkennung, Selbstachtung, einem Gefühl der Kontrolle über das eigene Leben, einem Leben in Einklang mit den eigenen Ideen – und dadurch das Schaffen eines ungewöhnlich hohen Energiepegels bei den Mitarbeitern. |

**Schaubild**
Motivieren und begeistern

| | |
|---|---|
| *Motivierte/ begeisterte Personen* | Eine Gruppe von Menschen, die eine Menge an Energie und Entschlossenheit beweisen, und zwar weit mehr als das, was man als normal betrachtet. Bei einer erfolgreichen Führungsanstrengung wird eine solche Form von Motivation tendenziell über relativ lange Zeiträume hinweg aufrechterhalten. |
| *Schaffen von Motivation und Begeisterung* | Die Befriedigung sehr grundlegender menschlicher Bedürfnisse nach Leistung, Zugehörigkeit, Anerkennung, Selbstachtung, einem Gefühl von Kontrolle über das eigene Leben, einem Leben im Einklang mit den eigenen Idealen etc., indem man<br>1) eine Vision immer wieder in einer Weise artikuliert, daß sie auf die wesentlichen Werte der Menschen, mit denen man spricht, hin zugeschnitten ist; indem man<br>2) jene Menschen in der Weise einbezieht, daß auch sie entscheiden können, wie man die Vision oder einen Teil der Vision realisiert,<br>3) indem man ihre Anstrengungen unterstützt, durch Anleitung, Feedback, dadurch, daß man selbst eine vorbildliche Rolle spielt und eine Menge Enthusiasmus zur Schau trägt, und<br>4) indem man von Herzen öffentliche Anerkennung gibt und alle Erfolge belohnt. |
| *Potentielle Wirkung* | Eine hochmotivierte Gruppe, die auf eine bestimmte Vision ausgerichtet ist, kann größere ökonomische, bürokratische und politische Hindernisse überwinden. |

**Schaubild**
Management- und Führungsrollen

| | *Managementrollen* | *Führungsrollen* |
|---|---|---|
| *Zweck* | Managementprozesse zu schaffen und auf diese Weise dabei zu helfen, voraussehbare Resultate herbeizuführen. | Führungsprozesse zu schaffen und auf diese Weise zu helfen, Veränderungen herbeizuführen, die man braucht, um mit einem sich verändernden Wettbewerbsumfeld fertig zu werden. |
| *Anzahl* | Gewöhnlich 10% bis 20% der Gesamtzahl aller Arbeitsplätze in einer Organisation. Im allgemeinen ist es so: Je komplexer der Vorgang, desto mehr Managerrollen gibt es. | Kann sehr stark variieren: 1% bis 50% aller Posten in einer Firma, abhängig davon, wie stark das Unternehmen sich verändern muß. |
| *Inhalt* | Die Linienfunktionen befassen sich mit drei Aspekten des Managements (Planung, Organisation und Kontrolle) für irgendeinen Bereich. Stabsabteilungen befassen sich manchmal nur mit einem begrenzten Bereich des Gesamtprozesses (beispielsweise Budgetierung) innerhalb irgendeines Bereichs. Die Gesamtgröße der Arbeitsplätze kann von groß bis klein variieren. | Kann sehr stark variieren. Einige werden sich auf alle Aspekte des Führungsprozesses für irgendeine Aktivität oder Organisation konzentrieren. Andere werden sich auf einen einzigen Aspekt des Prozesses (beispielsweise Richtungsvorgabe oder sogar nur einen Aspekt der Richtungsvorgabe) konzentrieren. Die Größe der Aufgaben kann sehr stark variieren: solche, die erhebliche, und andere, die weniger große Führungsqualitäten erlangen. |
| *Aufgabe* | Bestimmten Menschen werden bestimmte Rollen zugeschrieben, und zwar als ein förmlicher Aspekt des Managementprozesses selbst. Leute mit Managementrollen können auch Führungsrollen innehaben, die größer oder kleiner sind als ihre Managementposten. | Rollen werden auf eher informelle Weise übernommen, bzw. sie werden bestimmten Personen auf eher informelle Weise zugeschoben, und sie können erheblichen Veränderungen unterliegen. Leute mit Führungsrollen übernehmen gewöhnlich auch bestimmte Managementrollen. |

**Schaubild**
Koordinierung von Managementrollen im Gegensatz zu Leadership-Rollen

| | *Multiple Managementrollen* | *Multiple Führungsrollen* |
|---|---|---|
| *Primäre Koordinierungsmechanismen* | Formale Struktur (Arbeitsplatzbeschreibungen und Weisungskette) und integrierte Pläne. | Dichtgeknüpfte informelle Netzwerke (gute Arbeitsbeziehungen zwischen vielen Menschen, denen ein bestimmtes Wertsystem gemeinsam ist) und teilweise übereinstimmende Visionen. |
| *Prozeß, der die Mechanismen lenkt* | Arbeitsplatzbeschreibungen definieren genaue Kompetenz- und Handlungsbereiche und reduzieren Konflikt, indem sie Überschneidungen zwischen einzelnen Arbeitsaufgaben auf ein Minimum reduzieren. Weisungsketten bringen alle Arbeitsplätze miteinander in Verbindung und dienen so als ein Mittel, um Konflikte zu lösen. Genau diese Mechanismen schaffen, wenn man sie auf den Planungsprozeß anwendet, eine integrierte Gruppe von Plänen, durch die zukünftige Konflikte ausgeschaltet werden. | Die Vielfalt von guten Kommunikationskanälen und das Vertrauen zwischen Menschen in dichtgeknüpften informellen Netzwerken ermöglichen es, daß ein fortwährender Prozeß der Anpassung in der Entscheidung, wer welche Rolle spielen soll, stattfindet. Rollenkonflikte werden dadurch frühzeitig beigelegt. Jene Kanäle helfen auch dabei, Visionen zu entwickeln, die untereinander verbunden und kompatibel und nicht bruchstückartig sind und die nicht miteinander konkurrieren. |

**Schaubild**

Erbfaktoren, Erziehung und Führungsqualitäten

| *Charakterzüge auf Grund von Erbfaktoren oder Erziehung* | *Auswirkungen auf die Führungsqualitäten in Führungspositionen* |
|---|---|
| *Elan/Energiepegel* | Wenn jemand nicht wirklich von Elan und Enthusiasmus beflügelt ist, dann sind die Schwierigkeiten, die sich ergeben, wenn mehrere Jahre lang unter Volldampf auf Wandel hingearbeitet wird, oftmals so überwältigend, daß sie auf die entsprechende Person entmutigend wirken. |
| *Intelligenz/ intellektuelle Fähigkeiten* | Ohne ein ausreichendes Maß an intellektueller Tiefenschärfe ist es häufig schwierig, in einer komplexen Umgebung die richtige Vision auszumachen. |
| *Mentale/ emotionale Gesundheit* | Ohne ein Minimum an mentaler/emotionaler Gesundheit haben alle zwischenmenschlichen Fähigkeiten, die man für Führung braucht, die Tendenz zu verkümmern. Die Sichtweise, die durch emotionale Schieflagen hervorgerufen wird, kann den Blick auf tragische Weise trüben. |
| *Integrität* | Viele Menschen werden niemals jemandem glauben, von dem sie vermuten, daß es ihm an Integrität fehlt – und nur für kurze Zeit kann man sie hinters Licht führen. Und ebenso werden Menschen voller Elan, denen es an Integrität mangelt, häufig einen Weg weisen, der andere ins Unglück stürzt. |

**Schaubild**
Karriereerfahrung und Führung

| | *Karriereerfahrung* | *Wirkung auf Führung* |
|---|---|---|
| *Unterstützt Führungsstärke* | Herausfordernde Aufgaben zu einem frühen Zeitpunkt der beruflichen Laufbahn | Hilft Menschen, sich in vielerlei Richtungen zu entwickeln, von denen einige für Führung relevant sein werden; läßt es zu, daß einzelne Personen sich an Führungsaufgaben versuchen, so daß sie aus ihren Erfolgen und Fehlschlägen lernen. |
| | Sichtbare Führungsrollenmodelle, die sehr gut oder aber sehr schlecht sind | Von extremen Beispielen, sowohl guten als auch schlechten, läßt es sich leicht lernen, da die Lehre, die daraus zu ziehen ist, jedem einleuchtet. |
| | Aufgaben, die den Horizont und die Fähigkeiten erweitern | Die Wissensbreite ist besonders wichtig für die Richtungsvorgabe und für die Breite von Kontakten und Beziehungen für Ausrichtung und Motivation. |
| *Hemmt Führungsstärke* | Ein Rattenschwanz von beschränkten und im wesentlichen mit Planung befaßten Aufgaben | Bewirkt, daß der einzelne sich nur auf kurzfristige taktische Ziele hin orientiert; verhilft nicht zur Entwicklung von langfristigen und strategischen Fähigkeiten. |
| | Vertikale Karrierebewegung | Produziert nicht die Wissens- und Erfahrungsbreite, die man braucht, um große Führungspositionen auszufüllen. |
| | Schnelle Beförderungen | Verhilft Menschen nicht dazu, langfristig zu denken oder die Wirkungen ihrer Handlungen langfristig kennenzulernen; kann einen manipulativen Stil fördern. |
| | Einschätzungen und Belohnungen, die nur auf kurzfristigen Resultaten basieren | Bringt Menschen dazu, den Verwaltungsaspekten ihrer Arbeit besondere Aufmerksamkeit zu widmen und die Führungsaspekte zu ignorieren; lehrt Management, aber nicht Führung. |

**Schaubild**
Das Wachstum von Führungs- und Managementkapazität im Laufe einer Karriere

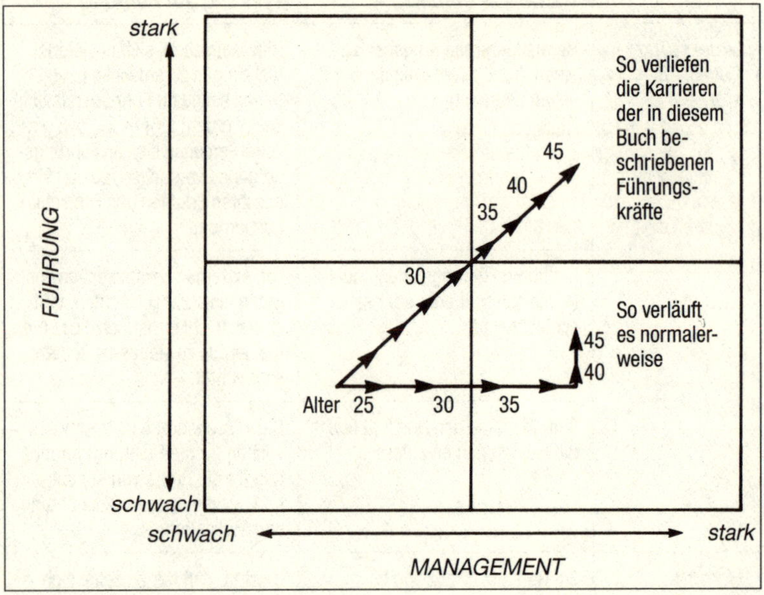

**Schaubild**

Unternehmenskultur und Führung

*Unternehmenskultur*

Normen und gemeinsame Werte, die für Führung relevant sind:

- Die Persönlichkeiten, die im mittleren und oberen Management besonders geschätzt werden (ob sie nun Führungspersönlichkeiten sind oder auch nicht, Führungspotential haben oder auch nicht), und die üblichen Praktiken, um sie einzustellen und um ihre besonderen Fähigkeiten zu fördern.
- Das besondere Verhalten, das Menschen schätzen (Führungseigenschaften oder nicht), und die Verhaltensweisen und Praktiken, sie zu jenem Verhalten zu ermutigen.
- Die Quantität und Qualität von gemeinsamen Wertvorstellungen, die die Beziehungen, die durch die informellen Netze der Menschen untereinander geknüpft werden, verstärken, und die Praktiken, durch die neue Aufgaben auf jene Werte eingestellt werden.

↓

*Führung*

Die Menge an Führung in einem Unternehmen und wie gut sie koordinierbar ist (oder zu Konflikten führt).

# Anhang

# Die Studie

Als ich die Forschungsarbeiten, welche die Grundlage meines letzten Buches *The Leadership Factor* bildeten, etwa zur Hälfte bewältigt hatte, war ich überzeugt, daß die Unterschiede zwischen Management und Führung, obwohl sie sehr wichtig waren, oftmals nicht richtig verstanden wurden. Um diesen Gedanken weiter zu verfolgen, entwarf ich eine zweiteilige Studie (siehe Schaubild I), die in diesem Buch ihren Niederschlag fand.
Zur ersten Phase dieser Untersuchungen gehörte der Entwurf eines Fragebogens, wie er in Schaubild II gezeigt wird. Jener Fragebogen wurde schließlich insgesamt 200 Führungskräften zugeleitet, die für zwölf außerordentlich erfolgreiche US-Unternehmen arbeiteten. In ungefähr einem Drittel der Fälle wurde der Fragebogen im Rahmen eines einstündigen Interviews vorgelegt. In den anderen Fällen wurde er den Führungskräften per Post zugesandt und von ihnen allein ausgefüllt.
Zur zweiten Phase dieser Untersuchungen gehörte zunächst einmal das Ausfindigmachen von einem Dutzend Beispielen »außerordentlich effektiver Führung im Geschäftsbereich« (vgl. Schaubild III: der Bittbrief). Jedes dieser Beispiele wurde dann von mir persönlich dokumentiert, im wesentlichen durch Interviews (siehe Schaubild IV).

**Schaubild I**
Die Untersuchung/Zeitablauf

① Ursprünglicher Entwurf der Untersuchung
Juni 1986 – August 1986

② Entwurf des Fragebogens
August 1986 – November 1986

③ 200 Führungskräfte gewinnen, um den Fragebogen zu beantworten
Oktober 1986 – Mai 1987

④ Verteilen des Fragebogens
Januar 1987 – Juni 1987

⑤ Analyse der Daten des Fragebogens
Mai 1987 – Dezember 1987

⑥ Ausfindigmachen von Beispielen »effektiver Führung« und die Zusammenarbeit mit Menschen, die damit zu tun haben
Juni 1987 – September 1988

⑦ Durchführen von Interviews mit verschiedenen Personen, um die Beispiele zu dokumentieren
August 1987 – Oktober 1988

⑧ Analysieren und Niederschreiben der Beispiele
Juni 1988 – Dezember 1988

⑨ Vorbereitung dieses Manuskriptes
September 1988 – Oktober 1989

**Schaubild II**
Der Fragebogen

① Bitte geben Sie unten die Initialen von etwa zehn willkürlich ausgewählten Personen an, mit denen Sie zusammenarbeiten, und zwar unter folgendem Gesichtspunkt: Denken Sie an Vorgesetzte, Kollegen, Untergebene oder sogar an andere Personen außerhalb Ihrer Firma (mit denen Sie zusammenarbeiten), deren Nachname mit demselben Buchstaben beginnt wie Ihr Nachname. Schreiben Sie deren Initialen unten nieder, dann gehen Sie weiter zum nächsten Buchstaben im Alphabet und tun dasselbe – bis Sie zehn Initialengruppen haben (beispielsweise Kotter: Ich habe zuletzt mit Fred Kolb, Joe Kennedy, John Lintman, Jim Leahey, Jeff Lynn, Paul Lawrence, Jay Lorsch, John McArthur, Warren McFarlan und Fred Mallot zusammengearbeitet. So würde ich also die freie Spalte folgendes schreiben: FK, JK, JLi, JLeh, JLy, PL, JLo, JM, WM, FM)

1) _____ 2) _____ 3) _____ 4) _____ 5) _____

6) _____ 7) _____ 8) _____ 9) _____ 10) _____

② Bitte schätzen Sie, wie viele dieser zehn Personen zu dem Management der Menschen und Aktivitäten um ihn oder sie herum beitragen: 6 = sehr starker Beitrag zum Managementprozeß, 5 = starker Beitrag, 4 = Beitrag, 3 = schwacher Beitrag, 2 = sehr schwacher Beitrag, 1 = kein Beitrag

Person 1 _____ Person 2 _____ Person 3 _____ Person 4 _____

Person 5 _____ Person 6 _____ Person 7 _____ Person 8 _____

Person 9 _____ Person 10 _____

③ Jetzt schätzen Sie bitte, wie viele dieser zehn Personen zur Führung der Menschen und zur Lenkung der Aktivitäten in seinem oder ihrem engeren Umkreis beiträgt. Noch einmal 6 = sehr starker Beitrag zum Führungsprozeß etc.

Person 1 _____ Person 2 _____ Person 3 _____ Person 4 _____

Person 5 _____ Person 6 _____ Person 7 _____ Person 8 _____

Person 9 _____ Person 10 _____

④ Denken Sie an jemanden, den Sie persönlich kennen und der im Dienst seiner Firma nach Ihrer Ansicht hervorragende Managementqualitäten gezeigt hat. Erklären Sie uns so detailliert wie nur möglich, was jene Person, gleich ob weiblich oder männlich, tatsächlich getan hat, das heißt, was die Bewertung »ausgezeichnetes Management« im Sinne von Verwaltung der ihm – oder ihr – anvertrauten Werte verdient.

Er oder sie ______________________________

Er oder sie ______________________________

Er oder sie ______________________________

Er oder sie ______________________________

Er oder sie ______________________________

Er oder sie ______________________________

Er oder sie ______________________________

Er oder sie ______________________________

Er oder sie ______________________________

Er oder sie ______________________________

⑤ Jetzt denken Sie an jemanden, den Sie persönlich kennen und der – wiederum nach Ihrer Meinung – Hervorragendes auf dem Gebiet der Menschenführung und der Initiierung bestimmter Aktivitäten in seinem Umfeld geleistet hat. Erläutern Sie uns auch in diesem Fall so detailliert wie nur möglich, welche Aktivitäten der betreffenden Person Sie als hervorragendes Führungsverhalten betrachten.

Er oder sie ______________________________

Er oder sie ______________________________

Er oder sie ______________________________

Er oder sie ______________________________

Er oder sie ______________________________

Er oder sie ______________________________

Er oder sie ______________________________

Er oder sie ______________________________

Er oder sie ______________________________

Er oder sie ______________________________

⑥ Jetzt schauen Sie sich die folgende Übersicht an, und denken Sie an *alle* Menschen, die in Ihrem Unternehmen Managementjobs innehaben.

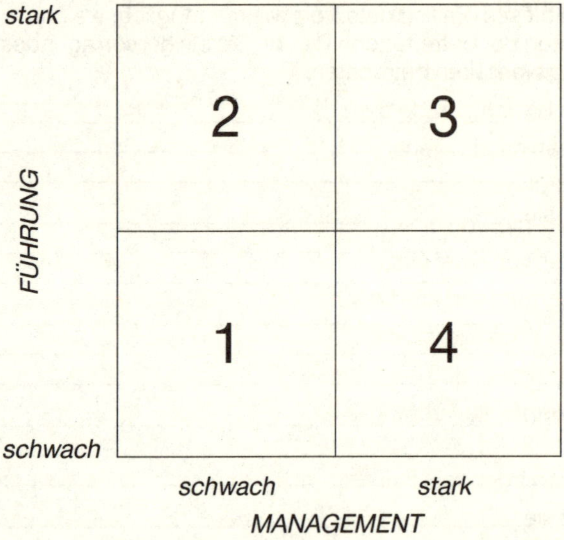


Schaffen Sie es, in jedes der vier Portfoliofelder die richtige Anzahl von Menschen einzutragen, die notwendig wären, um die erfolgreiche Arbeit Ihres Unternehmens für die nächsten zehn Jahre zu sichern? Oder sind in einigen Quadranten zu wenige Personen aufgeführt? Oder in anderen vielleicht zu viele?

Feld 1: die richtige ____, zu wenige ____, zu viele ____?

Feld 2: die richtige ____, zu wenige ____, zu viele ____?

Feld 3: die richtige ____, zu wenige ____, zu viele ____?

Feld 4: die richtige ____, zu wenige ____, zu viele ____?

**Schaubild III**
Bittbrief

Sehr geehrte(r)

im Zuge meiner Forschungsarbeiten zum Thema Managerverhalten bin ich gerade dabei, bestimmten Situationen und Ereignissen nachzugehen, die ein Beispiel für außerordentlich effektive Führung darstellen. Es ist für mich wenig relevant, ob in dem Beispiel von einem Generaldirektor oder einem Vorarbeiter, von einer einzelnen Person oder von Tausenden, von einem Zeitraum von drei Monaten oder zehn Jahren die Rede ist. Das einzig Wichtige ist, daß gutinformierte Beteiligte darin übereinstimmen, daß ein zentrales Element die »außerordentlich wirkungsvolle Führung« ist.

Wenn Ihnen irgendein Fall einfällt, auf den diese Beschreibung passen könnte, und wenn Sie bereit wären, mir dabei zu helfen, beteiligte Personen persönlich zu befragen, damit ich das Beispiel auch wirklich belegen kann, dann würde ich mich sehr freuen, von Ihnen zu hören. Meine Telefonnummer ist (617) 495-6529, und ich bin postalisch an der Harvard Business School, Boston, MA 02163 erreichbar.

Vielen Dank für Ihre Hilfe.

Mit freundlichen Grüßen
John P. Kotter

**Schaubild IV**
Interviewanleitung für Führungsbeispiele

① (Beruflicher Hintergrund des Interviewten)
Wenn Sie mir zunächst einmal ein wenig über sich selbst erzählen würden. Wie lange haben Sie in dieser Firma gearbeitet? (Finden Sie heraus, ob es möglich ist, einen tabellarischen Lebenslauf dieser Person zu bekommen.)

② Erzählen Sie mir Näheres über ______________________ ______________________ (das Beispiel wird genau belegt). Wenn Sie vielleicht ganz von vorn anfangen und dann die hauptsächlichen Ereignisse beschreiben könnten. (Versuchen Sie, so viele Details wie möglich herauszufinden; *wer* hat *was, wann, wie* und *warum* getan?)

③ (Wenn in anderen Interviews irgend etwas unklar oder widersprüchlich geblieben ist, dann sollten jetzt präzise Fragen gestellt werden, um jene Punkte zu klären.)

④ Die Folgen dieses Ereignisses – wie wichtig sind sie für das Unternehmen? Warum sind Sie dieser Meinung? (Lassen Sie sich, wenn möglich, spezifische Konsequenzen und Resultate beschreiben, und prüfen Sie nach, warum der Interviewte meint, sie seien wichtig oder unwichtig.)

⑤ Inwieweit war »effektive Führung« in dieser Geschichte von Bedeutung? Wenn der Interviewte das Gefühl hat, daß effektive Führung ein zentrales Element seines Beispiels sei, dann fragen Sie: Wer hat zu dieser Führungsleistung beigetragen? Welche Handlungen genau sind es, die man als effektive Führung bezeichnen könnte?

⑥ Wenn es nur wenige Personen waren, die ihre Führungsqualitäten eingebracht haben, dann bitten Sie den Interviewten: Erzählen Sie mir von jeder einzelnen Person. Warum war jeder von ihnen fähig, wirklich effektiv zu führen?

# Anmerkungen

## Vorwort

1 Kotter und Lawrence, *Mayors in Action: Five Approaches to Urban Governance,* John Wiley, 1974.
2 Kotter, *Organizational Dynamics: Diagnosis and Intervention,* Addison-Wesley, 1978.
3 Kotter, Faux und McArthur, *Self-Assessment and Career Development,* Prentice-Hall, 1978.
4 Kotter, Schlesinger und Sathe, *Organization: Text, Cases and Readings on the Management of Organization Design and Change,* Richard D. Irwin, 1979.
5 Kotter, *Power in Management,* AMACOM, 1979; und *Power and Influence: Beyond Formal Authority,* Free Press, 1985.
6 Kotter, *The General Managers,* Free Press, 1982.
7 Kotter, *The Leadership Factor,* Free Press, 1988.
8 Für eine vergleichende Analyse müssen sowohl Erfolge als auch Fehlschläge in Betracht gezogen werden. Ich habe hier keine negativen Beispiele gesammelt, weil ich bereits in meinen früheren Studien auf viele Fälle ineffektiver Führung hingewiesen habe.

## 1 Verwaltung und Führung

1 Ein Großteil der Literatur über Führung basiert auf Studien über Menschen in Führungspositionen, die effektiv zu führen wußten – oder auch nicht. Siehe Bass (*Handbook of Leadership: A Survey of Theory and Research,* Free Press, 1981) und Yukl (*Leadership in Organizations,* Prentice-Hall, 1989).
2 Damit soll nicht gesagt werden, daß es Management, zumindest in einer elementaren Form, nicht schon einige Jahrhunderte zuvor gegeben hätte. Management war gewiß schon früher existent, und Generäle, Könige und Hohepriester haben es zweifellos praktiziert. Aber das Manage-

ment, das sie kannten und anwandten, war das Produkt eines Zeitalters, in dem die Verhältnisse weitaus weniger kompliziert waren. Verglichen mit dem, was sich heute abspielt, waren die Organisationen, die sie »gemanagt« haben, technologisch simpel und gewöhnlich leicht überschaubar – mit anderen Worten: nicht sehr komplex.

3 Chandler, *The Visible Hand,* Belknap Press of Harvard University Press, 1977.

4 Wir fassen hier die Elemente des Managements zusammen, die gewöhnlich a) in den vielen Büchern über das Thema, die in diesem Jahrhundert publiziert worden sind, und b) in einer 1987 von diesem Autor durchgeführten Erhebung genannt werden, in der 200 Führungskräfte gebeten wurden, die Handlungen von jemandem zu beschreiben, von dem sie wußten, daß er in dem Bereich, für den er verantwortlich war, effektive Managementleistungen vollbrachte.

5 Obwohl das nicht die einzige Funktion ist, scheint dies doch die übliche zu sein, die in den Hunderten von Büchern über Management, die in den letzten 60 bis 70 Jahren publiziert worden sind, erwähnt wird.

6 Burns, *Leadership,* Harper & Row, 1978.

7 Levinson und Rosenthal ziehen folgendes Fazit ihrer Studie über CEOs: »Starke Führer sind notwendig, vor allem für Unternehmen, die einen signifikanten Wandel durchmachen müssen. Nicht gute Manager oder Geschäftsführer sind gefragt, sondern starke Führer« (*CEO: Corporate Leadership in Action,* Basic Books, 1984, S. 289).

8 Festzulegen, was »wirklich besser geht« und »die Rechte anderer mit Füßen treten« praktisch bedeutet, kann sehr schwierig sein und hat zu endlosen philosophischen Diskussionen geführt. Was den Zweck dieses Buches angeht, so wird die Effektivität an den endgültigen Meinungen all derer, die von Führungsprozessen betroffen sind, gemessen.

9 Die Liste stimmt im allgemeinen mit anderen wichtigen Arbeiten über Führung in modernen Unternehmen überein – etwa die Werke von Bennis und Nanus (*Leaders: The Strategies for Taking Charge,* Harper & Row, 1985) und Peters und Austin (*A Passion for Excellence: The Leadership Difference,* Random House, 1985). Aber diese spezifische Betrachtungsweise von Führung basiert auf den Studien, auf denen dieses Buch aufbaut (vgl. das Vorwort).

10 Die Unterscheidung zwischen Führung und Management ähnelt in mancherlei Hinsicht dem, was Burns (op. cit.) und Bass (*Leadership and Performance Beyond Expectations,* Free Press 1985) als transformationale im Gegensatz zu transaktionaler Führung bezeichnet haben.
Das Buch von Burns und ein 1977 erschienener Artikel von Zaleznik (»Managers and Leaders: Are They Different«, *Harvard Business Review,* 55, 5, S. 67–87) sind die ersten beiden mir persönlich bekannten Arbeiten, in denen der Versuch gemacht wird, diese Unterschiede auszuloten.

11 Eine faszinierende Analyse der »reinen« Persönlichkeitstypen und ihres Potentials für Konflikte findet man in Zaleznik, *op. cit.*, S. 67–80.

12 Dies geschah in China zur Zeit der »Kulturrevolution«.

13 Sehr offensichtliche, wenn auch nicht extreme Beispiele sind etwa Apple, bevor John Sculley dort CEO wurde, und People Express während seines letzten Geschäftsjahres.

14 Ungefähr 200 Führungskräfte beteiligten sich 1987 an einer Meinungsumfrage, entweder über einen Fragebogen oder durch ein einstündiges Interview (siehe Anhang).
Die Dimensionen von »Management« und »Führung« wurden für sie nicht definiert, aber bevor man sie darum bat, ihre Mitmanager auf jene Dimensionen hin einzuschätzen, wurden sie zunächst einmal aufgefordert, detailliert die Handlungen von jemandem zu beschreiben, von dem sie wußten, daß er effektive Managementleistungen erbrachte, und dann in ähnlicher Weise die Handlungen von jemandem, der effektive Führung bot.

15 Weitere Details zu dieser Erhebung finden sich in Kotter, *The Leadership Factor,* Free Press, 1988.

16 *Ibid.* Kapitel 6.

17 Mit »unternehmerisch« bezeichne ich Führungspersönlichkeiten, die ihre Energien darauf konzentrierten, günstige Gelegenheiten zu nutzen, um Innovationen und Expansion voranzubringen.

18 Das heutige Angebot an Managementausbildung ist bestimmt dreißigmal größer als das, was vor 50 Jahren verfügbar war.

19 Kotter, *op. cit.,* Kapitel 3.

20 Beckhard, *Organizational Development,* Addison-Wesley, 1969.

## 2 Führung in der Praxis

1 Informationen in diesem Kapitel wurden aus NCR-Firmendokumenten und Interviews mit Jim Adamson, Bill Bird, Darrell Clark, Ed Connal, Robert Corcos, Kurt Hanaway, Fred Hutcheon, Ken Kelly, Grant Keir, Charlie Loarridge, Alan Murdoch, Bill Patullo, M.Y. (Joe) Stephan, John Tosh und Nigel Vincent gewonnen.

2 In allen zwölf Fallstudien, die hier in Zusammenhang mit der Forschung zu diesem Buch beschrieben worden sind, werden diese Themen behandelt.

3 Alle zwölf gründlichen Fallstudien, denen wir in diesem Buch nachgegangen sind, hatten ziemlich verblüffende Ergebnisse. Darüber hinaus zeigen die Beispiele »effektiver Führung«, über die in den 200 Interviews oder Fragebogen berichtet wird, die auch Teil dieser Untersuchung waren, alle ähnliche Ergebnisse.

## 3 Eine Richtung vorgeben

1 Dieses Beispiel zeigt Planung in ihrer einfachsten Form. In vielen Situationen werden die Schlußfolgerungen sehr viel komplexer sein. Darüber hinaus wird der Planungsprozeß oft zweimal oder noch häufiger wiederholt werden, bevor ein Plan entsteht, der sämtliche Gegebenheiten berücksichtigt, etwa auch diejenigen, die durch andere Pläne gegeben sind.

2 Das Konzept von Vision, wie es im Rahmen dieses Textes dargestellt wird, wurde zuerst überzeugend an Studien über Führung verdeutlicht, die von Tichy und Bennis durchgeführt worden sind. Siehe Tichy und Devanna (*The Transformational Leader,* Wiley, 1986) und Bennis und Nanus (*Leaders: The Strategies for Taking Charge,* Harper & Row, 1985).

3 Pascale und Athos bezeichnen Vision als »übergeordnete Ziele« und argumentieren, daß solche Ziele 1) signifikant (wünschenswert), 2) langlebig (langfristig) und 3) erreichbar (vernünftig) sein sollten. Siehe auch ihre Ausführungen in *The Art of Japanese Management,* Simon & Schuster, 1981.

4 Information über TRS wurde aus Firmendokumenten bezogen, ebenso aus Interviews mit Führungskräften (ED Cooperman, Lou Gerstner, Ron Glover, David Kalis, Jonathan Linen, Phillip Riese und Rick Thoman) und auch aus informellen Gesprächen mit einem Dutzend American-Express-Angestellten der mittleren Führungsebene.

5 »The Hazards Down the Track for American Express«, Fortune, 6. November 1978, S. 106.

6 Information über SAS bezogen wir aus Carlzons Buch *Moments of Truth* (Ballinger Publishing, 1987), dt. *Alles für den Kunden,* Campus, 1988, aus Firmendokumenten und aus einem Interview mit Mr. Carlzon.

7 ICIs Rentabilität wuchs zu der Zeit, als Harvey-Jones Chairman war, um fast 40 Prozent pro Jahr.

8 Harvey-Jones, *Making It Happen: Reflections on Leadership,* Collins, 1988, S. 25.

## 4 Mitarbeiter ausrichten

1 Pionierarbeit wurde von Persönlichkeiten wie Lawrence und Lorsch (*Organization and Environment,* Harvard Business School Press, 1967) in Harvard geleistet.
Siehe auch Nystrom und Starbuck, *Handbook of Organizational Design,* Oxford University Press, 1981.

2 Für eine Diskussion der Bedeutung lateraler Beziehungen beim Hervorbringen innovativer Veränderungen siehe Kanter (»The Middle Manager

as Innovator«, *Harvard Business Review,* July-August 1982; und *The Change Masters,* Simon & Schuster, 1983).

3 Eine Rede im Jahre 1987 vor der Gesellschaft der Kraftfahrzeugingenieure (Society of Automotive Engineers).

4 Eine ganze Reihe von klassischen Beispielen für dieses Problemfeld findet sich in Kotter, *Power and Influence,* Free Press, 1985, Teil II.

5 Informationen über Kodak gewannen wir aus internen Firmendokumenten und Interviews mit Martin Berwick, John Bricklemyer, Robert Crandall, Richard Hamer, Alan Lefko, Richard Psyk, Thomas Roztocil, Wilfrid Rowe und Joseph Schliff.

6 Führer befähigen Menschen, bestimmte Leistungen zu erbringen, durch Ausrichtung und, wie in Kapitel 5 beschrieben, durch ihre Einstellung zum Aspekt der Motivation.

## 5 Motivieren und begeistern

1 Der Begriff Homöostase wurde ursprünglich für einen anderen Zweck geprägt, aber wir hoffen dennoch, daß sein Urheber sich nicht dadurch gekränkt fühlt, daß wir ihn in diesem Zusammenhang ebenfalls gebrauchen. Siehe Cannon *The Wisdom of the Body* (überarbeitete Auflage), Norton, 1939.

2 Hackman und Oldman (»Motivation Through the Design of Work: Test of a Theory«, *Organizational Behaviour and Human Performance, 16,* 1976; und *Work Redesign,* Addison-Wesley, 1980) und Aldaq und Brief (*Task Design and Employee Motivation,* Scott, Foresman, 1979).

3 Das Wort *inspirieren* wird hier benutzt, um eine Art der Motivation zu bezeichnen, bei der an Ideale appelliert wird.

4 Informationen über Mary Kay wurden aus Interviews gewonnen, die für eine Fallstudie an der Harvard Business School durchgeführt wurden, und aus öffentlich zugänglichen Quellen.

5 Schönheitsberaterinnen und Verkaufsleiterinnen sind bei Mary Kay nicht fest angestellt, sondern arbeiten als Subunternehmer.

6 Presseberichte darüber gab es zuerst 1985, und zu dem Zeitpunkt, als ich dies schreibe, ist man immer noch der Meinung, daß es stimmt.

7 Der erste Wal-Mart-Laden wurde 1962 eröffnet.

8 Informationen über Kentucky Fried Chicken wurden aus Firmendokumenten und Interviews mit Phil Bouckaert, Don Doyle, Ed Dudley, Bill Evans, Roger Kramer, Ottie Ladd, Dick Mayer, Shelby Massey, Gregg Reynolds, Dr. G.V. Rao und Harry Sunenshine gewonnen.

9 Mike Miles verließ KFC 1982. 1989, als CEO bei Kraft General Foods, überzeugte er Dick Mayer, sich ihm erneut anzuschließen. Heute ist Dick Präsident von General Foods.

## 6 Multiple Rollen

1 Siehe die kürzlich geführte Diskussion und die Beispiele von Barnes und Kriger, »The Hidden Side of Organizational Leadership«, *Sloan Management Review,* Herbst 1986, S. 15–25.
2 Informationen über ARCO wurden aus Firmendokumenten und aus Interviews mit Ron Arnault, George Babikian, Lod Cook, Jim Morrison, Don Murray, Scott Stamworth und Bob Wycoff gewonnen.
3 Business Week, 7. November 1988.
4 *Forbes,* 21. März 1988.
5 *Ibid.*
6 ARCOS ROE belief sich auf 25,9 Prozent, und der von Exxon auf dem zweiten Platz betrug 16,8 Prozent (wie *Business Week* berichtete).
7 Zur Zeit der Niederschrift dieses Buches ist Anderson wieder Ölunternehmer und leitet eine kleine Firma.
8 Diese Einschätzung hängt davon ab, ob der Unterschied an Umsatz, Vermögenswerten oder an der Zahl der Mitarbeiter gemessen wird.
9 Kotter, *The Leadership Factor,* Free Press, 1988.
10 Informationen über Decworld 87 wurden aus internen Firmendokumenten und Interviews mit Kerry Bensman, Carmen Coletta, Dallas Kirk, Janet Shipman, Elizabeth Strong, Barbara Wood und Craig Zamzow gewonnen.

## 7 Dichtgeknüpfte informelle Netzwerke

1 Für eine umfassende Diskussion all dieser Aspekte siehe Kotter, Schlesinger und Sathe (*Organization,* Richard D. Irwin, 1979) und Galbraith (*Organization Design,* Addison-Wesley, 1977).
2 *Ibid.*
3 Eccles und Crane, *Doing Deals,* Harvard Business School Press, 1988.
4 Informationen über P&G gewannen wir aus Firmendokumenten und Interviews mit neun P&G-Managern, die ganz wesentlich an den Bemühungen, die hier beschrieben werden, beteiligt waren.
5 *Wall Street Journal,* 9. August 1989, S. 1.
6 Alle Namen, außer dem von Nicolosi, sind auf Bitten von P&G verfremdet worden.

## 8 Erbfaktoren und Erziehung

1 Kotter, *The General Managers,* Free Press, 1982.
2 Mintzberg (*The Nature of Managerial Work,* Harper & Row, 1973; und »The Managers's Job: Folklore and Fact«, *Harvard Business Review,* July-

August 1975) und Stewart (*Managers and Their Jobs,* Macmillan, 1967; *Contrasts in Management,* McGraw-Hill UK, 1976; und *Choices for the Manager: A Guide to Understanding Managerial Work,* Prentice-Hall, 1982).

3 Kotter, *op.cit.*, Kapitel 2.

4 Der Psychologe David McClelland hat dafür den Begriff »Macht- und Leistungsmotivation« geprägt und überzeugend dargelegt, daß man dies Phänomen häufig bei erfolgreichen Führungspersönlichkeiten beobachtet. Siehe McClelland (*Power: The Inner Experience,* Irvington, 1975) und McClelland und Boyatzis (»Leadership Motive Pattern and Long-term Success in Management«, *Journal of Applied Psychology, 67,* 1982).

5 Iacocca, *Iacocca: An Autobiography;* Bantam Books, 1984.

6 Vergleiche Boyatzis' Erörterung der kognitiven Fähigkeiten in *The Competent Manager,* Wiley, 1982.

7 Hogan, Raskin und Fazzini, »The Dark Side of Charisma«, Arbeitspapier, Tulsa Institute of Behavioral Sciences, 1989.

8 Boyatzis, *op.cit.*

9 Wenn beispielsweise einer von zehnen die Energie, einer von dreien die Intelligenz, einer von zweien die geistige Gesundheit und einer von zweien die Integrität besitzt und wenn diese Elemente unabhängig voneinander sind (was wohl meist nicht der Fall ist), dann könnte einer von einhundertzwanzig alle vier Qualitäten ($1/10 \times 1/3 \times 1/2 \times 1/2 = 1/120$) in sich vereinen.

10 Kotter, *The Leadership Factor,* Free Press, 1988, Kapitel 7.

11 Eine interessante Ausnahme ist bei einigen der besten Unternehmen in Japan zu beobachten. Bei den meisten Einstiegspositionen wurden keine technischen Qualifikationen verlangt, sondern das Schwergewicht wurde auf breitere Qualifikationen wie Intelligenz und Geschick im Umgang mit anderen Menschen gelegt.

## 9 Karriereerfahrungen

1 McCall, Lombardo und Morrison, *The Lessons of Experience,* Lexington Books, 1988; und Kotter, *The General Managers,* Free Press, 1982.

2 Harvey-Jones, *Making It Happen: Reflections on Leadership,* Collins, 1988, S. 61.

3 McCall, Lombardo und Morrison, *op.cit.*

4 Ash, *Mary Kay on People Management,* Warner Books, 1984, S. 4–5.

5 Siehe auch meine Ausführungen zu der Frage, auf welche Weise Karriereerfahrungen befähigen und motivieren, Kotter, *Power and Influence,* Free Press, 1985, Kapitel 7.

6 Informationen über Enrico haben wir in einem Interview mit ihm gewon-

nen, das durch weitere Interviews mit mehreren seiner Kollegen bei Pepsi ergänzt wurde.

7 Für eine ausführliche Erörterung dieser Themen und eine Darstellung der Beweise, die diese Schlußfolgerung unterstützen, siehe Kotter, *The Leadership Factor,* Teil II.

8 *Ibid.,* Kapitel 7.

## 10 Unternehmenskultur

1 In einer Untersuchung, die 1988 Harvard-Professor James Heskett und ich durchführten, wurden diese Unternehmen von Führungskräften dahingehend beurteilt, daß es dort eine besonders starke Unternehmenskultur gäbe.

2 Kotter, *op.cit.,* S. 98–99.

3 Informationen über ConAgra bezogen wir aus Firmendokumenten und Interviews mit Bob Daugherty, Paul Graven, Mike Harper, Jim Kennedy, Andy Langert, Bud Morrison, Gilbert Mulhere, David Pederson, Scott Rahn, Don Rasche, Jerry Vernon und Bob White.

4 Professor James Heskett und ich haben bei mehr als sechzig Führungskräften in der Lebensmittelbranche eine Umfrage mit Hilfe eines Fragebogens durchgeführt. Etwa die Hälfte der Befragten antwortete.

5 Unter dem Aspekt des Umsatzes von 1987 betrachtet, waren die von Philip Morris/Kraft, Unilever, Nestlé, Procter & Gamble, RJR Nabisco, B.A.T. Industries, PepsiCo und Sara Lee höher.

6 Zur Zeit der Niederschrift dieses Buches ist es, trotz der Macht und des Erfolges der ConAgra-Kultur, nicht klar, wie weitgehend diese Kultur institutionalisiert worden ist – und wieweit sie insofern unabhängig von Mike Harper existieren kann. Dies wird sich erst nach seinem Ausscheiden beantworten lassen. Dasselbe kann ebenso, zumindest in einem gewissen Maße, für die Kulturen gesagt werden, die von allen anderen Persönlichkeiten aufgebaut wurden, von denen in den vorangegangenen Kapiteln die Rede war.

7 Schein, *Organizational Culture and Leadership,* Jossey-Bass, 1985.

# Literatur

Aldaq R.J., and Brief, A.P. *Task Design and Employee Motivation.* Glenview, IL: Scott, Foresman, 1979.

Ash, M.K. *Mary Kay on People Management.* New York: Warner Books, 1984.

Barnes, L.B., and Kriger, M.P. »The Hidden Side of Organizational Leadership.« *Sloan Management Review* (Fall 1986).

Bass, B.M. *Handbook of Leadership: A Survey of Theory and Research.* New York: Free Press, 1981.

Bass, B.M. *Leadership and Performance Beyond Expectations.* New York: Free Press, 1985.

Beckhard, R. *Organizational Development.* Reading, MA: Addison-Wesley, 1969.

Bennis, W.G., and Nanus, B. *Leaders: The Strategies for Taking Charge.* New York: Harper & Row, 1985.

Boyatzis, R.E. *The Competent Manager.* New York: John Wiley, 1982.

Burns, J.M. *Leadership.* New York: Harper & Row, 1978.

Cannon, W.B. *The Wisdom of the Body.* New York: Norton (rev.ed.), 1939.

Carlzon, J. *Moments of Truth.* Cambridge, MA: Ballinger Publishing, 1987; Dt. *Alles für den Kunden,* Campus, 1988.

Chandler, A. *The Visible Hand.* Cambridge, MA: Belknap Press of Harvard University Press, 1977.

Eccles, R.G., and Crane, D.B. *Doing Deals.* Boston: Harvard Business School Press, 1988.

Galbraith, J.R. *Organization Design.* Reading, MA: Addison-Wesley, 1977.

Hackman, J.R., and Oldham, G.R. »Motivation Through the Design of Work: Test of a Theory.« *Organizational Behavior and Human Performance, 16* (1976).

Hackman, J.R., and Oldham, G.R. *Work Redesign.* Reading, MA: Addison-Wesley, 1980.

Harvey-Jones, J. *Making It Happen: Reflections on Leadership.* London: Collins, 1988.

Hogan, R., Raskin, R., and Fazzini, D. »The Dark Side of Charisma.« Working Paper, Tulsa Institute of Behavioral Sciences, 1989.

Iacocca, L., with Novak, W. *Iacocca: An Autobiography*. New York: Bantam Books, 1984; Dt. *Iacocca – Eine amerikanische Karriere,* ECON, 1985.

Kanter, R.M. »The Middle Manager as Innovator.« *Harvard Business Review* (July-August 1982).

Kanter, R.M. *The Change Masters*. New York: Simon & Schuster, 1983.

Kotter, J.P. *Organizational Dynamics: Diagnosis and Intervention*. Reading, MA: Addison-Wesley, 1978.

Kotter, J.P. *Power in Management*. New York: AMACOM, 1979.

Kotter, J.P. *The General Managers*. New York: Free Press, 1982.

Kotter, J.P. *Power and Influence: Beyond Formal Authority*. New York: Free Press, 1985; Dt. *Überzeugen und Durchsetzen – Macht und Einfluß in Organisationen,* Campus, 1987.

Kotter, J.P. *The Leadership Factor*. New York: Free Press, 1988; Dt. *Erfolgsfaktor Führung,* Campus, 1989.

Kotter, J.P., and Lawrence, P.R. *Mayors in Action: Five Approaches in Urban Governance*. New York: John Wiley, 1974.

Kotter, J.P., with Faux, V., and McArthur, C. *Self-Assessment and Career Development*. Englewood Cliffs, NJ: Prentice-Hall, 1978.

Kotter, J.P., Schlesinger, L., and Sathe, V.J. *Organization: Text, Cases and Readings on the Management of Organization Design and Change*. Homewood, IL: Richard D. Irwin, 1979.

Lawrence, P.R., & Lorsch, J.W. *Organization and Environment*. Boston: Harvard Business School Press, 1967.

Levinson, H., and Rosenthal, S. *CEO: Corporate Leadership in Action*. New York: Basic Books, 1984.

McCall, M.W., Lombardo, M.M., and Morrison, A.M. *The Lessons of Experience*. Lexington, MA: Lexington Books, 1988.

McClelland, D.C. *Power: The Inner Experience*. New York: Irvington, 1975.

McClelland, D.C., and Boyatzis, R.E. »Leadership Motive Pattern and Long Term Success in Management.« *Journal of Applied Psychology, 67* (1982).

Mintzberg, H. *The Nature of Managerial Work*. New York: Harper & Row.

Mintzberg, H. »The Manager's Job: Folklore and Fact.« *Harvard Business Review* (July-August 1975).

Nystrom, P.C., and Starbuck, W.H. *Handbook of Organizational Design*. Oxford/New York: Oxford University Press, 1981.

Pascale, R.T., and Athos, A.G. *The Art of Japanese Management*. New York: Simon & Schuster, 1981.

Peters, T.J., and Austin, N. *A Passion for Excellence: The Leadership Diffe-*

*rence.* New York: Random House, 1985; Dt. *Leistung aus Leidenschaft – Über Management und Führung,* Hoffmann und Campe, 1986.
Schein, E.H. *Organizational Culture and Leadership.* San Francisco: Jossey-Bass, 1985.
Stewart, R. *Managers and Their Jobs.* London: Macmillan, 1967.
Stewart, R. *Contrasts in Management.* Maidenhead, Berkshire, England: McGraw-Hill UK, 1976.
Stewart, R. *Choices for the Manager: A Guide to Understanding Managerial Work.* Englewood Cliffs, NJ: Prentice-Hall, 1982.
Tichy, N.M., & Devanna, M.A. *The Transformational Leader.* New York: John Wiley, 1986.
Yukl, G.A. *Leadership in Organizations.* 2nd ed. Englewood Cliffs, NJ: Prentice-Hall, 1989.
Zaleznik, A. »Managers and Leaders: Are They Different?« *Harvard Business Review, 55* (5) (1977).

# Register